法学系列教材

公司法学

吴景明 胡乃峰 买寒玉/编著

GONGSIFA XUE

中国政法大学出版社

2018·北京

图书在版编目（ＣＩＰ）数据

公司法学/吴景明，胡乃峰，买寒玉编著.—北京：中国政法大学出版社,2018.1
ISBN 978-7-5620-7899-9

Ⅰ.①公…　Ⅱ.①吴…②胡…③买…　Ⅲ.①公司法－研究－中国
Ⅳ.①D922.291.914

中国版本图书馆CIP数据核字(2018)第012670号

出　版　者	中国政法大学出版社
地　　　址	北京市海淀区西土城路 25 号
邮　　　箱	fadapress@163.com
网　　　址	http://www.cuplpress.com（网络实名：中国政法大学出版社）
电　　　话	010-58908435(第一编辑部)　58908334(邮购部)
承　　　印	固安华明印业有限公司
开　　　本	720mm×960mm　1/16
印　　　张	14
字　　　数	221 千字
版　　　次	2018 年 1 月第 1 版
印　　　次	2018 年 1 月第 1 次印刷
印　　　数	1～4000 册
定　　　价	39.00 元

编写说明

　　法学的实践性历来为法学教育所重视和强调，如何培养法科学生的法律运用能力也一直是法学教育的重点和难题。随着国家统一法律职业资格考试对法治实践水平的着重考察，以及同等学力人员申请硕士法学学位教育对理论知识结合司法实务的迫切需求，本系列教材编写组结合互联网科技和移动电子设备的发展趋势，根据全国各大法学院校不同学制法学教育的特点，针对学生法学基础深浅不一、理论与实践需求各异的现状，以掌握法学最基础理论知识、应对国家统一法律职业资格考试和同等学力人员申请法学硕士学位专业考试、提升司法实践能力和法律运用能力为目标，组织编写"法学 e 系列教材"。

　　本系列教材的特点主要体现在以下几个方面：

　　第一，本系列教材的编写人员均为中国政法大学从事法学教育数十年的知名教授，拥有极为丰富的法学教学经验和丰硕的科研成果，同时深谙司法实务工作特点和需求，能够在授课过程中完美地结合法学理论知识与法律实务技能，多年来深受学生的喜爱和好评。他们立足于法学教育改革和教学模式探索创新的需要，结合互联网资源信息化、数字化的特点，以自己多年授课形成的讲义和编著过的教材为基础，根据学生课堂学习和课外拓展的需要与信息反馈，经过多年的加工与打磨，精心编写而成。本系列教材是各位编写人员数十年法学教学、司法实践与思考探索的结晶，更是他们精心雕琢的课堂教学的载体和平台。

　　第二，知识详略得当、重点突出，完善法科学习思维导图。首先，本系列教材内容区别于传统法学全日制本科、研究生专业教材和学术著作，主要涉及法学教育中最根本、最重要的知识要点，教材篇幅适中，内容简洁明了、通俗易懂，准确阐述法学的基本概念、基本理论和基本知识，主要使学生了解该学科的通说理论。其次，本系列教材不仅旨在传授法学基础知识，更要帮助学生在脑海中形成脉络清晰的树状知识结构图，对于如何解构法律事实、梳理法律关系、分清主次矛盾、找到解决方法，形成科学完整的法学方法论，为法学理论拓展或法律实务工作奠定坚实的基础。最后，对于重难点内容进行大篇幅详细对比和研究，使学生通过学习本教材能够充分掌握重要知识点，培养学生解决常见问题的能力；对其他相关知识点如学术前沿动态和学界小众学术观点，则以二维码的形式开放线上学习平台，为有余力者提供课外拓展学习的窗口。

第三，实践教学与理论教学相结合，应试教学与实务教学相结合。本系列教材承载了海量案例库和法律法规库，同时结合扫描二维码形式跳转到相关资源丰富的实务网站，充分结合案例教学、情景教学、课后研讨和专题研究等教学、学习方法，引导学生从理论走向实践、从课堂走向社会。同时，为了满足学生准备国家统一法律职业资格考试和同等学力人员申请法学硕士学位专业考试的需要，本书设置了专项题库和法规库并定期更新，以二维码的形式向学生开放各类考试常考的知识点及其对应的真题、模拟题，提供考点法律法规及案例等司法实务必备信息，引领学生从法学考试走向法律实务、从全面学习走向深度研究。

第四，立体课堂与线下研讨相结合，文字与图表、音视频相结合。除了完善课前预习和课堂授课内容，本系列教材也为学生提供了丰富、立体的课下学习资源，结合网络学习平台，加强出版单位和读者沟通，加强师生互动沟通，不断更新、完善教师教学效果、学生学习成果、出版整合资源成果。

本系列教材是各位参编教师数十载潜心研究、耕耘讲台的直接成果，搭乘 e 时代的高速科技列车，以法学结合互联网、教材结合二维码为创新方式，攻克法学教育资源庞杂、重难点难以兼收的难题，希望为广大法科学子和司法实务工作者提供更加科学、实用的法学教材。我们相信，这些成果的出版将有力地推动各类法学院校法学教学改革和法律人才培养目标的实现，我们也希望能够得到广大从事法学教育工作的专家、学者的鼓励、交流与批评、指正！

编审委员会
2017 年 7 月

公司制度迅猛发展于19世纪下半叶，由于公司逐渐成为社会经济发展的重要组织形式。公司作为一种现代企业制度，相较于个人独资企业与合伙企业这两种企业组织形式，无论是在资本融聚力亦或是管理效率输出上，皆有不可替代的制度优势。公司法是现代公司治理的核心依据，是组织体运行过程中所必须恪守的基本规则。我国《公司法》制定伊始，主要立法目的之一即为配合我国的国有企业改革。随着《公司法》的几次不断修正及司法解释的补充，以《公司法》为核心，我国基本上建立起了较为完善的现代公司法律体系，为我国公司发展提供了可靠的制度保障。随着国内资本市场股权等权益纠纷日渐增多，公司治理科学化、法治化势在必行。保障公司治理合法、合规，避免公司发展过程中的法律风险，不仅有利于实现公司各方利益的权益诉求，也会使得公司发展不会被内部问题所阻滞。

2013年修订的《公司法》相较于2005年的《公司法》以及1993年的《公司法》，在制度确立方面有了重大突破。现行《公司法》取消了注册资本最低限额制，将公司的注册资本由实缴制改为认缴制。在出资形式上，不再设置货币出资比例规定，这一系列的制度改革很大程度上激发了我国投资主体投资公司的积极性，符合我国市场经济深入发展的要求，也在一定程度上提高了国内公司的市场竞争力。法律改革并非意味着法律的"尽善尽美"，现行《公司法》的部分规范在具体适用的过程中依旧存在着较大争议。法学的学习不是死记硬背，独立分析和思考是必备的能力，对《公司法》尤应如此。公司法学的研究和学习并非是封闭的，而应是开放性的，会涉及合同法、侵权责任法、信托法、证券法，甚至是会计学。因此，学生在学习的过程中，应兼具综合性研究视野，方能掌握公司法学的精髓。

为帮助学生能够系统、扎实地掌握公司法学的基本理论和具体规范，领悟公司法学的核心要义，也为满足法学专业学生教育的实际需要，中国政法大学在2017年推出系列法学数字化教材，该《公司法学》教材即是其构成部分之一。该书以现行《公司法》为依据，结合司法解释和司法判例，系统地展示了现代公司管理中的典型重要的法律问题。为保障本书论述的完整性和全面性，在本书中实现学术理论与实践经验的有机结合，为学生进行独立的研究和分析提供充分的参考。本书由我主要负责全书的整体思路的架构，提出各章节的具体写作思路，总纂定稿全书。本书的编写过程中，我结合自身多年的学术研究、课堂教学和实践工作经验，对自身积累多年的公司法学知识进行梳理，并体现于本书中，期冀为学生学习公司法学提供有价值的帮助。

我的两位学生胡乃峰（中国政法大学经济法学硕士）、买寒玉（中国政法大学经济法学硕士）在我的指导下，参与了本书的具体编写工作，两位同学对于公司法学、金融法学等具有长期研究经历，他们在编写过程中结合自身的学习经验，提供了诸多建设性思路，为本书的最终完成提供了有力的帮助。具体编写章节分别是：吴景明第一章、第十四章和第十五章；胡乃峰第二章到第七章；买寒玉第八章到第十三章。另有张云云和赵鹏佳两位学生参与了本书案例的搜集和整理工作，此处亦对两位学生的工作表示感谢！

本书的编者希望本书的推出能够为各类及各种性质的公司法学实践教学提供有效的帮助，实现理论教学和实践需要的优化衔接。由于本书受篇幅限制，相关研究的展开恐非全面，加之编者能力所限，书中难免有不妥或疏漏之处，希望能够得到读者的批评与指正，您的意见将是本书不断完善的动力源泉。

吴景明
2017 年 7 月 11 日于法苑楼

图书总码

目录

第一编　公司基础理论

第一章　公司概述

🔖 本章知识结构图

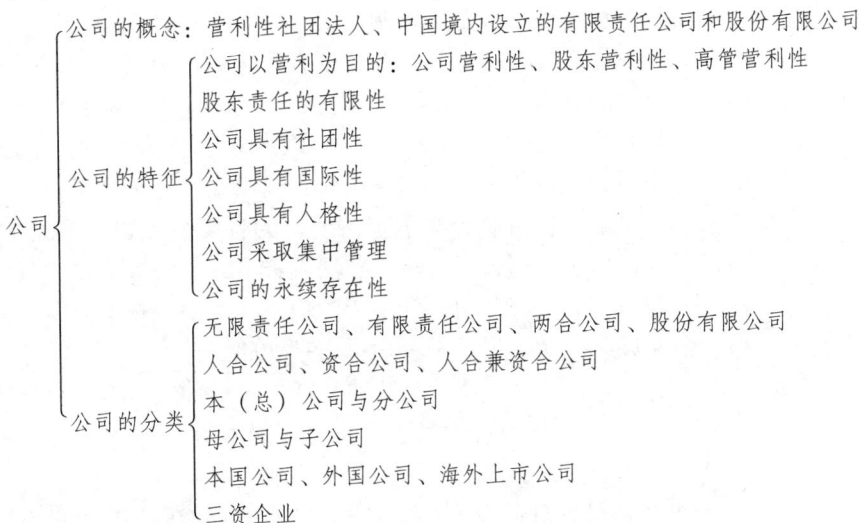

公司的概念：营利性社团法人、中国境内设立的有限责任公司和股份有限公司

公司

公司的特征
- 公司以营利为目的：公司营利性、股东营利性、高管营利性
- 股东责任的有限性
- 公司具有社团性
- 公司具有国际性
- 公司具有人格性
- 公司采取集中管理
- 公司的永续存在性

公司的分类
- 无限责任公司、有限责任公司、两合公司、股份有限公司
- 人合公司、资合公司、人合兼资合公司
- 本（总）公司与分公司
- 母公司与子公司
- 本国公司、外国公司、海外上市公司
- 三资企业

🔖 本章重点内容讲解

相较于个人独资企业与合伙企业，公司作为现代企业组织形式的一种，在融资及企业管理方面具有独特的组织优势。公司法人的独立地位与股东的有限责任等制度与其他企业组织形式中责任的分配模式亦存在诸多不同。我国现行《公司法》中，公司组织形式项下包括有限责任公司和股份有限公司，二者在股东人数要求、内部治理结构以及股份转让限制等方面具有诸多不同。本章应重点掌握公司的本质特征以及有限责任公司与股份公司的组织特点。

一、公司的概念

公司制度于 19 世纪下半叶迅猛发展，并逐渐成为社会经济发展的重要组织形式。投资人（股东）设立公司的目的在于通过公司的生产经营活动获得投资收益，营利性则成为公司制度的关键构成因素。大陆法系公司的概念可以简单地概括为：依法设立的营利性社团法人。而英美法系国家没有明确的公司定义，但其内涵、特征与大陆法系相似，特别强调公司是有别于合伙企业的组合。根据我国《公司法》的规定，我国的公司是指由符合法定人数的股东依照公司法的规定出资设立，股东以其认缴的出资额或者所认购的股份为限对公司承担责任，公司以其全部资产对公司债务承担责任的企业法人，即在中国境内设立的有限责任公司和股份有限公司。

二、公司的特征

公司制度不仅在内部组织结构上区别于个人独资企业与合伙企业，而且在法律地位以及责任制度上与后者亦存在明显不同。公司是企业法人，有独立的法人财产，享有法人财产权。公司以其全部财产对公司的债务承担责任。个人独资企业与合伙企业均不是法人，不具有独立的法律人格。公司可以设立分公司。设立分公司，应当向公司登记机关申请登记，领取营业执照。分公司不具有法人资格，其民事责任由总公司承担，公司的各类分支机构亦是如此。公司可以设立子公司，子公司具有法人资格，依法独立承担民事责任。子公司不同于分公司，其是相对独立的法律主体，具备法人人格，即使该子公司再另设子公司，亦是如此。

综合而言，公司具有下列法律特征：

1. 公司以营利为目的，股东投资于公司在于未来能够获取投资收益而非其他目的。公司的营利性体现为三点：

（1）公司自身的营利性。公司作为独立法人，能够以自己的名义对外展开经济活动，并通过生产经营活动实现"投入—生产—收益"资金活动，获得生产经营利润。这里应注意"营利性"的内涵，人们对资本关系的认识还不是很深入、全面，对营利性与非营利性的区分陷入了根据组织的法律形式及其是否赢利或者"赚钱"为依据的误区。所谓企业或者公司的营利性，是针对其举办者或者出资者、股东依法能否从该组织获利而言的，与公司、企业本身是否赢利或者盈利无关。同时，如果出资者或者股东依公司章程或者依法将其从企业获取的利润用于社会或公益目的，而非私用，则该企业一般而言仍是非营利性的。[1]《民法总则》第76条规定："以取得利润并分配给股东等出资人为目的成立的法人，为营利法人。营利法人包括有限责任公司、股份有限公司和其他企业法人等。"

---

〔1〕 史际春："论营利性"，载《法学家》2013年第3期。

从我国制定法层面对营利性作了法律界定。因此，营利性既强调获利手段性，也强调分配的结果性，二者缺一不可。

（2）股东的营利性。我国《公司法》第74条规定："有下列情形之一的，对股东会该项决议投反对票的股东可以请求公司按照合理的价格收购其股权：①公司连续5年不向股东分配利润，而公司该5年连续盈利，并且符合本法规定的分配利润条件的……"

（3）高级管理人员的营利性。我国《公司法》中规定高级管理人员是指经理、副经理、董事会秘书、财务负责人以及公司章程规定的其他人员。高级管理人员实行的是聘任制而非类似董事、监事由股东会或股东大会选举产生，高级管理人员加入公司，目的即在于通过自身的管理技术获取劳动报酬。

2. 股东责任的有限性。有限责任公司的股东以其认缴的出资额为限对公司承担责任，而股份有限公司的股东以其认购的股份为限对公司承担责任。有限责任是公司最本质的特征之一，个人独资企业与合伙企业均不具有这一特点。公司这一制度优势使得其具备强大的融资功能，公司的产生与发展和社会融资具有紧密的联系。

《公司法》第3条规定："公司是企业法人，有独立的法人财产，享有法人财产权。公司以其全部财产对公司的债务承担责任。有限责任公司的股东以其认缴的出资额为限对公司承担责任；股份有限公司的股东以其认购的股份为限对公司承担责任。"理解这一条文时应当注意不同主体的不同责任范围。感性记忆中都明确公司制度以责任的有限性为特点，但是公司制度项下公司承担的则是一种以公司全部财产为限的"无限责任"。公司被现行法拟制为法人，依法独立享有权利，独立承担债务等法律责任，当公司股东出资完毕后，出资财产所有权人即变更为公司而非股东。股东所享有的权益更类似于信托制度中的受益权，只不过这种权益同时具有财产属性和人身属性，与受益权一样是不同于传统民法上权益分类标准的新型权利。公司制度下股东责任的有限性，一方面是因为公司制度的目的之一在于鼓励投资，责任的有限性是公司制度区别于合伙企业、个人独资企业的重要方面；另一方面是因为如上所述，出资完成后公司即为财产所有人，其对外进行业务往来均以公司的名义为之，类似于一个自然人对外经济交往，因此应当以其财产承担全部责任，而其全部财产的范围即为股东出资范围，所以股东以出资为限承担责任也是符合逻辑的。公司不同于自然人的最大区别即为在我国公司出现资不抵债的情形时，还有破产制度会对债权人进行保护，而自然人在我国法律体系下还无法对其进行破产处理。

"法人财产权"的概念是我国 1993 年的《公司法》首创性提出，并非传统的法律概念，意在对公司与股东之间对财产所有权进行区分。企业法人包括两种类型：①公司制企业法人，②非公司制企业法人（主要是遗留的部分国有企业和集体企业）。我国企业法人的主要制度价值在于将成员财产与企业法人财产进行"隔离"，尤其是在公司法人项下，《公司法》更是明确了公司股东须承担有限责任。《公司法》中的"揭开公司面纱"制度内容即为"滥用法人独立地位和股东有限责任"，但是这种规范表述使得很多人直接将法人享有独立的财产权、公司是企业法人并且公司法规定股东承担有限责任等当成一般法理。抛开法人独立财产权的概念在我国的特殊性，单从公司企业法人层面上来讲，公司制度并非与有限责任直接挂钩，无论是德国法上的无限公司、两合公司、股份两合公司，还是美国法上的 LLC，都证明了公司并非只能采取有限责任或者说公司成员并非当然受到有限责任的保护，而是受到不同公司立法影响而有所不同。路径依赖使得我们国家公司法在改革上面临着诸多思想上、成本上的阻碍。除此之外，基于对公司制度特点的误解，导致我们对公司制度的理解出现逻辑错位：当比较公司制度与合伙企业制度或者独资企业制度的时候，习惯以有限责任为突破口，但实质上公司区别于其他企业组织形式的最大特点就在于其内部的治理结构上，合伙企业或者独资企业以成员直接参与经营决策为特点，类比的是直接民主，而公司是股东选举董事组成董事会来负责公司的经营管理，属于代议制民主，这才是真正的区分之处。全面认识公司制或者股东责任，引入诸如股东加重责任等有效规范，将会对我国公司组织形式的科学化、效率化产生积极作用。

3. 公司具有社团性。公司法人属于社团法人，所谓的社团法人，是指以人的结合为成立的基础，除公司这种社团法人之外，我们生活中常见的协会、学会、工会等也属于社团法人。从其成立的基础在于人的结合的特征来看，公司具有社团性的特征。

与社团法人相对应的是财团法人，财团法人是以财产的集合为成立基础，没有成员，因而财团法人不具有社团性。此外，社团法人有意思机关（即作出法人意思表示的决定机关），如公司的意思机关为股东会或股东大会，财团法人没有意思机关，一切行为均需要严格按照事先制定的章程为之。

4. 公司具有国际性。公司的国际性主要表现为跨国公司的迅猛发展。19 世纪 60 年代，资本主义从自由竞争逐渐向垄断阶段过渡，垄断资本的形成导致大企业开始突破国界寻求海外扩展，形成资本输出浪潮，跨国公司成为重要载体。随着世界经济全球化的发展，跨国公司开始迎来新的发展机遇，各国公司的组织结构及业务范围的国际性日趋明显。

5. 公司具备人格性。无论是合伙企业还是独资企业，都不是法人，不具备法人人格。具备人格才能够具备相应的权利义务，公司具备人格性的表现之一在于，公司可以以自己的名义对外开展经济活动，也就是说公司享有权利能力与行为能力。不过这里应当注意的是，公司的人格不同于自然人的人格，公司成立之日起即同时享有相应的权利能力和行为能力，权利能力与行为能力同时产生，公司注销登记之日起即丧失权利能力与行为能力。而自然人自出生之日起即享有权利能力，但是仍不享有部分行为能力。例如，无行为能力人所为单方法律行为无效、法定结婚年龄的限制等规定都会产生在特定情形下自然人无行为能力的结果。

6. 公司采取集中管理。公司这种企业形式较为成功地实现了所有权与控制权两权分离趋势下公司的经营管理的目的。传统公司尤其是家族公司，公司的管理者往往是公司的股东，这种模式虽然有利于实现股东对公司的控制目的，但是不利于提升公司管理的专业化水平。通过股东会（股东大会）、董事会、监事会以及其他内部管理权力的优化配置，能够充分地实现集中管理的目的，有助于公司提高决策的效率性和科学性。

7. 公司的永续存在性。一般而言，如果公司章程等对公司营业期限无明确规定，则可认为公司是一种可以永续存在的组织形式。这种永续存在性的表现之一在于，即使公司内部股东结构不断发展变化，但由于公司拥有独立的法人地位，具备独立人格，公司层面仍旧会保持稳定。此外，即使公司设立之初规定了公司的营业期限，但是《公司法》规定如果公司章程规定的营业期限届满或者其他解散事由出现，公司股东通过股东会或者股东大会有权修改公司章程使公司继续存续。所以，只要公司的股东没有申请公司注销登记，公司将"永续存在"。

三、公司的分类

（一）无限责任公司、有限责任公司、两合公司、股份有限公司

这种公司分类方式是以公司股东的责任范围为标准：

1. 无限责任公司。与我们传统意识中的公司股东责任有限性不同，无限责任公司中股东对公司债务承担的是无限连带责任。公司作为企业组织形式的一种，并非与股东责任有限性这一特征相伴而生，也就是说公司这种组织形式与股东责任有限性不能在学理上直接画等号。我国只承认有限责任公司和股份有限公司，不承认无限责任公司。我国《公司法》第3条第2款明确规定："有限责任公司的股东以其认缴的出资额为限对公司承担责任；股份有限公司的股东以其认购的股份为限对公司承担责任。"所以在我国公司制度下，股东承担的是有限责任，这就造成公众误认为世界上所有公司的股东对公司均承担有限责任。不过应当注意的是，采取无限责任公司组织形式已呈现愈来愈少的趋势。

2. 有限责任公司。我国《公司法》第24条规定："有限责任公司由50个以下股东出资设立。"有限责任公司不同于股份有限公司，后者将公司资本划分成等额股份，有限责任公司的股东以其认缴的出资额为限对公司承担有限责任，并以出资比例行使股东权利。有限责任公司股东人数相对较少，人合性较强，这一点在我国《公司法》中即有体现。我国有限责任公司股东会的决议方式和表决程序，除《公司法》有规定的外，都由公司章程规定。董事会的决议方式和表决程序，除《公司法》有规定的外，也都由公司章程规定。相比于股份公司，《公司法》更加尊重股东关于有限责任公司的内部治理的意思自治作用。我国《公司法》对有限责任公司的股份对外转让作出了严格限制，第71条第2款规定："股东向股东以外的人转让股权，应当经其他股东过半数同意。股东应就其股权转让事项书面通知其他股东征求同意，其他股东自接到书面通知之日起满30日未答复的，视为同意转让。其他股东半数以上不同意转让的，不同意的股东应当购买该转让的股权；不购买的，视为同意转让。"作者认为这一规定是有限责任公司相较于股份有限公司人合性更强的表现。

3. 两合公司。两合公司中股东的一人或数人以其一定的出资财产数额而对公司的债务负责任，其他股东负无限责任。这种责任

结构更像是有限责任公司与无限责任公司的兼合。如果公司的生产经营过程中股东结构发生变化，只剩一类股东，那么两合公司就需要解释或者变更为其他公司组织形式。我国同样不承认两合公司，但是我国存在与两合公司相似责任负担结构的企业组织形式，即有限合伙企业。有限合伙制度源于英美法系，有限合伙由普通合伙人和有限合伙人组成。普通合伙人对合伙债务承担无限连带责任，而有限合伙人仅以出资额为限对合伙企业债务承担有限责任，类似于我国公司中的股东。我国《合伙企业法》第75条规定："有限合伙企业仅剩有限合伙人的，应当解散；有限合伙企业仅剩普通合伙人的，转为普通合伙企业。"这一点与两合公司的解散或变更规定相似。

4. 股份有限公司。股份有限公司产生于18世纪的欧洲，19世纪后半期开始在世界资本主义各国盛行。我国《公司法》第78条规定："设立股份有限公司，应当有2人以上200人以下为发起人，其中须有半数以上的发起人在中国境内有住所。"股份有限公司股东人数没有最高限制，但这不意味着有限责任公司的人数一定少于股份有限公司，《公司法》只是规定了人数范围，实践中完全存在某股份有限公司的股东少于某有限责任公司的股东的情形。股份有限公司的资本被划分成等额股份，股东是以所认购的股份为限对公司承担责任。与有限责任公司不同的是，我国《公司法》不对股份公司的股份对外转让作出特殊限制。

（二）人合公司、资合公司、人合兼资合公司

这是按公司信用基础的不同（公司的对外信用基础取决于公司还是股东）所进行的分类：

1. 人合公司是指以股东的个人条件作为公司信用基础而组成的公司。这种公司对外进行经济活动时，主要依据的不是公司本身的资本或资产状况如何，而是股东个人的信用状况。因为人合公司的股东对公司债务承担无限连带责任，公司资不抵债时，股东应以个人的全部财产清偿公司债务。

2. 资合公司是指以公司的资本和资产条件作为其信用基础的公司。股份有限公司则是最典型的资合公司，这种公司对外进行经济活动时，依靠的不是股东个人的信用情况如何，而是公司本身的资本和资产是否雄厚。由于此种公司的股东对公司债务只负认购或者认缴的出资额范围内的有限责任，因此，公司股东间以出资相结

合，无须相互了解，公司具有公众化的特点。

3. 人合兼资合公司是指信用基础兼具股东个人信用及公司资本和资产信用的公司，公司既有人合性质又有资合性质，如有限责任公司。

（三）本（总）公司与分公司

这是按公司内部隶属关系进行的分类。公司在经营过程中，因业务需要而依法设立的相对独立的分支机构，被称作公司的分公司，与之相对应，公司则称为本公司或总公司。本公司与分公司存在下列法律区别：

1. 分公司没有独立的法人地位或资格，它也没有自己独立的名称，其一般以办事处、分行、分公司等名称存在，但其名称应反映其与本公司的隶属关系。应当注意的是，我国《公司法》要求设立分公司前，应当向公司登记机关申请登记，领取营业执照。

2. 由于不具有独立的法人地位，因此分公司没有自己的独立财产，其实际占有、使用的财产是作为总公司的财产而计入总公司的资产负债表之中。

3. 本公司应以其财产对其分公司的活动所产生的债务承担责任。我国《公司法》第 14 条第 1 款规定："……分公司不具有法人资格，其民事责任由公司承担。"虽然分公司不具备独立的法人资格，但是分公司又不完全等同于公司内设机构，如各科室。分公司可以在授权的范围内以自己的名义对外开展相关经济活动，并且分公司有诉讼能力，依法可以作为原告或者被告参加诉讼，而公司内设机构和各部门无权以自己的名义对外进行经济活动。

（四）母公司与子公司

这是按公司之间的控制与被控制关系进行的分类。

1. 母公司是指持有另一公司一定比例以上的股份或股权，或通过协议方式能够对其他公司的经营实行实际控制的公司。子公司，是指与母公司相对应，其一定比例以上的股份或股权被其他公司所持有或通过协议受到其他公司实际控制的公司。

2. 母、子公司法律关系的特点：①子公司受母公司的实际控制，即母公司有对子公司的重大事项的决定权，其中尤其是能够决定子公司董事会的组成。②母公司与子公司之间的控制与被控制关系主要是基于股权的占有，而不是直接依靠行政权力控制公司。③母公司、子公司各为独立的法人。

扩展案例

课后习题
与测试

3. 母子公司间虽然具有投资关系，但均为独立法人，在财产责任上，母公司和子公司也各以自己所有的财产对各自的债务负责，互不连带。这是与本公司与分公司关系主要的区别。

我国《公司法》第 14 条第 2 款规定："公司可以设立子公司，子公司具有法人资格，依法独立承担民事责任。"因此，子公司享有独立的法人财产权。

4. 子公司与分公司的区别：

（1）主体资格不同。子公司有独立的主体资格，享有法人的主体地位；分公司不是独立的民事主体，仅是本公司的分支机构，更不具有法人资格。

（2）财产关系不同。子公司尽管有母公司的参与，但仍有属于自己的财产，且与母公司独立；分公司的财产属于本公司，不具有独立性。

（3）意志关系不同。子公司为独立法人，故其经营管理不受母公司的直接命令、指挥，而独立于母公司之外；分公司是本公司的分支机构，其业务的执行、资金的调度均由本公司安排，与本公司是管理和被管理的关系。

课后习题
与测试

（4）财产责任不同。子公司自主经营，独立核算，其经营的一切后果包括财产责任均完全由自己承担；而分公司无自己独立的财产和意志，故其经营后果由本公司承担。

（五）本国公司、外国公司

这是按公司的国籍所进行的一种分类。公司的国籍取得适用准据法说，即依照哪国法律设立的公司就具有哪国国籍、是哪国公司。凡依中国法律在中国境内登记设立的公司，无论有无外国股东，无论外国股东出资的来源，如各种形式的外商投资公司，都是中国公司，亦即本国公司，如我国《公司法》第 2 条规定："本法所称公司是指依照本法在中国境内设立的有限责任公司和股份有限公司。"由此可见，我国对于公司性质的确认是以适用法律和注册登记地为标准。

（六）一人有限公司

1. 有限责任公司的股东可以是一人，该"一人"是指自然人股东或法人股东，应当注意的是，只有"自然人、法人"可以设立一人有限公司，"其他组织"不可设立一人有限公司（《公司法》第 57 条第 2 款规定："本法所称一人有限责任公司，是指只有一个

自然人股东或者一个法人股东的有限责任公司。")）。

2. 一个自然人只能投资设立一个一人有限责任公司。该一人有限责任公司不能以法人的名义投资设立新的一人有限责任公司。与之不同的是，法人设立一人有限公司后，该公司可再设一人有限公司。应注意，一人有限公司不设股东会。

3. 国有独资企业同样是"一人有限"公司。国有独资公司，是指国家单独出资、由国务院或者地方人民政府授权本级人民政府国有资产监督管理机构履行出资人职责的有限责任公司。与普通一人有限公司相同，国有独资公司同样不设股东会。国有独资企业在章程制定、合并、分立、解散、增加或者减少注册资本和发行公司债券等方面受国有资产监督管理机构的约束，这也是我国国有资产监督管理的一个重要的缩影。

4. 一人有限公司人格否认的特殊责任。《公司法》第63条规定，"一人有限责任公司的股东不能证明公司财产独立于股东自己的财产的，应当对公司债务承担连带责任"，也即一人有限公司股东应当恪守股东权利限制，不能够将自身与公司财产混同，否则依法对公司债务承担连带责任。清华大学法学院教授朱慈蕴教授认为："公司法第64条（现为第63条）之立法目的，在于防止一人公司的股东在无其他股东制约的场合下，无视公司独立人格而将公司财产视为自己财产并随意支配，最终至债权人利益受到损害。该项规定适用时，必须满足以下条件：①只适用于一人公司与其股东财产混同的场合；②证明公司财产与股东财产分离的举证责任在于一人公司股东；③一人公司股东必须提供合法证据予以证明，其中最为重要的是经过审计后的各项财务、会计资料。提供这些证据对一人公司的股东并不困难，因为一人公司在每一会计年度必须依法进行审计。"

5. 一人有限公司与个人独资企业的区别：

（1）股东主体范围的不同。《公司法》第57条第2款规定："本法所称一人有限责任公司，是指只有一个自然人股东或者一个法人股东的有限责任公司。"一人有限公司的股东只能是自然人或者法人。《个人独资企业法》第2条规定："本法所称个人独资企业，是指依照本法在中国境内设立，由一个自然人投资，财产为投资人个人所有，投资人以其个人财产对企业债务承担无限责任的经营实体。"个人独资企业的法律主体即出资人只能是自然人，相较于一人有限公司，外延更小。

（2）法律地位的不同。一人有限公司在法律性质上属于公司法人，具备法人独立地位和法人财产权，能够独立地享有民事权利和承担民事责任，个人独资企业不具有法人资格。

（3）法律主体的责任范围不同。一人有限公司根据《公司法》的规定，股东以认缴的出资额为限对公司承担责任。而《个人独资企业法》第2条规定，投资人以其个人财产对企业债务承担无限责任。

课后习题
与测试

（七）海外上市公司

随着近些年我国公司规模的扩大，愈来愈多的公司开始"走出去"，赴海外上市融资。海外上市公司存在不同情形：一类是在中国境内依照中国法设立，经中国证监会审批，在联交所等境外交易所上市。另一类是所谓的"红筹股"，红筹股公司是中国境内投资者通过在境外设立特殊目的公司来实现上市，但是其上市基础主要来源于其控制的中国境内企业资产。

（八）"三资企业"

"三资企业"是我国经济建设中一个重要的参与主体，但随着我国经济发展，原有的"三资企业"相关法已然不能够充分满足投资主体的实际需要。近来，我国"三资企业"法已经修改完成并实施。"三资企业"是我国对外商投资企业的三种分类，因其组织形式中包括有限责任公司形式，故在本节作简单介绍。

1. 中外合资经营企业。中外合资经营企业是中国企业，因其设立及运营的准据法是中华人民共和国的法律。中外合资经营企业的组织形式特点包括共同出资、共同经营。中外合资企业是企业性质的一种划分，其采取的组织形式是有限责任公司形式，投资者依照出资比例行使股东权利。

应当注意的是，"三资企业"除了遵守《公司法》的一般规定外，还需要受到特殊监管。股东的适格性是中外合资经营企业的特点之一，根据现行法的规定，对中外合资企业的外方投资者无特殊要求，自然人、法人或者其他经济组织都可以作为外方投资者，但是中外合资经营企业的中方投资者不能是自然人。《公司法》第6条第2款规定，法律、行政法规规定设立公司必须报经批准的，应当在公司登记前依法办理批准手续。设立中外合资经营企业必须经国务院对外贸易主管部门审查批准方可，只有事先经过审批才能够

进行履行公司设立的工商登记。最应注意的是，中外合资企业依照现行法只能采取有限责任公司的形式。在内部机构的设置上，合资企业无股东大会，公司的董事会是最高权力机关，负责掌控公司的一切权力。

2. 中外合作经营企业。中外合作经营企业以合作合同为基础，收益分配和风险承担完全由合作方相互约定，属于契约式合营企业。与中外合资经营企业不同，中外合作经营企业的具体组织形式既可以采取有限责任公司形式，也可以采取合伙形式，即中外合作经营企业的投资者既可以选择承担有限责任，也可以选择承担无限责任。管理的形式包括联合管理、委托管理和董事会制等形式。

3. 外商投资企业。外商投资企业与上述两类涉外企业不同，外商投资企业的资本全部来自境外，这种境外是指法律上的概念，即我国法域之外的地区，港资、澳资和台资都属于外资。外商投资企业的投资者没有特殊限制，自然人、法人或者经济组织都可以。但应注意的是，虽然外商投资企业的资本来源于境外，但其设立的准据法属中国法，因此外商投资企业是具有中国国籍的企业。外商投资企业不包括外国企业的分支机构。外商投资企业的组织形式可以是有限责任公司，亦可以是经批准、符合法律规定的其他组织形式。

4. 中外合资经营企业、中外合作经营企业和外商投资企业组织形式的区别对比表。

表 1-1　中外合资经营企业、中外合作经营企业和外资企业
组织形式的区别对比表

企业名称	中外合资经营企业	中外合作经营企业	外商投资企业
组织形式	有限责任公司	1. 具有法人资格的，组织形式为有限责任公司。 2. 不具有法人资格的，合作各方为合伙关系。	1. 一般为有限责任公司。 2. 经批准，亦可以是其他责任形式。

（九）有限合伙企业

有限合伙企业是由普通合伙人和有限合伙人组成的合伙企业，

其中普通合伙人对合伙企业债务承担无限连带责任，有限合伙人以出资为限对合伙企业债务承担有限责任，对有限合伙人也是有限责任制，这里对有限合伙人稍作了解。

1. 有限合伙人的权利。

（1）参与合伙事务。即使《合伙企业法》规定有限合伙事务由普通合伙人执行，但这并不意味着有限合伙人不能参与任何合伙事务，根据法律的规定有限合伙人有参与以下合伙事务的权利：①有权参与决定普通合伙人入伙与退伙；②有权对合伙企业的经营管理提出改进意见；③执行事务合伙人怠于行使权利时，督促其行使权利或者为了本企业的利益以自己的名义提起诉讼。这些内容构成有限合伙人的完整权利体系，为其合法、合理、高效地参与合伙事务提供了有力的法律依据。

（2）监督合伙事务的执行。《合伙企业法》规定，不执行合伙事务的合伙人有权对合伙事务的执行进行监督。合伙事务是否依照合伙人业已达成的协议正确进行关切全体合伙人的共同权益，赋予其他合伙人监督权不仅有助于其灵活地维护自身的合法利益，而且有助于规范合伙事务执行人的执行行为，保证其能够谨慎地处理合伙事务。

（3）自我交易与竞业禁止的例外。区别于《合伙企业法》对普通合伙人自我交易与竞业的禁止，《合伙企业法》第71条规定：有限合伙人可以自营或者与他人合作经营与本有限合伙企业相竞争的业务；但是，合伙协议另有约定的除外。《合伙企业法》对两种合伙人在此问题上之所以作出截然不同的规定原因在于有限合伙人不执行合伙事务，对合伙企业无直接甚至间接的支配权。因此，允许有限合伙人自我交易并不会损害到其他合伙人的合法利益，相反还有助于物尽其用，促进资源的合理优化配置。

2. 有限合伙人的义务。

（1）依法出资。独立的财产是有限合伙企业稳定运行的物质基础，而合伙企业财产主要来源于各合伙人的出资。按照合伙协议及法律的规定，有限合伙人应按照约定期限、方式及金额足额履行出资义务。《合伙企业法》同时也对违反出资义务的法律后果作出明确规定，即有限合伙人未按期足额履行出资义务的，不仅需要补缴出资，还应对其他合伙人承担违约责任。对于有限合伙人的出资形式，《合伙企业法》采取了肯定列举与否定列举两种规定形式。

首先，规定有限合伙人可以用货币、实物、知识产权、土地使用权或者其他财产权利作价出资，这点与普通合伙人的出资形式相类似。其次，规定有限合伙人不得以劳务出资，此点规定可从三个方面理解：①有限合伙人仅在出资额范围内承担有限的法律责任，因此有必要对其出资形式作出更为严格的限制，如此才能够很好地平衡合伙内部的权利义务分配；②劳务是无形资产，禁止劳务出资可以将有限合伙人风险负担形式有形化，有利于保障各方当事人的权益；③有限合伙人在出资额内承担有限责任，但要最终实现有限合伙人的法律责任的前提是必须明确其出资范围，劳务出资属无形资产投入，不利于确定有限合伙人的最终责任，易产生法律纠纷。

（2）承担有限法律责任。有限合伙人依法在其出资额范围内承担有限责任。有限合伙制度的出现进一步丰富了社会的投资形式，为部分不愿参与企业经营又不愿分担过多风险的投资者提供了新的契机。但也因为其责任负担上的有限性，有限合伙人在企业管理职权等方面存在诸多的限制，力求兼顾风险与收益。

结 论

公司制度以其独特的组织制度和责任制度愈来愈受投资者们的青睐。学习《公司法》首先要了解"公司"这一术语的内涵与外延。其次，要掌握公司的制度特征，以此明确公司与合伙企业和独资企业等其他企业组织形式的区别。再次，要明确我国法律上不承认无限公司和两合公司，我国只承认有限责任公司与股份有限公司。最后，应掌握公司项下的特殊组织形式：一人有限公司和国有独资公司。随着公司生产经营的不断扩展，大多数公司会选择另设子公司对外扩展，全资子公司则是一种较好的选择，全资子公司依性质而言即属于一人有限公司。基于我国经济结构的特点，国资企业规模庞大，其中就包括数量较多的国有独资公司。因此，国有独资公司这种特殊公司也应当重点学习和掌握。

第二章　公司的设立

本章知识结构图

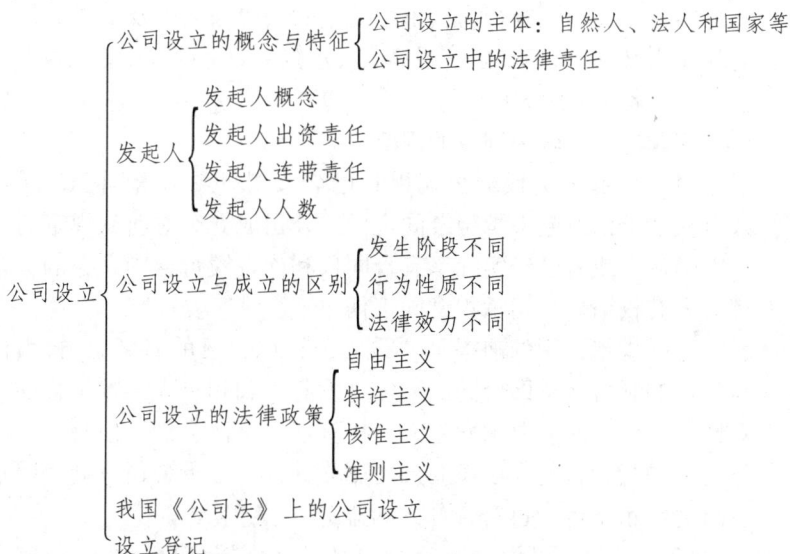

公司设立 {
　公司设立的概念与特征 { 公司设立的主体：自然人、法人和国家等 / 公司设立中的法律责任 }
　发起人 { 发起人概念 / 发起人出资责任 / 发起人连带责任 / 发起人人数 }
　公司设立与成立的区别 { 发生阶段不同 / 行为性质不同 / 法律效力不同 }
　公司设立的法律政策 { 自由主义 / 特许主义 / 核准主义 / 准则主义 }
　我国《公司法》上的公司设立
　设立登记
}

本章重点内容讲解

公司的设立是公司成立的前置程序，没有设立行为就不存在成立的问题。学习本章应当着重理解公司设立的主体、设立的程序以及设立阶段的法律责任问题。此外，还应当了解有限责任公司与股份有限公司在设立上的区别。

一、公司设立的概念

公司设立是指设立人依《公司法》规定的条件和程序，为组建公司并取得法律资格而进行的一系列法律行为和活动的总称。公司设立是一种法律行为而非事实行为，法律行为意旨发生法律主体的意思表示所希望发生的法律效果，事实行为的法律结果则被法律所提前设定，与法律主体有无意思表示亦或意思表示内容为何无关。公司设立是一连串的法律行为的集合，需要多方共同参与，履行多重程序，方能最终完成公司的设立。

1. 公司设立的主体。公司设立的主体可以是自然人、法人和国家等。在公司设立的过程中，发起人对内执行设立业务，对外代表正在设立中的公司。设立行为只能发生在公司成立之前，并应当严格履行法定程序且符合法定条件。公司设立的目的在于取得法律上的资格，因此，设立人在设立阶段从事的与成立公司无关的活动，不应纳入公司设立的范畴。

2. 公司设立中的法律责任。发起人设立公司的过程中必然会进行签订相关合同等行为，由此产生的法律结果以及责任如何分配的问题也必须予以明确。《最高人民法院关于适用〈中华人民共和国公司法〉若干问题的规定（三）》（以下简称《司法解释（三）》）对这一问题进行了较为细致的规范：

（1）发起人为设立公司以自己名义对外签订合同，合同相对人有权请求该发起人承担合同责任。公司成立后对前款规定的合同予以确认，或者已经实际享有合同权利或者履行合同义务的，合同相对人有权请求公司承担合同责任。

这一规定适用的前提是"设立公司以自己的名义"，行为目的是公司的利益，意即合同的主体是发起人和相对人，基于合同的相对性，合同相对人要求发起人承担责任，合法合理。但是，考虑到发起人的行为目的在于设立公司而非其他，如果公司成立后明示或者行为默示承认，也符合各方利益。

（2）发起人以设立中公司的名义对外签订合同，公司成立后合同相对人有权请求公司承担合同责任。公司成立后有证据证明发起人利用设立中公司的名义为自己的利益与相对人签订合同的，公司有权以此为由主张不承担合同责任，但相对人为善意的除外。

这一规定的适用前提则与前一条有所不同，这里规范的是发起人以"设立中公司"的名义对外签订合同的情形。一般来讲，设立公司事先要取得工商行政管理部门核发的企业预核名称，发起人以该名称对外签订合同，公司自然是合同责任主体。但这里的公司此时还未设立登记，仍然不具有法人资格，不能够独立对外承担责任。因此，合同相对方只能够在公司成立之后才能要求作为合同主体的公司承担相应的合同责任。

发起人设立公司的过程中会对外签订各类合同，其中有的是出于设立公司的目的，有的是出于个人目的，但是因为缺乏明确的外观，交易相对人也无法明确与其进行交易的发起人究竟是为了设立公司的目的，还是纯粹出于个人目的而与其交易。为了保证交易相对人的利益，《司法解释（三）》第 2 条和第 3 条采取外观主义原则确定合同责任归属，即以谁的名义对外签订合同，合同相对人则有权向谁主张合同责任。如果发起人为设立公司而以自己的名义对外签订合同，按外观主义，合同相对人可以请求发起人承担责任。公司成立后，如果对该合同给予确认或者已经在事实上成为合同主体，实际享有权利、承担义务的，合同相对人有权要求成立后的公司承担合同责任。如果发起人以设立中公司的名义对外签订合同，按照外观主义，应由成立后的公司承担合同责任，但是这里必须要注意的是，《司法解释（三）》第 3 条第 2 款规定："公司成立后有证据证明发起人利用设立中公司的名义为自己的利益与相对人签订合同，公司以此为由主张不承担合同责任的，人民法院应予支持，但相对人为善意的除外。"此时应当排除公司的合同责任。

（3）公司因故未成立，债权人依法有权请求全体或者部分发起人对设立公司的行为所产生的费用和债务承担连带清偿责任，部分发起人依此承担责任后，请求其他发起人分担的，其他发起人应按照约定的责任承担比例分担责任；没有约定责任承担比例的，按照约定的出资比例分担责任；没有约定出资比例的，按照均等份额分担责任。

发起人发起设立公司并不一定都最终完成公司的设立登记，也存在设立失败的情形。公司设立失败意味着公司未取得法人资格，这时候权利义务的清算就不能够依照《公司法》对公司解散清算的规定。依照《司法解释（三）》第 4 条的规定，可以看出现行法对设立失败后法律责任的负担形式采取的是一种连带责任，即意将发起人之间的关系视作合伙关系处理。

（4）因部分发起人的过错导致公司未成立的，其他发起人依法有权主张其承担设立行为所产生的费用和债务，人民法院应当根据过错情况，确定过错一方的责任范围。发起人因履行公司设立职责造成他人损害，公司成立后受害人请求公司承担侵权赔偿责任的，人民法院应予支持；公司未成立，受害人请求全体发起人承担连带赔偿责任的，人民法院应予支持。公司或者无过错的发起人承担赔偿责任后，可以向有过错的发起人追偿。

二、发起人

发起人是设立公司的必备因素，没有发起人，公司就无法得到设立。发起人签订发起人协议，约定各自的权利义务关系，认缴出资或认购股份，申请设立公司，继而实现发起人角色向股东角色的转变。在公司成立之前称为发起人，公司成立后即称为股东。发起人享有特别利益，包括：①设立费用补偿请求权。②报酬请求权。发起人在设立公司的过程中将会付出一定的劳动，因而有权要求报酬。但是这种报酬请求权受到发起人协议的约束，即发起人的报酬请求权的有无由发起人协议决定或者全体发起人共同决定。③优先担任公司董事、监事和高级管理人员。④优先以非货币财产出资。⑤其他特别利益。对发起人的特别限制，包括发起人须承担出资填补责任，发起人的股份在一定期限内不得转让，承担公司设立失败的风险和责任等。

1. 发起人出资责任。以发起设立方式设立股份有限公司的，发起人应当书面认足公司章程规定其认购的股份，并按照公司章程的规定缴纳出资。以非货币财产出资的，应当依法办理其财产权的转移手续。发起人不依照前款规定缴纳出资的，应当按照发起人协议承担违约责任。

2. 发起人连带责任。股东在公司设立时未履行或者未全面履行出资义务的，依照公司法的规定提起诉讼的原告（公司或者其他股东、公司债权人），有权请求公司的发起人与被告股东承担连带责任；公司的发起人承担责任后，可以向被告股东追偿。

3. 发起人的人数。有限责任公司的发起人认缴全部出资而成为公司股东，《公司法》限制有限责任公司的股东人数为50人以下，所以有限责任公司的发起人不能够超过50人。我国存在一人有限公司，有限责任公司的发起人可以是一人。股份有限公司的股东发起人的人数为2人以上200人以下，并且半数以上发起人在中国境内有住所。

三、公司设立与成立的区别

（一）发生阶段不同

设立发生于营业执照颁发之前，成立则发生于被依法核准登记、签发营业执照之时。简单地说，公司设立是过程，公司成立是结果。

（二）行为性质不同

设立行为以发起人的意思表示为要素，受平等、自愿、诚实信用等民商法基本原则的指导，公司设立过程中的争议，一般依发起人之间订立的设立协议来解决。而公司的成立发生在发起人与有权核准成立的主管登记机关之间，关于公司是否成立的争议，一般依据有关行政法规来解决。

（三）法律效力不同

公司在被核准登记之前属于设立中的公司，此时的公司尚不具备独立的主体资格，其内、外部关系一般被视为合伙。因此，如果公司最终没有成立，设立行为的后果应由设立人对其负连带责任；如果公司最终成立，则发起人为设立公司所实施的法律行为的后果原则上归属于公司。公司成立后所实施的行为的后果原则上由公司承担。

四、公司设立的法律政策[1]

公司设立的法律政策是指公司设立所采取的规则主义，根据法律政策的历史发展，自由主义、特许主义、核准主义和准则主义是由远及近不断发展的。上述法律政策在各自时代都发挥着至关重要的作用。虽然四种主义是按照历史发展的角度所作的分类，但这种历史并不是一种彻底意义上的消亡史，四种主义在世界各地仍然都存在着，只不过其中的某一种成为主流。

1. 自由主义。顾名思义，法律或者政策完全尊重投资者的自由意志，法律不予以强制干涉。自由主义盛行于中世纪的自由贸易时代。公司设立的自由主义是对时代思潮的一种侧面反映，加之自由贸易的快速发展，公司在萌芽期并未得到严格的限制。

2. 特许主义。公司的设立完全是依照国家元首的命令或者法律的特殊规定。特许主义代表着政治、法律等强制力量开始渗透到公司的监管中，在特许主义之下，公司的设立受到严格的管控，因此其与自由主义是两个相对的理论体系。特许主义时代比较有代表性的公司当属著名的东印度公司，其不仅仅是一家传统的公司，更是一种殖民工具。

---

〔1〕 施天涛：《公司法论》，法律出版社 2014 年版，第 83 页。

3. 核准主义。公司设立除满足法律规定的一般条件外，还需要通过相关主管部门的审批，才能够完成最终的公司设立登记。准则主义较特许主义的管制相对宽松。核准主义在我国现行法中有所体现。《民法通则》规定，全民所有制企业、集体所有制企业有符合国家规定的资金数额，有组织章程、组织机构和场所，能够独立承担民事责任，经主管机关核准登记，取得法人资格。但是这并不意味着我国公司设立采取的是核准主义，核准主义在我国只是例外。

4. 准则主义。法律事先规定了公司设立的条件和程序，只要满足法律的要求，投资即可成立公司，无需履行其他特别的审批手续。准则主义一方面解决了自由主义项下公司烂设的问题，实现了对公司设立的调控。另一方面则合理地放宽了管制，给予投资人以适当的自由，只要投资人能够实现法律规范的内容，就不会再受到强制力的不法干涉。我国《公司法》第 6 条规定："设立公司，应当依法向公司登记机关申请设立登记。符合本法规定的设立条件的，由公司登记机关分别登记为有限责任公司或者股份有限公司；不符合本法规定的设立条件的，不得登记为有限责任公司或者股份有限公司。法律、行政法规规定设立公司必须报经批准的，应当在公司登记前依法办理批准手续。公众可以向公司登记机关申请查询公司登记事项，公司登记机关应当提供查询服务。"该条的第 2 款但书内容体现了我国一般的公司设立采取的是准则主义，只有在法律、行政法规有特殊规定的情形下，才采取核准主义。《商业银行法》第 16 条规定："经批准设立的商业银行，由国务院银行业监督管理机构颁发经营许可证，并凭该许可证向工商行政管理部门办理登记，领取营业执照。"第 17 条第 1 款规定："商业银行的组织形式、组织机构适用《中华人民共和国公司法》的规定。"《保险法》第 67 条规定："设立保险公司应当经国务院保险监督管理机构批准。国务院保险监督管理机构审查保险公司的设立申请时，应当考虑保险业的发展和公平竞争的需要。"

五、我国现行法上的公司设立

如前文所述，公司的设立并不是一蹴而就的，而是由一系列的行为组成的。《公司法》对普通有限责任公司以及股份有限公司的设立进行了一般规范。《商业银行法》《保险法》等则对特殊行业公司的设立进行了特殊规范。我们先了解我国现行法上的两种公司设立形式，即发起设立和募集设立。

发起设立是指发起人认缴全部出资或者认购全部股份而设立公司。有限责任公司均为发起设立，股份有限公司也可以采取发起设立的方式。募集设立是指发起人认购部分股份，其余股份向社会公开募集而设立公司。如我国《公司法》第84条规定："以募集设立方式设立股份有限公司的，发起人认购的股份不得少于公司股份总数的35%；但是，法律、行政法规另有规定的，从其规定。"我国现行法上只有股份有限公司可以采取募集设立的方式，有限责任公司没有募集设立。

这里应当注意采取募集设立方式设立股份有限公司的规定。募集设立股份有限公司，发行股份的股款缴足后，必须经依法设立的验资机构验资并出具证明。发起人应当自股款缴足之日起30日内主持召开公司创立大会。创立大会由发起人、认股人组成。发行的股份超过招股说明书规定的截止期限尚未募足的，或者发行股份的股款缴足后，发起人在30日内未召开创立大会的，认股人可以按照所缴股款并加算银行同期存款利息，要求发起人返还。这里应当注意法律主体的身份，只有认股人有权要求出资返还。认股人是发起人采取募集设立方式向社会募资时投资于公司而取得认股人身份的投资者，不是发起人，不承担发起人责任。

六、设立登记

公司设立登记是指公司在设立时，依法由申请人在公司注册登记机关提出申请，登记机关审查无误后予以核准并记载法定登记事项的行为。我国的公司登记机关是国家工商行政管理总局和地方各级工商行政管理局。

1. 公司名称的预核准。设立公司应当申请名称预先核准。法律、行政法规或者国务院决定规定设立公司必须报经批准，或者公司经营范围中属于法律、行政法规或者国务院决定规定在登记前须经批准的项目的，应当在报送批准前办理公司名称预先核准，并以公司登记机关核准的公司名称报送批准（《公司登记管理条例》第17条）。《公司法》实施后，我国公司的注册量迎来一个小高峰，企业名称的重复概率也增大。公司预核名一方面可以提早避免与其他主体在名字上出现重复，另一方面公司的设立过程或长或短，办理统一社会信用代码、制定公司章程以及最后的设立登记都需要有一个明确的公司名称，预核名是必备因素。

2. 预先核准的公司名称的保留期为 6 个月（《公司登记管理条例》第 19 条）。预先核准的公司名称在保留期内，不得用于从事经营活动，不得转让。预核名的有效期限只有 6 个月。发起人或者其他责任主体应当及时在法定期限内开始或者完成公司的设立，否则不再保留预核名。预核名主要服务于公司设立的各种行为，并非代表着公司据此可以取得法人资格。因此，预核名只能用于公司设立的相关活动，而不能对外从事经营活动，预核名不具有可转让性。转让预核名的行为违反法律、行政法规的强制性规定，转让行为无效。

扩展案例

关于预核名到期失效后是否意味着公司设立行为也终止的问题，现行法并未作出明确规定。实务中，安徽省高级人民法院在鹤壁煤业（集团）有限责任公司与刘某、李某江、王某利、张某成借款合同纠纷案二审时认为："对于鹤煤集团上诉称企业名称预核准设立期限为 6 个月的问题，虽然《企业名称登记管理实施办法》第 28 条规定了公司名称预先核准的有效期为 6 个月，有效期满，核准的名称自动失效，但没有相应的法律法规规定，公司被核准的名称自动失效后，公司的设立行为就应当终止，故鹤煤集团的此条上诉理由亦不能成立。"

3. 经营范围的审批。公司申请登记的经营范围中属于法律、行政法规或者国务院决定规定在登记前须经批准的项目的，应当在申请登记前报经国家有关部门批准，并向公司登记机关提交有关批准文件（《公司登记管理条例》第 22 条）。

4. 分公司的设立。依据《公司法》的规定，设立分公司需依法进行设立登记，领取营业执照，此为分公司与公司其他内部分支机构的明显不同之处。公司设立分公司的，应当自决定作出之日起 30 日内向分公司所在地的公司登记机关申请登记；法律、行政法规或者国务院决定规定必须报经有关部门批准的，应当自批准之日起 30 日内向公司登记机关申请登记。

5. 公司成立后无正当理由超过 6 个月未开业的，或者开业后自行停业连续 6 个月以上的，可以由公司登记机关吊销营业执照。公司被吊销营业执照即需要依法解散清算，注销登记，丧失法人资格。6 个月的期限是《公司法》的一般规范，《证券法》对证券公司的同类行为作出了更为严格的时间限制，证券公司成立后，无正当理由超过 3 个月未开始营业的，或者开业后自行停业连续 3 个月以上的，由公司登记机关吊销其公司营业执照（《证券法》第 217条）。应注意《公司法》对吊销营业执照使用"可以"，《证券法》未用。成立后未开业期限使用"超过"，意味着不包括本数（6 个月、3 个月），自行停业使用"以上"，意味着包括本数。

此外，《商业银行法》规定，商业银行及其分支机构自取得营业执照之日起无正当理由超过 6 个月未开业的，或者开业后自行停业连续 6 个月以上的，由国务院银行业监督管理机构吊销其经营许可证，并予以公告。《商业银行法》与《公司法》不同的是，对于上述行为采取的是"吊销经营许可证"而非"吊销公司营业执照"。

结 论

理解本章知识点的重点在于理解公司设立过程中发起人等相关主体的权利义务分配。《公司法》所提供的公司设立规范只能够定义为一般规范，实务中各地工商行政主管部门等机关的要求各不相同。因此，如果想要去实际设立一家公司，除了《公司法》之外，还应了解公司预设立地的相关部门的具体规定。

课后习题
与测试

法条链接

第三章 公司章程

本章知识结构图

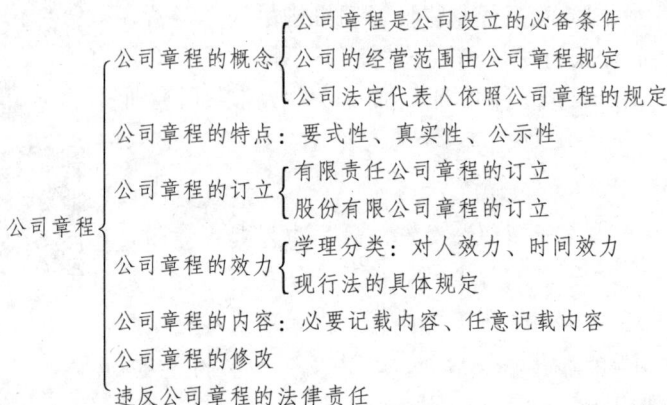

公司章程
- 公司章程的概念
  - 公司章程是公司设立的必备条件
  - 公司的经营范围由公司章程规定
  - 公司法定代表人依照公司章程的规定
- 公司章程的特点：要式性、真实性、公示性
- 公司章程的订立
  - 有限责任公司章程的订立
  - 股份有限公司章程的订立
- 公司章程的效力
  - 学理分类：对人效力、时间效力
  - 现行法的具体规定
- 公司章程的内容：必要记载内容、任意记载内容
- 公司章程的修改
- 违反公司章程的法律责任

本章重点内容讲解

公司章程被称为"公司宪法"，是现代公司极为重要的内部治理文件。公司章程具有要式性、真实性和公示性的特点。根据公司章程内容的重要程度，分为应当记载的内容和任意记载的内容，应当记载的内容的缺失将会影响到公司章程的法律效力，因此学习本章不应忽视对公司章程内容的学习，要了解哪些内容是必要的，哪些是任意的。除此之外，《公司法》有多处授权性规范，即表述为"由公司章程规定"，这些授权性规范在实务中往往会改变《公司法》一般性规范的具体实施，因此学习法律规范，要格外重视这类兜底性条款。

一、公司章程的概念

公司章程是指公司必须具备的由发起人制定并对公司、股东、公司经营管理人员具有约束力的调整公司内部组织关系和经营行为的自治规则。公司章程是公司的"宪法"，无论是董事、监事、高级管理人员亦或是其他的公司管理人员都必须受到公司章程的约束。公司章程的概念存在实质与形式之分，[1]实质公司章程是指能

---

[1] 施天涛：《公司法论》，法律出版社 2014 年版，第 124 页。

够约束公司及其管理人员的相关效力规则，而形式公司章程则是指关于公司组织和公司行为的基本准则的书面文件。公司章程规定了公司"三会"结构的具体权力配置，制定完善的公司章程有助于提高公司内部治理的科学性，保护公司各方参与者的合法权益。下面介绍我国公司章程的法律价值：

1. 公司章程是公司设立的必备条件。设立公司必须依法制定公司章程。公司章程对公司、股东、董事、监事、高级管理人员具有约束力（《公司法》第11条）。公司章程对公司的治理以及外部公示绝非仅是一纸文件。关于公司章程的具体效力内容，我们将在下一小节详述。

2. 公司的经营范围由公司章程规定，并依法登记。公司可以修改公司章程，改变经营范围，但是应当办理变更登记（《公司法》第12条）。设立公司，必须在公司章程内规范公司的经营范围。虽然关于这一规定的性质具体为强制性规定亦或倡导性规定尚有争论，但在实务中公司章程中应当注明公司的经营范围。经营范围不仅是对外公示效力，对内部人员的行为也是一种规范和约束。法律对一般公司经营范围未作出特殊限制，只有公司的经营范围中属于法律、行政法规规定须经批准的项目的，应当依法经过批准。通常情况下，公司的工商登记也是按照公司章程记载的经营范围为登记内容的。

3. 公司的法定代表人由董事长、执行董事或者经理担任，并依法登记。公司法定代表人变更的，应当办理变更登记。

二、公司章程的特点

1. 要式性。所谓要式性，是指公司章程应当采取一定的书面形式。公司章程作为"公司宪法"，应当是具有确定性的，只有如此才能够保障其规范效力和指引效力，这类似于法律功能。公司章程若不采取明确的书面形式，无论是股东、公司管理层还是公司，都无法准确预测自身行为的法律后果，不利于公司管理者进行商业判断和决策。

2. 真实性。公司章程实质上是公司股东之间达成的一致的意思表示，是股东真实的意思表示，是一种协议、约定。这种协议若要产生法律效力，就必须是出于当事人之间的真实意思表示，是真实的记载，不得存在虚假记载。

3. 公示性。公司章程的公示性在《公司法》的具体条文中有着明确的体现：

（1）公司章程的可查阅性。有限责任公司的股东有权查阅、复制公司章程、股东会会议记录、董事会会议决议、监事会会议决议和财务会计报告。有限责任公司的股东还可以要求查阅公司会计账簿。股份有限公司的股东有权查阅公司章程、股东名册、公司债券存根、股东大会会议记录、董事会会议决议、监事会会议决议、财务会计报告，对公司的经营提出建议或者质询。

（2）公司章程是注册登记的必备文件。公司的经营范围由公司章程规定，并依法登记。公司可以修改公司章程，改变经营范围，但是应当办理变更登记。

申请设立有限责任公司，应当向公司登记机关提交下列文件：①公司法定代表人签署的设立登记申请书；②全体股东指定代表或者共同委托代理人的证明；③公司章程；④股东的主体资格证明或者自然人的身份证明；⑤载明公司董事、监事、经理的姓名、住所的文件以及有关委派、选举或者聘用的证明；⑥公司法定代表人的任职文件和身份证明；⑦企业名称预先核准通知书；⑧公司住所证明；⑨国家工商行政管理总局规定要求提交的其他文件。法律、行政法规或者国务院决定规定设立有限责任公司必须报经批准的，还应当提交有关批准文件（《公司登记管理条例》第20条第2、3款）。

申请设立股份有限公司，应当向公司登记机关提交下列文件：①公司法定代表人签署的设立登记申请书；②董事会指定代表或者共同委托代理人的证明；③公司章程；④发起人的主体资格证明或者自然人的身份证明；⑤载明公司董事、监事、经理姓名、住所的文件以及有关委派、选举或者聘用的证明；⑥公司法定代表人的任职文件和身份证明；⑦企业名称预先核准通知书；⑧公司住所证明；⑨国家工商行政管理总局规定要求提交的其他文件（《公司登记管理条例》第21条第2款）。

三、公司章程的订立

公司章程的订立是指相关参与主体确定公司章程具体内容的过程。公司章程代表着公司股东的共同意志，是公司内部治理必须遵循的自律性文件。我国公司章程由于公司组织形式以及设立方式的不同而有所区别：

1. 有限责任公司章程的订立。有限责任公司的发起人通过设立公司而成为公司的股东，在发起设立公司的过程中，人数特定。有限公司的章程是由全体股东共同制定的，每个股东都有权参与到公司章程具体条文的拟定工作中，并可以发表自己的独立意见，也可以由专业人士（如律师）起草，股东表示同意或者否决。章程一旦制定，对全体发起人具有约束效力，并将扩展到日后进入公司的所有股东、董事、监事、高级管理人员。

国有独资企业章程的制定相对一般有限责任公司具有特殊性，国有独资公司由国家授权投资的机构或者国家授权的部门依照《公司法》制定，或者由董事会制订，报国家授权投资的机构或者国家授权的部门批准。

2. 股份有限公司章程的订立。股份有限公司可以采取发起设立和募集设立两种设立方式设立，两种方式中公司章程的制定程序有所不同：

发起设立的股份有限公司由全体发起人协商一致制定并通过，公司章程是全体发起人共同意志的体现。而募集设立股份有限公司是由发起人先行起草公司章程，然后在公司的创立大会上进行表决通过，实现部分人意志向全体意志的转变，使其能够产生法律效力，约束发起人、认股人，以及未来股东、董事、监事、高级管理人员等公司参与主体。

公司章程是关于公司的组织结构、内部关系和开展公司业务活动的基本规则和依据，亦是股东意思自治规则的载体，具有公司自治的特点，只要股东达成合意，且不违背法律的强制性规范，公司章程即为有效。

扩展案例

四、公司章程的效力

（一）学理分类

1. 对人效力。对人效力亦即空间效力，是指受公司章程约束的主体范围。《公司法》第 11 条规定，公司章程对公司、股东、董事、监事、高级管理人员具有约束力。由此可见，公司章程约束的主体不仅包括章程制定主体——股东，还包括董事、监事以及高级管理人员等公司参与者。公司设立后通过增资、股权转让等方式新进的股东在依法修改公司章程前，也应按照公司章程规定的内容行使权利，规范自身行为。公司章程作为内部协议文件，应只有内部效力，不能对抗善意第三人。

2. 时间效力。时间效力是指公司章程的生效时间。关于公司章程的生效时间，目前主要有三种观点：一是章程自发起设立公司的股东签字时（或创立大会通过时）生效；二是章程自公司成立时生效；三是折中态度，分为对内和对外效力。

我们认为，章程中调整发起人关系的内容，相当于公司设立协议（适用《合同法》），在签字盖章时（或创立大会通过时）成立并生效。章程中调整尚未成立的公司、尚未产生的董事、监事、高级管理人员以及未来可能加入公司的其他股东的那些内容，则自公司成立时生效。

（二）现行法的具体规定

《公司法》关于公司章程的具体法律效力有多处规定，具体内容如下：

1. 公司向其他企业投资或者为他人提供担保，依照公司章程的规定，由董事会或者股东会、股东大会决议；公司章程对投资或者担保的总额及单项投资或者担保的数额有限额规定的，不得超过规定的限额（《公司法》第16条第1款）。

2. 公司法定代表人依照公司章程的规定，由董事长、执行董事或者经理担任，并依法登记。公司法定代表人变更的，应当办理变更登记（《公司法》第13条）。

3. 股东会或者股东大会、董事会的会议召集程序、表决方式违反法律、行政法规或者公司章程，或者决议内容违反公司章程的，股东可以自决议作出之日起60日内，请求人民法院撤销（《公司法》第22条第2款）。

4. 股东大会选举董事、监事，可以依照公司章程的规定或者股东大会的决议，实行累积投票制（《公司法》第105条第1款）。

5. 公司章程可以对公司董事、监事、高级管理人员转让其所持有的本公司股份作出其他限制性规定（《公司法》第141条第2款）。

五、公司章程的记载事项

公司章程的记载事项可以有多种分类，大陆法系国家一般将内容分为必要记载事项和任意记载事项。顾名思义，必要记载事项是指法律规定的公司章程必须具有的内容，如不满足要求将会影响公司章程的法律效力。而任意记载事项则是指完全由章程制定人的自由意志来决定是否记载的事项。但无论是必要记载事项还是任意记载事项，一旦订入公司章程，即产生法律约束力，相关主体必须予以遵守。未经法定程序，不得随意变更公司章程的记载事项。

我国《公司法》对公司章程的内容可以分为必要记载内容和任意记载内容：

1. 必要记载事项。

（1）公司的经营范围由公司章程规定，并依法登记。公司可以修改公司章程，改变经营范围，但是应当办理变更登记（《公司法》第12条第1款）。经营范围是公司行为能力的重要体现，《公司法》要求公司经营范围由公司章程规定，意旨经营范围应当是公司章程中应当记载的内容之一，不可缺少，否则经营范围缺少依据。

（2）有限责任公司章程应当载明下列事项：①公司名称和住所；②公司经营范围；③公司注册资本；④股东的姓名或者名称；⑤股东的出资方式、出资额和出资时间；⑥公司的机构及其产生办法、职权、议事规则；⑦公司法定代表人；⑧股东会会议认为需要规定的其他事项。股东应当在公司章程上签名、盖章（《公司法》第25条）。

（3）股份有限公司章程应当载明下列事项：①公司名称和住所；②公司经营范围；③公司设立方式；④公司股份总数、每股金额和注册资本；⑤发起人的姓名或者名称、认购的股份数、出资方式和出资时间；⑥董事会的组成、职权和议事规则；⑦公司法定代表人；⑧监事会的组成、职权和议事规则；⑨公司利润分配办法；⑩公司的解散事由与清算办法；⑪公司的通知和公告办法；⑫股东大会会议认为需要规定的其他事项（《公司法》第81条）。

我国各类的法律、行政法规以及部门规章对公司仍然实行较为严格的监督管理，相较于国外的公司章程规范，我国对公司章程内容的规范较多。这种立法形式虽然能够为公司投资者提供一个较为标准的范本，但是另一方面过多的限制也可能会限制投资者的自由选择权。

2. 任意记载事项。任意记载事项可以由投资者根据自身的实际利益诉求自行约定，但是这种所谓的任意不是绝对的，而是相对的。公司章程的任意记载事项不得违反法律、法规以及部门规章。我国《公司法》也规定了可由投资者自行拟定的任意记载事项，其中有限责任公司部分相对较多。有限责任公司的人合性更强，所以法律对其内部治理自由给予了更多的尊重。股份有限公司尤其是上市公司的公共性强，利益相关者众多。因此，法律对于股份有限公司内部治理的自由始终保持克制的态度。

（1）有限责任公司股东会会议由股东按照出资比例行使表决权，但是公司章程另有规定的除外。

（2）有限责任公司股东按照实缴的出资比例分取红利。公司新增资本时，股东有权优先按照实缴的出资比例认缴出资，但是全体股东约定不按照出资比例分取红利或者不按照出资比例优先认缴出资的除外。

（3）有限责任公司股东会的议事方式和表决程序，除该法另有规定的以外，由公司章程规定。

（4）有限责任公司董事会的议事方式和表决程序，除该法另有规定的以外，由公司章程规定。

（5）有限责任公司监事会的议事方式和表决程序，除该法另有规定的以外，由公司章程规定。

（6）国有独资公司监事会成员不得少于5人，其中职工代表的比例不得低于1/3，具体比例由公司章程规定。

（7）公司董事、监事、高级管理人员应当向公司申报所持有的本公司的股份及其变动情况，在任职期间每年转让的股份不得超过其所持有的本公司股份总数的25%；所持的本公司股份自公司股票上市交易之日起1年内不得转让。上述人员离职后半年内，不得转让其所持有的本公司股份。公司章程可以对公司董事、监事、高级管理人员转让其所持有的本公司股份作出其他限制性规定。

（8）公司弥补亏损和提取公积金后所余税后利润，有限责任公司依照《公司法》第34条的规定分配；股份有限公司按照股东持有的股份比例分配，但股份有限公司章程规定不按持股比例分配的除外。

六、公司章程的修改

公司章程是"公司宪法"，是股东、董事、监事和高级管理人员的行为指南，在公司内部发挥着规范性作用。行为规范的特点在于指引性和可预测性。指引性是指其能够使得行为主体明确什么可为，什么不可为。可预测性则是指行为规范的内容不应是变动不居的，行为主体可以根据行为规范明确自身行为的后果。随意变更公司章程的内容将会极大地弱化公司章程的内部规范和自律作用。

公司章程的约束力来自公司成员的共同意志。有限责任公司章程是由全体股东共同制定的，股份有限公司章程虽然是先由发起人制定的，但会通过创立大会表决通过而转化为共同意志。公司章程不得随意变更，变更公司章程必须依照法定程序进行。

1. 有限责任公司股东会会议作出修改公司章程、增加或者减少注册资本的决议，以及公司合并、分立、解散或者变更公司形式的决议，必须经代表 2/3 以上表决权的股东通过（《公司法》第 43 条第 2 款）。

2. 股份有限公司股东大会作出决议，必须经出席会议的股东所持表决权过半数通过。但是，股东大会作出修改公司章程、增加或者减少注册资本的决议，以及公司合并、分立、解散或者变更公司形式的决议，必须经出席会议的股东所持表决权的 2/3 以上通过（《公司法》第 103 条第 2 款）。

由此可见，修改公司章程属于股东会或股东大会的权限，并且属于特殊表决事项，需要"2/3 以上表决权"。但是应当注意的是，有限责任公司的"2/3 以上"与股份有限公司的"2/3 以上"的基数存在不同：有限责任公司是"代表 2/3 以上表决权的股东"，基数是全部表决权；股份有限公司的基数是"出席会议的股东所持表决权"，即基数是出席会议的股东的表决权。有限责任公司的人数通常较少，股东一般都会出席股东会。股份有限公司的股东较多，尤其是上市公司的股东人数更多，要求所有股东出席股东大会，可能性较低。因此，股份有限公司股东大会的表决权计算是以出席会议的股东的表决权为基数。

七、违反公司章程的法律责任

公司章程是内部的自律性文件，对股东、董事、监事和高级管理人员具有约束力。相关主体必须严格依照公司章程的规定行为，违反公司章程，应当承担相应的责任。

1. 董事、监事违反公司章程的规定，未经股东会、股东大会或者董事会同意，将公司资金借贷给他人或者以公司财产为他人提供担保；违反公司章程的规定或者未经股东会、股东大会同意，与本公司订立合同或者进行交易，董事、高级管理人员违反法律规定所得的收入应当归公司所有（《公司法》第148条第1款第3、4项，第2款）。

2. 董事、监事、高级管理人员执行公司职务时违反法律、行政法规或者公司章程的规定，给公司造成损失的，应当承担赔偿责任（《公司法》第149条）。

3. 董事、高级管理人员违反法律、行政法规或者公司章程的规定，损害股东利益的，股东可以向人民法院提起诉讼（《公司法》第152条）。

4. 董事应当对董事会的决议承担责任。董事会的决议违反法律、行政法规或者公司章程、股东大会决议，致使公司遭受严重损失的，参与决议的董事对公司负赔偿责任。但经证明在表决时曾表明异议并记载于会议记录的，该董事可以免除责任（《公司法》第112条第3款）。

课后习题与测试

5. 股东会或者股东大会、董事会的会议召集程序、表决方式违反法律、行政法规或者公司章程，或者决议内容违反公司章程的，股东可以自决议作出之日起60日内，请求人民法院撤销（《公司法》第22条第2款）。

结论

现代公司治理措施中，公司章程是极为重要的一环。实务中，部分公司不重视公司章程的设计，只简单粘贴、复制《公司法》条文。《公司法》虽然可以起到标准章程的效果，但是《公司法》条文毕竟只是一般性条款，不能够有效满足不同公司的需求。制定公司章程，除了参考《公司法》的一般条文外，还应因地制宜地在法律允许的范围内进行调整、细化、具体化，以实现可操作性，这样才能够在最大程度上发挥公司章程的自律性作用。

第四章　公司的资本制度

本章知识结构图

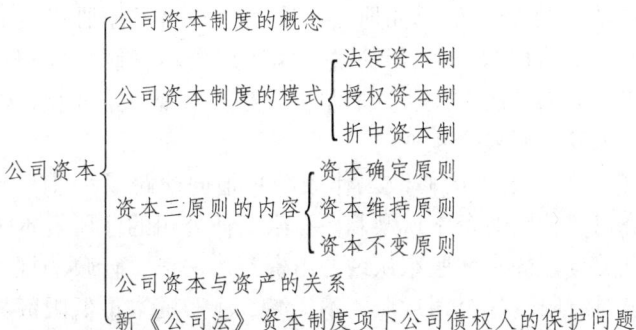

```
                ┌ 公司资本制度的概念
                │                    ┌ 法定资本制
                │ 公司资本制度的模式 ┤ 授权资本制
                │                    └ 折中资本制
       公司资本 ┤                    ┌ 资本确定原则
                │ 资本三原则的内容   ┤ 资本维持原则
                │                    └ 资本不变原则
                │ 公司资本与资产的关系
                └ 新《公司法》资本制度项下公司债权人的保护问题
```

本章重点内容讲解

现在公司理论关于公司资本制度主要存在三大形式，即法定资本制、授权资本制和折中资本制，三种资本制度各有利弊。我国《公司法》虽经不断修改废除了注册资本实缴制，改为认缴制，同时也废除了普通公司的最低注册资本限制（募集设立的股份有限公司以及特殊行业如金融机构仍然为实缴制并有最低注册资本限额。如《公司登记管理条例》第21条第1款规定："设立股份有限公司，应当由董事会向公司登记机关申请设立登记。以募集方式设立股份有限公司的，应当于创立大会结束后30日内向公司登记机关申请设立登记。"根据《公司法》第80条第2款的规定，股份有限公司采取募集方式设立的，注册资本为在公司登记机关登记的实收股本总额，而不是认购的股本总额，因此募集设立股份有限公司，仍需履行验资程序），但是我国实质上仍旧采取的是法定资本制。法定资本制下存在三项原则，即资本确定原则、资本维持原则和资本不变原则，资本三原则对于学习公司法，了解公司法具体精神具有重要的意义。本章的学习应当重点了解世界上通行的三大资本制度、资本三原则的内容以及其在我国《公司法》中的具体体现，理解其对我国公司发展的影响内容。

一、公司资本的概念

公司资本，又称股本或股份资本，是公司成立时章程规定的，由股东出资构成的财产总额。资本是公司自有的独立财产，是一个抽象的财产金额。公司资本制度实行严格的法定资本制，虽然该制度的作用在于能够保障公司的经济能力，维护公司债权人的利益，但过于严格的注册资本管理非但不能实现很好的债权人保护价值，而且阻碍了广大投资者的投资热情。一些公司过于追求注册资本增长，无法真正实现生产经营，导致公司大量资金闲置，降低资本效率。我国1993年的《公司法》规定了最低注册资本限制和实缴制，是相当严格的法定资本制。但是随着我国社会主义市场经济的发展，这种公司资本制度无法激活投资者的投资热情，一定程度上阻碍了社会再生产。2005年我国立法机关再次启动《公司法》的修改工作，对原有的法定注册资本制度进行了一定程度的修正，2005年的《公司法》降低了最低注册资本限额，提出了注册资本的分期缴纳制度。虽然相对1993年的《公司法》资本管制程度相对放宽，但是实质上仍是法定注册资本制，形式上出现一定变化，但是实质要求并未发生明显变化。

2013年《公司法》的修改工作大踏步地向前跨了一步，规定我国普通公司实行注册资本认缴制。有限责任公司的注册资本为在公司登记机关登记的全体股东认缴的出资额。法律、行政法规以及国务院决定对有限责任公司注册资本实缴、注册资本最低限额另有规定的，从其规定（《公司法》第26条）。股份有限公司采取发起设立方式设立的，注册资本为在公司登记机关登记的全体发起人认购的股本总额。在发起人认购的股份缴足前，不得向他人募集股份。股份有限公司采取募集方式设立的，注册资本为在公司登记机关登记的实收股本总额。法律、行政法规以及国务院决定对股份有限公司注册资本实缴、注册资本最低限额另有规定的，从其规定。（《公司法》第80条）。但是对于关键领域的公司，由于其行业自身的风险特征，仍旧实行注册资本实缴制，如商业银行和保险公司。

二、公司资本制度

（一）法定资本制

法定资本制是指在公司设立时，必须在章程中明确规定公司的资本总额，并一次性发行、全部认足或募足资本总额，否则公司不得成立的资本制度。法定资本制下就资本的缴付制度而言，实际上存在着金额缴付和分期缴付两种模式，前者可以称为严格的法定资本制，后者可以称为变革的法定资本制。我国2005年修订的《公司法》采用了变革的法定资本制，公司资本实行分期缴付制度，并且要求首次出资比例不低于公司章程所规定资本的 20%，其余部分在公司成立后的 2 年内缴足，投资公司在 5 年内缴足，从而规定了出资时间限制。2013 年的《公司法》虽然对我国公司资本制度进行了修正，但是仍旧要求募集设立有限责任公司的需要实缴资本。法定资本制度的优劣分析：

1. 优势：利于公司资本的稳定和确定，利于提高市场交易的安全性。公司进行商事活动通常需要承担一些风险，法定资本制度保证公司承担经济责任的能力，也可实现保护债权人的目的。此外，法定资本制度有助于帮助市场了解相关公司的经济实力，从而为市场提供重要的交易参考依据。

2. 劣势：导致某些公司资本的闲置和浪费，增资程序繁琐，费时费钱。注册资本本身体现的是公司的一种责任能力，这种能力只需要在法律上明确其范围即可，并非要将数字落实到实际财产的缴付上。在法定注册资本制度项下，有些公司盲目增加注册资本，会导致公司资本被闲置，利用率降低。此外，法定注册资本要求实缴，部分投资者可能一时无法提供充足的出资而选择较小的出资，不仅抑制了投资热情，而且若要扩大生产，只能够再行增资，增资的程序又很繁琐。

（二）授权资本制

授权资本制是指在公司设立时，虽然应在章程中载明公司资本总额，但公司不必发行资本的全部，只要认足或缴足资本总额的一部分，公司即可成立。其余部分，授权董事会在其认为必要时，一次或分次发行或募集。授权资本制的优劣分析：

1. 优势：减轻了公司设立的难度，简化了公司增资程序，能够减轻投资者的实缴出资压力，激发社会的投资热情。而且有助于公司根据自身生产经营过程中产生的实际资金需求，合理地安排公司的注册资本规模，有助于提高公司资金结构的科学性。

2. 劣势：造成公司实缴资本与其实际经营规模和资产实力的严重脱节，容易发生欺诈行为，并对债权人的利益构成风险。授权资本制下，存在着认缴与实缴间的数额差，公司责任能力名不副实。并且这种情形容易产生的现象是公司实际生产经营所需的资金中债权资本高于股权资本，无形中增加了债权人的风险。

（三）折中资本制

折中资本制是指在授权资本制的基础上通过对董事会股份发行

授权的限制，规定其发行股份的比例和期限所形成的资本制度。折中资本制与授权资本制并无实质上的不同，前者可以说是在后者的制度内容的基础上建立起来的。折中资本制不同于授权资本制之处在于，前者对董事会发行股份的期限和数量进行了一定的限制，董事会无权自行决定股份发行的具体期限及数量。

三、公司资本原则

公司资本三原则被视为大陆法系公司法的核心原则，保证公司独立、完整，保证法定资本制得以实现。资本三原则是有限责任的产物，在公司制度初期，盛行无限责任制。由于无限责任公司的股东对公司债务承担无限连带责任，公司债务与股东个人债务不能分离，不存在资本三原则的生存空间。有限责任出现后，由于公司责任与股东个人责任相分离，公司以其全部资产对公司债务承担责任，股东以其出资或所持股份（我国《公司法》规定是以认缴的出资额或者认购的股份）为限对公司承担责任，当公司因经营失败而破产或解散时，债权人不能越过公司直接追索股东的个人财产来偿债，但由于公司债权人在交易中处于不利地位，为了保护债权人，维持公司的正常经营，立法者规定了一系列的法律条文，学者将这些具有共同法理的条文归纳综合，把它们称为"资本三原则"，即资本确定原则、资本维持原则、资本不变原则。

（一）资本确定原则

资本确定原则是指公司在设立时，必须在章程中对公司的资本总额作出明确规定，并须全部认足或募足资本金额，否则公司即不能成立。资本确定原则要求应当依法确认公司注册资本并取得法律上的公示效力，要求公司登记公示的注册资本具有确定效力。

资本确定原则在我国法上主要体现为下列规定：

1. 公司的营业执照应当载明公司的名称、住所、注册资本、经营范围、法定代表人姓名等事项。公司营业执照记载的事项发生变更的，公司应当依法办理变更登记，由公司登记机关换发营业执照（《公司法》第7条第2、3款）。依法设立的公司，由公司登记机关发给公司营业执照。公司营业执照的签发日期为公司的成立日期。营业执照是公司重要的工商信息公示凭证，其记载的公司注册资本是确定的，以此产生公示效力。

2. 有限公司的股东可以用货币出资，也可以用实物、知识产权、土地使用权等可以用货币估价并可以依法转让的非货币财产作价出资，但法律、行政法规规定不得作为出资的财产的除外。以出资形式是否为货币为标准，可分为货币出资和非货币出资（实物、知识产权、土地使用权等）。非货币出资的标的物必须满足以下两个要求：①可以用货币估价。有限责任公司的股东以其认缴的出资额为限对公司承担有限责任，资本确定原则下，股东出资必须能够予以确定，可以用货币进行估价。②必须可以依法转让。股东不能以无法转让的标的物出资。《公司法》对有限责任公司并未明确规定出资范围，而对股份有限公司，《公司法》第83条第1款规定："以发起设立方式设立股份有限公司的，发起人应当书面认足公司章程规定其认购的股份，并按照公司章程规定缴纳出资。以非货币财产出资的，应当依法办理其财产权的转移手续。"这说明股份有限公司股东的出资形式也包括两大类，即货币出资与非货币出资。基于股东的有限责任和法定注册资本制的要求，股份有限公司的股东如果以非货币出资的，也应满足"可以用货币估价并可以依法转让"。《公司法》不仅要求公司股东的非货币出资财产应具备可以以货币估价的条件，还要求对作为出资的非货币财产应当评估作价，核实财产，不得高估或者低估作价。法律、行政法规对评估作价有规定的，从其规定。因此非货币出资应当是性质上"可以以货币估计"，程序上"评估作价"，这些都是公司资本确定原则的重要表现，因为公司只有如此才能够明确计入公司注册资本的确定数额，否则既无法明确股东的责任范围，也无法实现公司注册资本的确定性。

（二）资本维持原则

资本维持原则是指公司在其存续过程中，应经常保持与其注册资本额相当的财产。目的是防止资本的实质减少，保护债权人利益，同时防止股东对盈利分配的不当要求。资本维持原则在我国的《公司法》的具体规则中也有众多体现：

1. 限制公司股权回购。《公司法》第142条规定："公司不得收购本公司股份。但是，有下列情形之一的除外：……公司因前款第1项至第3项的原因收购本公司股份的，应当经股东大会决议。公司依照前款规定收购本公司股份后，属于第1项情形的，应当自收购之日起10日内注销；属于第2项、第4项情形的，应当在6个月内转让或者注销……公司不得接受本公司的股票作为质押权的标的。"

《公司法》第 142 条为股份有限公司回购股份后的处理规范。根据本条的规定，股份有限公司虽然可以在上述法定情形下回购持有公司股份，但是这种所谓的持有期限是非常短暂的，要么注销、要么转让，无论哪一种情形，公司都不会是长期持有公司股份。这一要求背后的法理支撑就是公司资本三原则中的资本维持原则。股份有限公司持有自己的股份，使得公司的实际资本与注册资本产生了差额，这种差额现象即违反了资本维持原则。《公司法》对有限责任公司回购异议股东股权后的处理措施尚未有明确规定，但依照一般法理，应选择参照股份有限公司的相关规定。本条规定的"不得接受本公司股票作为质押权的标的"也是同样的道理，质押在法律上可以扩张理解为具有附条件转让的法律关系。

2. 公积金制度背后的"资本维持"。公司分配当年税后利润时，应当提取利润的 10% 列入公司法定公积金。公司法定公积金累计额为公司注册资本的 50% 以上的，可以不再提取。公司的法定公积金不足以弥补以前年度亏损的，在依照前款规定提取法定公积金之前，应当先用当年利润弥补亏损。公司从税后利润中提取法定公积金后，经股东会或者股东大会决议，还可以从税后利润中提取任意公积金。公司弥补亏损和提取公积金后所余税后利润，有限责任公司依照《公司法》第 34 条的规定分配；股份有限公司按照股东持有的股份比例分配，但股份有限公司章程规定不按持股比例分配的除外。股东会、股东大会或者董事会违反该规定，在公司弥补亏损和提取法定公积金之前向股东分配利润的，股东必须将违反规定分配的利润退还公司。公司持有的本公司股份不得分配利润（《公司法》第 116 条）。

（三）资本不变原则

这一原则是指公司的资本一经确定，即不得随意改变，如需增减，必须严格按法定程序进行。资本不变原则的立法意图与资本维持原则是相同的，只不过资本维持原则是对资本的动态维护，而资本不变原则是对资本的静态维护，即防止资本总额的减少导致公司财产能力的降低和责任范围的缩小，保护债权人利益。

1. 有限责任公司。有限责任公司股东会会议作出修改公司章程、增加或者减少注册资本的决议，以及公司合并、分立、解散或者变更公司形式的决议，必须经代表 2/3 以上表决权的股东通过

（《公司法》第 43 条）。

2. 股份有限公司。股东大会作出决议，必须经出席会议的股东所持表决权过半数通过。但是，股东大会作出修改公司章程、增加或者减少注册资本的决议，以及公司合并、分立、解散或者变更公司形式的决议，必须经出席会议的股东所持表决权的 2/3 以上通过（《公司法》第 103 条第 2 款）。

3. 国有独资公司。国有独资公司不设股东会，由国有资产监督管理机构行使股东会职权。国有资产监督管理机构可以授权公司董事会行使股东会的部分职权，决定公司的重大事项，但公司的合并、分立、解散、增加或者减少注册资本和发行公司债券，必须由国有资产监督管理机构决定（《公司法》第 66 条第 1 款）。

有限责任公司和股份有限公司都要求增加或者减少注册资本应经公司权力机关股东会（或股东大会）的决议通过，而且决议通过比例高于普通表决事项，国有独资公司基于自身的特殊性质，须由国有资产监督管理机构决定。无论是上述哪一种法定情形，我们都可以看出注册资本的增减并非是很随意的，而是必须经过法定程序方能够进行改变。

四、公司资本与资产的关系

公司资产是公司实际拥有的全部财产，包括有形财产和无形财产。在财产形态上，资产分为流动资产、长期投资、固定资产、无形资产和递延资产等。在财产来源上，资产主要来自于三个方面：股东的出资（即公司资本）、公司对外负债、公司的资产收益和经营收益。资产与负债作为公司资产负债表中的两个栏目，存在互动的对应关系，由于负债是资产的来源，因此，公司负债的增减必然导致资产的相应增减。

五、《公司法》资本制度项下公司债权人的保护问题

2013 年《公司法》修正后，认缴制度一方面激发了社会的投资者的投资热情，但是另一方面也给债权人保护带来了一定的挑战。因此，需要在公司内部治理结构以及外部信息监管等方面进行制度改进。

1. 建立合理的内部治理结构。除特殊类公司（如国有独资企业）不设股东会外，我国公司一般都应按照《公司法》的要求设

立完整的三会结构（具体内容本书后文有详解，此处不赘述），股东会或者股东大会是公司的权力机构，董事会及其他管理层人员为公司的执行机构，监事会则是公司的监督结构。三会结构有助于公司建立起科学化的决策和执行体系，以程序规范行为，最大程度上约束公司管理层的行为，维护公司债权人利益。

2. 强化信息披露。随着主板、创业板以及新三板等融资平台在我国的不断发展，我国企业的社会公共性不断增强。公司债权人本身处于获取企业信息的劣势一方，无法知晓公司经营管理的最新情况，权益极易受到侵害。强化企业信息披露制度利于弥合或者缩小这种信息不对称的劣势，为公司债权人提供有效的监督渠道。

除此之外，健全财务会计制度以及管理层的责任追究和执行制度等都是可供选择的措施。公司及股东在谋求自身利益最大化的同时也要肩负企业的社会责任，兼顾债权人、员工以及社会等利益相关者的权益。

法定注册资本制度的构建目的之一在于保护债权人的合法权益，我国当前无论是有限责任公司的设立、新增资本或还是股份有限公司的设立、股份增发，皆要求"平价"（潜在的目的之一在于遵守法定资本制度）或"溢价"（融资中常见的行为，潜在目的之一在于维护原有股东权益，防止实际权益被稀释），而不能是"折价"，这即为法定资本制度下资本维持原则的体现，"折价"行为违反法定注册资本制度（资本维持原则），侵害债权权益。资本维持原则要求公司存续期间应当维持与其注册资本相当的资产。如果法律允许"折价"，企业在设立或增资开始时即未能维持与注册资本相当的资产，可能导致的结果之一即为公司主要的运营成本来自借贷而非资本或股本，公司实际风险承担者为债权人而非股东，此种情形下，实质最后风险承担者同为债权人，根据《公司法》一般原理，经营决策权（如投票权）应归属最后风险承担者，而债权人一般无投票权，利益极易受到侵害。虽然在"平价"或"溢价"的情形下，公司存续期间，可能存在实际资本少于注册资本的情形，但属正常商业风险，是债权人承担的正常风险因素，并不违背资本维持原则。在传统的、严格的注册资本制度下，资本维持原则强调实收资本与注册资本的相当。但是《公司法》修改后，我国目前有限责任公司及发起设立的股份有限公司实行认缴制（募集设立的股份有限公司、特殊行业公司依然实行实缴制），这些公司在出资期限内，实收资本往往少于注册资本，这是我国现行法定资本制度与传统注册资本制度的不同之处。笔者认为，虽然认缴制下注册资本在出资期限内会少于注册资本，但是未缴纳出资依然是公司法人主体的可控资本，区别于"折价"或抽逃出资等情形下的类似问题，认缴制还是符合资本维持原则的。但这里必须警示风险问题，即出资期限问题，如果出资期限过长或者未约定出资期限而导致公司股东出资长期不到位，也有可能在实质上形成与"折价"等情形类似的侵害债权人利益的问题。

结 论

我国《公司法》最初立法在于配合我国的国有企业改革，要求国有企业改革后实行注册资本实缴，对于经济实力雄厚的国有企业来讲并非难事。但是随着我国市场经济的发展和民营公司数量的激增，1993 年制定的《公司法》已然无法满足社会经济发展的最新需要。我国现行《公司法》已经在一定程度上取得了改进，但是仍然存在诸多具体问题需要进一步的解决。

课后习题
与测试

第五章　公司股东

本章知识结构图

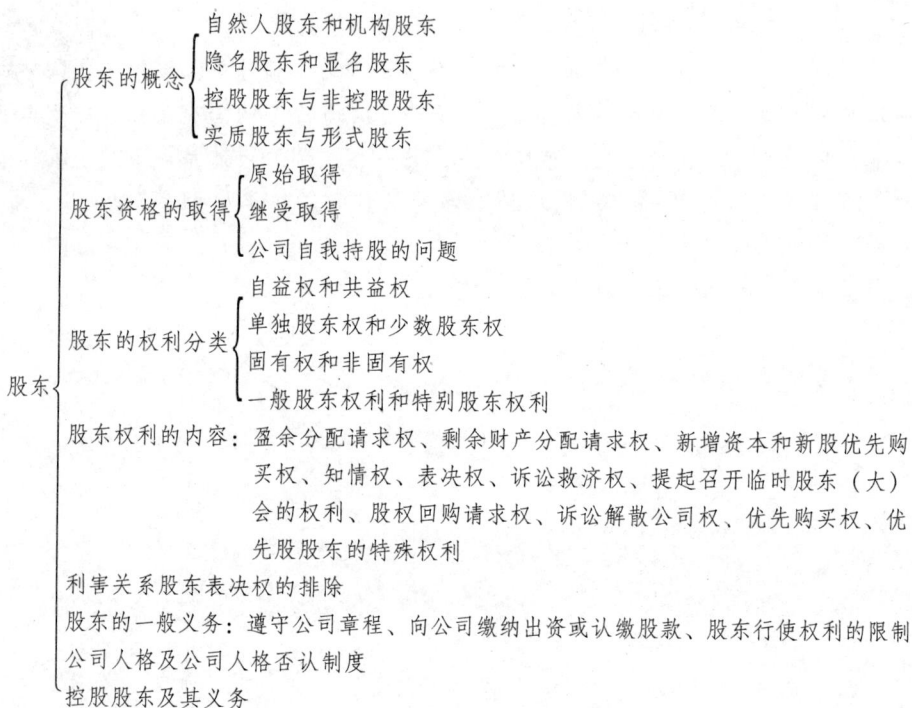

股东

股东的概念 —— 自然人股东和机构股东
　　　　　　隐名股东和显名股东
　　　　　　控股股东与非控股股东
　　　　　　实质股东与形式股东

股东资格的取得 —— 原始取得
　　　　　　　　继受取得
　　　　　　　　公司自我持股的问题

股东的权利分类 —— 自益权和共益权
　　　　　　　　单独股东权和少数股东权
　　　　　　　　固有权和非固有权
　　　　　　　　一般股东权利和特别股东权利

股东权利的内容：盈余分配请求权、剩余财产分配请求权、新增资本和新股优先购买权、知情权、表决权、诉讼救济权、提起召开临时股东（大）会的权利、股权回购请求权、诉讼解散公司权、优先购买权、优先股股东的特殊权利

利害关系股东表决权的排除

股东的一般义务：遵守公司章程、向公司缴纳出资或认缴股款、股东行使权利的限制

公司人格及公司人格否认制度

控股股东及其义务

本章重点内容讲解

　　股东是公司内部的重要成员，投资人投资设立公司而成为公司的股东。股东会、股东大会是我国法上公司的最高权力机构。股东通过行使表决权而影响到公司的生产经营活动。学习本章内容应当重点了解公司股东权利的取得、行使、权利内容以及股东所须履行的各项义务。优先股融资在我国开始逐渐增多，优先股在出资形式以及权利内容等方面与普通股具有较大的不同，所以本章专设小结对优先股进行了介绍。

一、股东的概念

　　股东是指合法持有公司的股权或者股份并依法对公司享有权

利、承担义务的人。一般来说，自然人、法人、国家均可成为股东，对应着我国法上股东的学理分类，即自然人股东、法人股东和国家股东。《公司法》第 15 条对法人股东作出了特殊限制，公司可以向其他企业投资；但是，除法律另有规定外，不得成为对所投资企业的债务承担连带责任的出资人。在我国，股东是指认缴有限责任公司出资和认购股份有限公司股份的法律主体（国有独资公司应由国务院或者地方人民政府委托本级人民政府国有资产监督管理机构履行出资人职责）。学理上，公司股东可以作以下分类：

（一）自然人股东和机构股东

以股东性质划分，自然人以个人财产认缴出资或认购股份的，称为自然股东或者个人股东。除了自然人之外，我国法允许各类公司、各类全民和集体所有制企业、各类非营利法人和基金等机构和组织投资设立公司，这一类投资者可以统称为机构股东。除此之外，外商投资所得股称为外资股。

（二）隐名股东和显名股东

隐名股东是指实际出资的投资者，但是未记载于公司章程、股东名册和工商登记等材料中，我国法将其称为"实际出资人"。显名股东是指与隐名股东签订协议，代为持有公司股权且记载于公司章程、股东名册和工商登记等材料中的人。我国《公司法》对于股东人数具有明确限制，有限责任公司应为 50 人以下，而股份有限公司发起人应为 2 ~ 200 人。这种人数上的限制使得相关司法解释出台前，部分投资者为了突破人数限制，而采取股份代持等方式参与目标公司的投资活动。由于实际出资人与登记股东不一致，实践中逐渐产生了大量权益纠纷。如何认定隐名股东与显名股东之间的法律关系，《司法解释（三）》第 24 条作出了相关规定："有限责任公司的实际出资人与名义出资人订立合同，约定由实际出资人出资并享有投资权益，以名义出资人为名义股东，实际出资人与名义股东对该合同效力发生争议的，如无合同法第 52 条规定的情形，人民法院应当认定该合同有效。前款规定的实际出资人与名义股东因投资权益的归属发生争议，实际出资人以其实际履行了出资义务为由向名义股东主张权利的，人民法院应予支持。名义股东以公司股东名册记载、公司登记机关登记为由否认实际出资人权利的，人民法院不予支持。实际出资人未经公司其他股东半数以上同意，请求公司变更股东、签发出资证明书、记载于股东名册、记载于公司

章程并办理公司登记机关登记的，人民法院不予支持。"

最高人民法院在王某与安徽阜阳华纺和泰房地产开发有限公司股东资格确认纠纷案的二审民事判决书〔（2014）民二终字第185号〕中指出：关于王某应享有和泰公司股权的比例。《司法解释（三）》第24条第1款规定，有限责任公司的实际出资人与名义出资人订立合同，约定由实际出资人出资并享有投资权益，以名义出资人为名义股东，实际出资人与名义股东对该合同效力发生争议的，如无《合同法》第52条规定的情形，人民法院应当认定该合同有效。该条第2款规定，前款规定的实际出资人与名义股东因投资权益的归属发生争议，实际出资人以其实际履行了出资义务为由向名义股东主张权利的，人民法院应予支持。名义股东以公司股东名册记载、公司登记机关登记为由否认实际出资人权利的，人民法院不予支持。该条第3款规定，实际出资人未经公司其他股东半数以上同意，请求公司变更股东、签发出资证明书、记载于股东名册、记载于公司章程并办理公司登记机关登记的，人民法院不予支持。根据第3款的规定，实际出资人请求登记为股东的，应获得公司其他股东半数以上同意。王某以和泰公司为被告提起诉讼，请求确认其为和泰公司股东及其持股比例。其诉讼请求能否获得支持，取决于王某与和泰公司的出资关系及和泰公司股东是否同意。实际出资人虽然可以根据《司法解释（三）》的规定主张享有投资权益，但是并不意味着其可以直接向公司主张股东资格或行使股东权利。前文已述，有限责任公司相较于股份有限公司，人合性较强，股东之间相互具有一定的信任关系。因此，现行法对于实际出资人能否取得股东资格的问题交于有限公司的其他股东处理，合理合法。

（三）控股股东与非控股股东

控股股东是指其出资额占有限责任公司资本总额50%以上或者其持有的股份占股份有限公司股本总额50%以上的股东；出资额或者持有股份的比例虽然不足50%，但依其出资额或者持有的股份所享有的表决权已足以对股东会、股东大会的决议产生重大影响的股东（《公司法》第216条第1款第2项）。非控股股东是指依其所享有的表决权无法对股东会或者股东大会的决议产生重大影响的股东。

（四）实质股东与形式股东

实质股东是指实际向公司投资继而取得出资证明书或者股份的

股东；而形式股东是指进行了公司登记，姓名或者名称被记载于股东名册上但没有取得出资证明书或者股份的股东。实践中，实质股东与形式股东大多数情况下是重合的，股东向公司履行出资义务后取得出资证明或者股份，并会被记载于股东名册，将股东姓名或者名称记载于股东名册也是公司应当履行的一项法定义务。

二、股东资格的取得

投资人通过认购公司的出资或股份而获得股东资格。就取得股东资格的时间及原因而论，可将股东资格的取得方式分为原始取得和继受取得。

（一）原始取得

原始取得是指并非以他人权利为基础而是依照法律的规定取得相关权利，孳息、添附、无主财产、拾得无主物、先占、善意取得、没收、征收、税收等是我国法上典型的原始取得方式。股东资格的原始取得是指投资人通过认缴有限责任公司出资或认购股份有限公司股份而取得公司股东资格。有限责任公司以出资证明为股东资格证明文件，而股份有限公司则以股票为证。原始取得中可以细分为两种方式的原始取得：

1. 发起人的原始取得，即发起人通过发起设立公司而取得股东资格。有限责任公司和股份有限公司都可以采取发起设立的方式，股份有限公司要求发起人人数为 2～200 人，并明确要求其中半数以上的发起人在中国境内有住所。

2. 增资新进股东的原始取得。公司成立后，如果进行增资扩股，那么通过增资方式来新进股东也是原始取得公司股东资格的方式之一。其资格的取得源于自身通过认缴或认购公司的增资而取得，并非基于现存的其他权利人的相关权利。

（二）继受取得

继受取得是指以他人权利为基础而获得相关权利。买卖、互易、赠与、继承、遗赠是典型的继受取得方式。股东通过遗嘱、遗赠以及股权转让等方式获得股东资格为继受取得。

（三）公司自我持股的问题

我国《公司法》对于公司自我持股始终保持谨慎态度，公司成为自己的股东存在着较大的损害风险。一方面，《公司法》虽然取消了普通公司的最低注册资本限制，但是没有从根本上改变我国法定资本制。在我国法下，公司成为自己的股东会产生实质变动公司注册资本的效果，违反了资本不变原则，弱化公司资本。另一方面，公司成为自己股东将会产生公司自我控制的风险。

三、股东的权利

股东将自己的财产交由公司进行经营，按其投资份额对公司享有一定权利并承担一定义务，这种权利和义务的总称就是股权。股权既是股东法律地位的具体化，又是对股东具体权利义务的抽象概括。

股东权利分类：

1. 自益权和共益权。这是依股东权利行使的客观结果为标准进行的划分。凡股东行使权利的客观结果只是对股东自己有积极利益而对公司没有任何积极利益就是自益权。凡股东行使权利的客观结果既对股东自己有积极利益又对公司有积极利益就是共益权。自益权与共益权相辅相成，共同构成了股东所享有的完整股权。当然，自益权与共益权之间从行使权利主体的主观角度讲并不是绝对的。

2. 单独股东权和少数股东权。这是依股权行使方式为标准进行的划分。单独股东权是指可以由股东一人单独行使即会产生一定法律后果的权利。少数股东权是指必须达到一定比例以上表决权的股东行使才能产生一定法律后果的权利，如我国《公司法》规定的持有公司股份 10% 以上的股东提请召开临时股东大会的请求权，有限责任公司修改公司章程必须有 2/3 以上表决权的股东通过才能生效，等等。

3. 固有权和非固有权利。这种分类方法是以股东权利取得依据为标准划分的。固有股东权利是指由《公司法》等法律规范直接赋予股东的权利，是投资人取得股东资格后当然享有的权利，这种权利不可以被公司章程或者股东会或者股东大会限制、剥夺，投票权即为一种典型的固有股东权利。而非固有股东权利则相反，是指可以被公司章程和股东会、股东大会赋予、限制和剥夺的权利。

4. 一般股东权利和特别股东权利。以股东权利行使是否受到限制为标准划分的。[1] 一般股东权利是指股东行使权利不受限制，

---

〔1〕 邓峰：《普通公司法》，中国人民大学出版社 2009 年版，第 361 页。

如普通股股东权利。特别股东权利是指股东行使权利受到一定限制，比如优先股股东权利。

四、股东权利的内容

（一）盈余分配请求权

前文讲述公司特征时阐明，公司的特征之一在于股东的营利性。股东投资于公司，不是做慈善事业，而是为了获取客观的投资回报。基于这一特性，盈余分配请求权是股东权利的重要内容。但是商业经营本身自带风险，股东的盈余分配请求权能否得到回报还是要看公司的实际获益情况，公司没有利润自当无法实现股东的盈余分配请求权。公司弥补亏损和提取法定公积金之前向股东分配利润的，股东必须将违反规定分配的利润退还公司。有限责任公司股东按照实缴的出资比例分取红利。但是，全体股东约定不按照出资比例分取红利或者不按照出资比例优先认缴出资的除外（《公司法》第34条）。股份有限公司按照股东持有的股份比例分配，但股份有限公司章程规定不按持股比例分配的除外（《公司法》166条第4款）。

应当注意是我国当前《公司法》具体条文表述的不足之处。2013年《公司法》将普通公司出资制度修正为认缴制（募集设立的股份及特殊类公司如商业银行除外），但是其他条文中相应措辞并未得到系统修正，使得公司法用语存在矛盾，其中第34条与第72条即为典型。《公司法》第34条："股东按照实缴的出资比例分取红利；公司新增资本时，股东有权优先按照实缴的出资比例认缴出资。但是，全体股东约定不按照出资比例分取红利或者不按照出资比例优先认缴出资的除外。"认缴制与2005年的《公司法》的实缴制度除了出资实缴以及验资等方面存在不同外，其实还有另一重要的不同：在2005版实缴制度下（除分期缴纳），出资比例=实缴出资比例符合实际情形，但是认缴制度下，实缴与认缴实际上势必存在差额，即在出资比例上存在出资比例≠实缴出资比例的问题。第34条第1款第1句措辞为"实缴的出资比例"，而第2款第2句措辞为"出资比例"，同一条文即出现了语义歧义。《公司法》第71条第3款："经股东同意转让的股权，在同等条件下，其他股东有优先购买权。两个以上股东主张行使优先购买权的，协商确定各自的购买比例；协商不成的，按照转让时各自的出资比例行使优先购买权。"2005 年的《公司法》规定"转让时各自的出资比例"因为实缴制度实质不存在数差，矛盾不明显，但是现行《公司法》认缴制度项下数差的问题就使得第 71 条歧义更加明显，转让时的出资比例是指认缴部分还是实际缴纳部分？尚未完全出资出让股权的情形在实践过程中很常见。因此《公司法》上的用语仍然存在很多值得我们注意的地方，尤其是在涉及相关股权转让合同的审核。按照现行《公司法》的立法精神，对公司承担责任应该按照认缴或者认购额承担，而享有权利应该按照实缴或者实际持有额享有，所以在用语上应该规范统一。

我国公司股权集中度较高，大股东往往直接能够决定公司盈余分配规则，中小股东的利润分配请求权很容易被大股东实质性剥夺，中小股东难以实现最初的投资回报。为保护投资者投资公司的经济利益，《最高人民法院关于适用〈中华人民共和国公司法〉若干问题的规定（四）》（以下简称《司法解释（四）》）对公司股东利润分配请求权进行了明确保护。股东利润分配请求权与股东知情权类似，当权利遭受不法侵害时，法律赋予股东以诉权来保护自身的合法利益。股东请求公司分配利润案件，应当列公司为被告。一审法庭辩论终结前，其他股东基于同一分配方案请求分配利润并申请参加诉讼的，应当列为共同原告。股东提交载明具体分配方案的股东会或者股东大会的有效决议，请求公司分配利润，公司拒绝分配利润且其关于无法执行决议的抗辩理由不成立的，人民法院应当判决公司按照决议载明的具体分配方案向股东分配利润。股东未提交载明具体分配方案的股东会或者股东大会决议，请求公司分配利润的，人民法院应当驳回其诉讼请求。"载明具体分配方案的股东会或者股东大会的有效决议"是股东保护自身利润分配请求权的关键要素，司法尊重公司内部意思自治，司法保护的也是公司内部意思自治产生的法律效果。这里应当注意，特定情况下，即使未提供特定有效决议，但违反法律规定滥用股东权利导致公司不分配利润，给其他股东造成损失的除外，意即法律不保护违法行为。

（二）剩余财产分配请求权

公司具有独立的法人人格，具有独立的法人财产权。股东以自由财产向公司履行出资义务后，所形成的财产归属公司，股东获得股权作为对价。当公司解散清算时，股东对剩余财产享有分配请求权，但是这种股东的剩余财产分配请求权要受到顺位的限制：

1. 公司解散清算。公司财产在分别支付清算费用、职工的工资、社会保险费用和法定补偿金，缴纳所欠税款，清偿公司债务后的剩余财产，有限责任公司按照股东的出资比例分配，股份有限公司按照股东持有的股份比例分配（《公司法》第186条第2款）。

2. 公司破产清算。破产清算情形较为特殊，在破产清算中公司股东将无法实现其剩余财产分配请求权，因为破产企业本身"资不抵债"，债权人债权已然无法实现，何况股东。破产财产在优先清偿破产费用和共益债务后，依照下列顺序清偿：①破产人所欠职工的工资和医疗、伤残补助、抚恤费用，所欠的应当划入职工个人账户的基本养老保险、基本医疗保险费用，以及法律、行政法规规定应当支付给职工的补偿金；②破产人欠缴的除前项规定以外的社会保险费用和破产人所欠税款；③普通破产债权。破产财产不足以清偿同一顺序的清偿要求的，按照比例分配。破产企业的董事、监事和高级管理人员的工资按照该企业职工的平均工资计算（《企业破产法》第113条）。

（三）新增资本、新股优先购买权

我国《公司法》规定，有限责任公司新增资本时，股东有权优先按照实缴的出资比例认缴出资。但是，全体股东约定不按照出资比例分取红利或者不按照出资比例优先认缴出资的除外（《公司法》第34条）。股份有限公司按照股东持有的股份比例购买。清华大学施天涛教授认为：股东的这种优先权是一种期待权，只有在公司真正增加资本或者发行新股时，方能够行使。这种权利也是一种选择权，即股东可以选择行权，也可以不行权。[1]

《司法解释（三）》对于有限责任公司股东前述盈余分配请求权、剩余财产分配请求权以及新增资本和新股有限购买权的特殊限制，《司法解释（三）》第17条第1款规定："有限责任公司的股东未履行出资义务或者抽逃全部出资，经公司催告缴纳或者返还，其在合理期间内仍未缴纳或者返还出资，公司以股东会决议解除该股东的股东资格，该股东请求确认该解除行为无效的，人民法院不予支持。"该款应当注意适用前提：①适用于有限责任公司，股份有限公司不适用；②行为模式为未履行全部出资或者抽逃全部出资，行为结果实质上是股东未履行任何出资义务。股东未全面履行

---

[1]　施天涛：《公司法论》，法律出版社2014年版，第263页。

出资（履行一部分）和抽逃部分出资则不能够适用本规定解除有限责任公司相应股东的股东资格。

最高人民法院在亿中制衣厂有限公司与惠州市乐生实业发展总公司南澳公司股东出资纠纷申诉、申请民事判决书〔（2016）最高法民再357号〕中指出："《最高人民法院关于适用〈中华人民共和国公司法〉若干问题的规定（三）》第16条规定：'股东未履行或者未全面履行出资义务或者抽逃出资，公司根据公司章程或者股东会决议对其利润分配请求权、新股优先认购权、剩余财产分配请求权等股东权利作出相应的合理限制，该股东请求认定该限制无效的，人民法院不予支持。'根据该规定，限制股东利润分配请求权、新股优先认购权、剩余财产分配请求权等股东权利，应当同时具备以下条件：一是股东未履行或者未全面履行出资义务，或者有抽逃出资的行为；二是应当根据公司章程或者股东会决议作出限制。"

扩展案例

课后习题
与测试

（四）知情权

1. 有限责任公司股东的知情权。股东有权查阅、复制公司章程、股东会会议记录、董事会会议决议、监事会会议决议和财务会计报告。股东可以要求查阅公司会计账簿。股东要求查阅公司会计账簿的，应当向公司提出书面请求，说明目的。公司有合理根据认为股东查阅会计账簿有不正当目的，可能损害公司合法利益的，可以拒绝提供查阅，并应当自股东提出书面请求之日起15日内书面答复股东并说明理由。公司拒绝提供查阅的，股东可以请求人民法院要求公司提供查阅（《公司法》第33条）。

理解有限责任公司股东的知情权应当注意以下几点：

（1）知情权行使的方式包括查阅、复制。其中可以查阅、复制的是公司章程、股东会会议记录、董事会会议决议、监事会会议决议和财务会计报告，而公司的会计账簿只能够查阅不能够复制。

（2）有限责任公司股东若想查阅公司的会计账簿必须：①以书面形式说明理由，而不是口头形式。②公司收到股东书面说明后，不是必须提供会计账簿以供查阅。公司可以对股东的查阅理由予以审查，如果查阅可能损害公司利益的，可以拒绝。但是必须履行15日内通知的义务。③如果股东被拒绝，法律赋予了其诉讼救济的方式。

2. 股份有限公司股东的知情权。股东有权查阅公司章程、股东名册、公司债券存根、股东大会会议记录、董事会会议决议、监事会会议决议、财务会计报告，对公司的经营提出建议或者质询

（《公司法》第97条）。

股份有限公司的股东行使知情权与有限责任公司对比：

（1）股份有限公司的股东行使对"公司章程、股东会会议记录、董事会会议决议、监事会会议决议和财务会计报告"的知情权只能采取查阅的方式，而不能复制。有限责任公司的股东则可以复制上述资料。

（2）股份有限公司的股东知情权的客体除"公司章程、股东会会议记录、董事会会议决议、监事会会议决议和财务会计报告"之外，还包括"股东名册、公司债券存根"，但也限于查阅，不能复制。

（3）股份有限公司的股东不能够查阅公司的会计账簿。

（五）表决权

股东参与公司管理是通过股东会或者股东大会行使股份表决权来实现的，公司具有独立法人地位，股东不能直接干涉公司的经营管理。表决权是股东权利的一项重要内容，是股东的固有权利。股东会的议事方式和表决程序，除本法有规定的外，由公司章程规定（《公司法》第43条）。股东大会作出决议，必须经出席会议的股东所持表决权过半数通过（《公司法》第103条第2款）。

（六）诉讼救济权

股东在自身利益受到侵害时，有权以诉讼方式进行权益救济。《公司法》第152条规定："董事、高级管理人员违反法律、行政法规或者公司章程的规定，损害股东利益的，股东可以向人民法院提起诉讼。"根据这一规定，股东遭受权益侵害时，可以依据侵权规则救济自己的合法权益。关于股东诉权将在本书第六章详述。

（七）提议召开临时股东（大）会的权利

1. 有限责任公司临时股东会的提起：代表1/10以上表决权的股东、1/3以上的董事、监事会或者不设监事会的公司的监事（《公司法》第39条）。但是这里容易混淆的是，有限责任公司临时股东会的提议主体与股份有限公司临时董事会的提议主体，股份有限公司临时董事会的提议主体是代表1/10以上表决权的股东、1/3以上的董事、监事会（《公司法》第110条）。

2. 股份有限公司临时股东大会的提议：有下列情况，应该在2个月内召开临时股东大会：

（1）董事人数不足《公司法》规定人数或者公司章程所定人

数的 2/3 时。

（2）公司未弥补亏损达实收股本总额的 1/3 时。

（3）单独或者合计持有公司 10% 以上股份的股东请求时。

（4）董事会认为必要时。

（5）监事会提议召开时。

（6）公司章程规定的其他情形。

理解股份有限公司临时股东大会应当注意的是下面两点：

（1）时间。出现法定情形，应当在 2 个月内召开临时股东大会。

（2）权利基数。董事人数强调的是不足《公司法》规定的最低人数（股份有限公司董事会人数为 5～19 人）或者公司章程规定的人数的 2/3。未弥补亏损的计算基数应当是"实收股本"。

（八）股权回购请求权

1. 有限责任公司股权回购请求权。《公司法》第 74 条规定，有下列情形之一的，对股东会该项决议投反对票的股东可以请求公司按照合理的价格收购其股权：

（1）公司连续 5 年不向股东分配利润，而公司该 5 年连续盈利，并且符合本法规定的分配利润条件的。

（2）公司合并、分立、转让主要财产的。

（3）公司章程规定的营业期限届满或者章程规定的其他解散事由出现，股东会会议通过决议修改章程使公司存续的。

自股东会会议决议通过之日起 60 日内，股东与公司不能达成股权收购协议的，股东可以自股东会会议决议通过之日起 90 日内向人民法院提起诉讼。

关于股权回购请求权的诉讼救济应当注意时间的起算点，协议收购期限计算起点为"股东会会议决议通过之日"，期限长度为 60 日。起诉回购期限计算起点也是"股东会会议决议通过之日"，并非是协议期限结束之日，起诉回购期限长度为 90 日。根据《公司法》第 74 条的规定，如果股东与公司未能够达成协议收购，那么留给异议股东起诉回购的时间只有 30 日，如果不采取协议收购，可以在 90 天内起诉。这一点是理解本条规定所应该注意的。此外，对于公司回购异议股东股权之后如何处理该标的《公司法》缺乏具体规定。根据资本三原则，有限公司应当采取注销回购出资额、作出减资决议、进行变更登记等措施。

2. 股份有限公司股权回购请求权。《公司法》第 142 条规定："公司不得收购本公司股份。但是，有下列情形之一的除外：……④股东因对股东大会作出的公司合并、分立决议持异议，要求公司收购其股份的……属于第②项、第④项情形的，应当在 6 个月内转让或者注销……公司不得接受本公司的股票作为质押权的标的。"股份有限公司股东的股权回购请求权只适用对"公司合并、分立决议"持有异议的情形，不包含有限责任公司中的"转让主要财产的"。相比有限责任公司，股份有限公司更完善的是《公司法》对回购异议股东股份后的处理方式规定为"6 个月内转让或者注销"，明确了操作程序。《公司法》第 142 条要求公司不得接受本公司的股票作为质押标的，原因在于股票质押类似于股票转让的效果，与公司一般不得持有公司股票具有相似的法理。

课后习题
与测试

（九）诉讼解散公司权

公司经营管理发生严重困难，继续存续会使股东利益受到重大损失，通过其他途径不能解决的，持有公司全部股东表决权 10% 以上的股东，可以请求人民法院解散公司（《公司法》182 条）。

《最高人民法院关于适用〈中华人民共和国公司法〉若干问题的规定（二）》（以下简称《司法解释（二）》）的规定，单独或者合计持有公司全部股东表决权 10% 以上的股东，以下列事由之一提起解散公司诉讼，并符合《公司法》第 182 条规定的，人民法院应予受理：

1. 公司持续 2 年以上无法召开股东会或者股东大会，公司经营管理发生严重困难的。

2. 股东表决时无法达到法定或者公司章程规定的比例，持续 2 年以上不能作出有效的股东会或者股东大会决议，公司经营管理发生严重困难的。

3. 公司董事长期冲突，且无法通过股东会或者股东大会解决，公司经营管理发生严重困难的。

4. 经营管理发生其他严重困难，公司继续存续会使得股东利益受到重大损失的情形。

股东请求解散公司之诉除要审查是否符合《民事诉讼法》第 108 条的规定外，还应该满足以下三个条件：

1. 公司经营管理发生严重困难，继续存在会使股东利益遭受重大损失。"公司经营管理发生严重困难"很抽象，缺乏明确列举

说明，造成实务中争议较多。《司法解释（二）》第 2 条将其细化为四种情形，我们可以将其归为股东会僵局和董事会僵局两大类。

（1）股东会僵局："①公司持续两年以上无法召开股东会或者股东大会，公司经营管理发生严重困难。②股东表决时无法达到法定或者公司章程规定的比例，持续两年以上不能做出有效的股东会或者股东大会决议，公司经营管理发生严重困难的。"

作为公司最高权力机关和意思形成机关，股东会是公司自治体系的关键环节，股东会运转失灵，公司正常经营管理将难以继续开展，如果允许公司继续以这种状态存续，将会对公司股东利益造成严重损失。

（2）董事会僵局："公司董事长期冲突，且无法通过股东会或者股东大会解决，公司经营管理发生严重困难的。"

董事是公司日常事务的重要管理者，公司董事陷入矛盾冲突会同样会使得公司日常经营管理工作陷入混乱，侵害股东利益。

（3）兜底条款："经营管理发生其他严重困难，公司继续存续会使股东利益受到重大损失的情形"，为以后的补充调整留下空间。

2. 通过其他途径不能解决。现在主流公司观点认为公司具有永续性，维持公司的持续存在具有一定的社会和经济价值，法律对于解散公司持谨慎态度。《司法解释（二）》这一规定要求公司股东提起解散之诉时须通过公司内部自治结构先行解决，是股东向人民法院提起解散之诉的前置程序，但是如何才能够证明"通过其他程序不能解决"还待继续明确。

3. 单独或者合计持有公司全部股东表决权 10% 以上的股东。《公司法》183 条只规定"持有公司全部股东表决权 10% 以上的股东"，《司法解释（二）》将其细化为"单独或者合计持有公司全部股东表决权百分之十以上的股东"，《公司法》的规定在于防止公司股东滥用诉权对公司经营管理造成干扰。但为强化对广大中小股东的保护，《司法解释（二）》将持股方式明确为"单独或者合计持有"。

（十）优先购买权

有限责任公司人合性较强，股东之前的人身信任关系更强，故相较于普通股份有限公司，《公司法》及《司法解释（四）》对有限责任公司股东对外转让股权作出特别规范。《公司法》第 71 条第 1 款规定"有限责任公司的股东之间可以相互转让其全部或者部分股权"。第 2 款规定："股东向股东以外的人转让股权，应当经其他股东过半数同意。股东应就其股权转让事项书面通知其他股东征求同意，其他股东自接到书面通知之日起满 30 日未答复的，视为同意转让。其他股东半数以上不同意转让的，不同意的股东应当购买该转让的股权；不购买的，视为同意转让。"第 1 款与第 2 款比较可以看出，《公司法》中有限责任公司股东对外转让股权将会受到比内部股权流转更加严格的程序，也是现行法律对有限责任公司人合性的体现。《司法解释（四）》第 17 条第 1 款、第 2 款对通知方式等问题作出进一步规定："有限责任公司的股东向股东以外的人转让股权，应就其股权转让事项以书面或者其他能够确认收悉的合理方式通知其他股东征求同意。其他股东半数以上不同意转让，不同意的股东不购买的，人民法院应当认定视为同意转让。经股东同意转让的股权，其他股东主张转让股东应当向其以书面或者其他能够确认收悉的合理方式通知转让股权的同等条件的，人民法院应当予以支持。"

关于有限责任公司股权对外转让中的其他股东的优先权，《公司法》第 71 条第 3 款规定："经股东同意转让的股权，在同等条件下，其他股东有优先购买权。两个以上股东主张行使优先购买权的，协商确定各自的购买比例；协商不成的，按照转让时各自的出资比例行使优先购买权。"《司法解释（四）》第 17 条第 3 款规定："经股东同意转让的股权，在同等条件下，转让股东以外的其他股东主张优先购买的，人民法院应当予以支持，但转让股东依据本规定第 20 条放弃转让的除外。"但是这里应当注意，上述规定为一般情况下有限责任公司其他股东优先权的规范，《公司法》第 71 条第 4 款规定："公司章程对股权转让另有规定的，从其规定。"此为法律上的但书条款，研读法律条文时最应该关注的即为但书条款。公司章程是公司的宪法性文件，公司一切行为都需要受到公司章程的约束，法律对符合法律法规的公司内部性文件给予充分尊重和认可。

其他股东的优先权不是无条件的，否则将难以对出让股东权益形成有效保护，尤其是股权结构集中的公司里，很容易导致中小股东的权益为大股东所侵害。因此法律要求其他股东行使优先权必须在"同等条件"行使，但"同等条件"外延具体内容在《公司法》正文中缺少规定。《司法解释（四）》第 18 条对"同等条件"进行了明确:"人民法院在判断是否符合公司法第71条第3款及本规定所称的'同等条件'时,应当考虑转让股权的数量、价格、支付方式及期限等因素。"通过拍卖向股东以外的人转让有限责任公司股权的,适用《公司法》第71条第2款、第3款以及第72条规定的"书面通知""通知""同等条件"时,根据相关法律、司法解释确定。在依法设立的产权交易场所转让有限责任公司国有股权的,适用公司法第71条第2款、第3款以及第72条规定的"书面通知""通知""同等条件"时,可以参照产权交易场所的交易规则。

股东行使优先购买权时间限制在《司法解释(四)》中得到规范,有限责任公司的股东主张优先购买转让股权的,应当在收到通知后,在公司章程规定的行使期间内提出购买请求。公司章程没有规定行使期间或者规定不明确的,以通知确定的期间为准,通知确定的期间短于30日或者未明确行使期间的,行使期间为30日。

有限责任公司的转让股东,在其他股东主张优先购买后又不同意转让股权的,对其他股东优先购买的主张,人民法院不予支持,但公司章程另有规定或者全体股东另有约定的除外。其他股东主张转让股东赔偿其损失合理的,人民法院应当予以支持。股权属于股东个人财产,股东享有行使处分的自由。出让股东放弃股权转让的,从一般法理上看,不应承担法律责任。责任属第二性义务,出让股权是股东的权利而非义务,也就无所谓承担法律责任。但是上文提到,公司章程等公司股东内部的约定是所有股东必须遵守的行为规范,如果出让股东违反上述约定义务给其他股东造成损失的,依法确应承担相应的赔偿责任。

关于侵犯股东优先购买权的股权转让法律效力,一直以来都具有争议性。《司法解释(四)》第21条对这一问题进行了调整:"有限责任公司的股东向股东以外的人转让股权,未就其股权转让事项征求其他股东意见,或者以欺诈、恶意串通等手段,损害其他股东优先购买权,其他股东主张按照同等条件购买该转让股权的,人民法院应当予以支持,但其他股东自知道或者应当知道行使优先购买权的同等条件之日起30日内没有主张,或者自股权变更登记之日起超过1年的除外。前款规定的其他股东仅提出确认股权转让合同及股权变动效力等请求,未同时主张按照同等条件购买转让股权的,人民法院不予支持,但其他股东非因自身原因导致无法行使优先购买权，请求损害赔偿的除外。股东以外的股权受让人，因股东行使优先购买权而不能实现合同目的的，可以依法请求转让股东承担相应民事责任。"

法律对股东优先购买权给予了保护，同时基于合同相对性原理，因此而受到损失的第三人，可以依法向出让人主张损失赔偿，兼具了各方利益平衡。

（十一）优先股股东的特殊权利

优先股作为特种股的一类，在利润分配及清算顺位上具有优先性，但在投票权等决策管理权上往往存在一定限制。这种与普通股相比的特殊权利结构对于连接融资需求与投资目的具有重要意义。构建多层次资本市场的同时也应因时制宜地推行融资工具的多样化，在保障金融稳定的前提下，逐步推行优先股或将激活更大范围的投资活动。2013 年 11 月，国务院颁布了《国务院关于开展优先股试点的指导意见》。2015 年 9 月 21 日，全国中小企业股份转让系统有限责任公司发布《全国中小企业股份转让系统优先股业务指引（试行）》。可预见，未来优先股将成为融资市场中重要的融资工具。优先股作为融资工具，不仅具有金融价值，同时也具有重要的法律意义。《国务院关于开展优先股试点的指导意见》对优先股进行了较为详细的规范，下面以《指导意见》为基础简单阐述优先股。

1. 优先股的含义。优先股是指依照公司法，在一般规定的普通种类股份之外，另行规定的其他种类股份，其股份持有人优先于普通股股东分配公司利润和剩余财产，但参与公司决策管理等权利受到限制。

2. 优先分配利润。优先股股东按照约定的票面股息率，优先于普通股股东分配公司利润。公司应当以现金的形式向优先股股东支付股息，在完全支付约定的股息之前，不得向普通股股东分配利润。公司应当在公司章程中明确以下事项：①优先股股息率是采用固定股息率还是浮动股息率，并相应明确固定股息率水平或浮动股息率的计算方法。②公司在有可分配税后利润的情况下是否必须分配利润。③如果公司因本会计年度可分配利润不足而未向优先股股东足额派发股息，差额部分是否累积到下一会计年度。④优先股股东按照约定的股息率分配股息后，是否有权同普通股股东一起参加剩余利润分配。⑤优先股利润分配涉及的其他事项。

3. 优先分配剩余财产。公司因解散、破产等原因进行清算时，公司财产在按照公司法和破产法有关规定进行清偿后的剩余财产，应当优先向优先股股东支付未派发的股息和公司章程约定的清算金额，不足以支付的按照优先股股东持股比例分配。

4. 优先股转换和回购。公司可以在公司章程中规定优先股转换为普通股、发行人回购优先股的条件、价格和比例。转换选择权或回购选择权可规定由发行人或优先股股东行使。发行人要求回购优先股的，必须完全支付所欠股息，但商业银行发行优先股补充资本的除外。优先股回购后相应减记发行在外的优先股股份总数。

5. 表决权限制。除以下情况外，优先股股东不出席股东大会会议，所持股份没有表决权：①修改公司章程中与优先股相关的内容；②一次或累计减少公司注册资本超过10%；③公司合并、分立、解散或变更公司形式；④发行优先股；⑤公司章程规定的其他情形。上述事项的决议，除须经出席会议的普通股股东（含表决权恢复的优先股股东）所持表决权的2/3以上通过之外，还须经出席会议的优先股股东（不含表决权恢复的优先股股东）所持表决权的2/3以上通过。

6. 表决权恢复。公司累计3个会计年度或连续2个会计年度未按约定支付优先股股息的，优先股股东有权出席股东大会，每股优先股股份享有公司章程规定的表决权。对于股息可累积到下一会计年度的优先股，表决权恢复直至公司全额支付所欠股息。对于股息不可累积的优先股，表决权恢复直至公司全额支付当年股息。公司章程可规定优先股表决权恢复的其他情形。

7. 与股份种类相关的计算。以下事项计算持股比例时，仅计算普通股和表决权恢复的优先股：①根据《公司法》第101条，请求召开临时股东大会；②根据《公司法》第102条，召集和主持股东大会；③根据《公司法》第103条，提交股东大会临时提案；④根据《公司法》第216条，认定控股股东。

从权利内容来看，优先股处于普通股与债券间的"夹层空间"，既具有普通股的部分特征，亦具有债券的部分特征。[1]因此，可以从对比的角度理解优先股的特殊权利结构。

1. 优先股之于普通股。相比普通股，优先股利润分配及财产

---

〔1〕 汪青松："优先股的市场实践与制度建构"，载《证券市场导报》2014年第3期。

清算具有优先性，顺位介于债券之后、普通股之前。优先股股东收取固定股息，适合追求稳定投资收益的投资者。根据固定股息分配规则，优先股可分为可累积优先股、不可累积优先股，前者是指当年未分配固定股息可结转下一年度分配，后者则反之。[1]优先股这种分配顺位的优先性及分配规则的灵活性为投资者提供了更大的选择空间。尤其是可转换优先股利用"优先股＋期权"的模式进一步拓展了优先股的融资与投资价值。如上文所述，优先股股东参与公司经营决策的权力通常会受到限制。依据公司法原理，公司经营决策权人对其他股东赋有受信义务。如果决策权归属利益顺位优先者，其利益所求得到满足时很可能无动力实现剩余股东的利益最大化。反之，利益顺位劣后者为实现自身利益诉求将努力实现顺位优先者利益，以求剩余利益能够满足自己的需求。公司经营决策权应归属最后风险承受人，普通股股东无论是在一般公司清算还是在破产清算中，均为剩余财产最后领受人，即最后风险承受人。因此，在普通股与优先股并存的公司中，优先股股东的投票权等经营决策权往往会受到限制。

2. 优先股之于债券。优先股与债券的类似之处在于收益的固定性，债券持有人收取利息，优先股股东收取固定股息。但是作为一种股权性融资工具，优先股仍显示出不同于债权性融资工具的特征。首先，发行债券融资所得即为公司负债，而优先股则为公司股本。其次，债券利息不受企业利润变化的影响，到期还本付息是发行人的法定义务，否则构成债务违约，而优先股股息一般只有在公司有可分配利润时才能实现。虽然债券投资能够在一定程度上保障投资人收益，但是却无法分享目标企业的成长红利，这也是传统债券融资愈发难以满足市场投资需求的重要原因。

3. 优先股结构之于有限合伙结构。2006 年的《合伙企业法》明确了有限合伙企业的法律地位，这一新型企业组织模式让私募股权投资基金等社会投资机构焕发生机。有限合伙企业中的有限合伙人经营管理权限同样受到限制，该类合伙人不能够执行合伙事务，但与普通合伙人享有平等的利润分配权，权利限制的"对价"之一即为责任的有限性。优先股股东权利限制的对价责任在利润分配权上的顺位优先性，与普通股股东一样承担《公司法》上的有限

---

〔1〕 邓峰：《普通公司法》，中国人民大学出版社 2009 年版，第 274 页。

责任。有限合伙虽然近年来被大量用来组织私募股权投资基金，但是这种结构较少被利用为投资工具。相比之下，优先股对于满足不同投融资需求具有显而易见的积极意义。

4. 优先股的制度价值。优先股能够弥补普通股与债券间的多元需求，具有独立于传统融资工具的实践价值。[1]从现状来看，逐步拓展优先股适用范围，对于解决我国社会融资途径严重不足等问题具有促进作用。现行《公司法》仍未确认优先股的法律地位，只是散见于相关指导意见或行业指引中。随着我国多层次资本市场规划的逐步推行，市场对融资工具的需求势必会发生重大变化，法学应当进一步探析优先股的本质特征及其应用对现代公司合法、合规治理的潜在影响，权衡利弊，构建一套能够保障优先股规范应用的法律法规体系。

优先股制度价值可以体现为股权激励计划的应用。愈来愈多的公司开始制订对公司管理层的股权激励计划，科学的股权激励计划不仅是对内部人员的鼓励，而且有助于增强投资者对于公司成长的良好预期，实现公司融资计划。随着公司治理渐由股东会中心主义转为董事会中心主义，管理层掌握公司控制权的现象屡见不鲜。管理层负有受信义务，应服务于股东利益而非个人利益，但经济人的有限理性仍然可能产生代理成本，《公司法》要求董事及高级管理人员违反忠实义务所得应当归公司所有，这种禁止性规定无法彻底规避个体经济人的特性。公司治理实践应当寻求如何在保障股东利益的前提下满足公司管理层的"自利"性，以促使其规范经营，切实履行法定义务。

传统股权激励计划多以普通股或期权为工具，公司管理层虽然能够领受部分股权成为公司的投票权人，但是囿于资金实力，管理层持股比例较少，在大股东压榨小股东较为严重的公司，管理层很难通过投票方式实现自身的利益诉求。实践中，一些实施员工持股计划的公司往往会以公司大股东的名义设立新公司，作为股权激励计划的持股平台。当公司管理层符合股权激励计划要求时，持股平台即与该管理层人员签订股权转让协议，转让价格往往低于市场价格。这种普通股形式的股权激励计划表面上看是公司"让利于"管理层，但实践中大多数公司会要求持股员工离开公司时将其所持

---

〔1〕 王欣新、魏现州："在我国公司法中设置优先股制度初探"，载《法律适用》2010 年第 10 期。

股权"原价"回购。单一普通股结构下，恪守同股同权的公司法原则，公司大股东绝对控股将使得小股东实质上丧失经营决策权与利润分配权[1]，附带原价回购条款的股权激励方案不免有资金借贷之嫌，管理层参与此类股权激励无法实现自身利益诉求，既无控制权预期，亦无收益预期。

"优先股+期权"结合而成的可转换优先股则在很大程度上弥补了"普通股+期权"传统激励模式的不足。在企业经营状况一般期间，持优先股管理层可以收取固定股息而不行使权利，相比普通股股东，管理层收益可以得到保障。当企业盈利能力改观时，公司管理层人员就可以选择行权，以普通股股东的身份分享企业红利。在可转换优先股结构中，优先股特性保障了管理层收益的可预期，而期权结构则为管理层增强风险承受力提供了回旋余地。即使公司以可回购优先股为股权激励工具，相比普通股而言，管理层亦可获得可预期收益。我国当下公司股权高度集中，管理层以及中小股东若想通过 A、B 股等模式获得企业控制权是不切实际的，因此如何使得管理层人员在激励计划中获得实实在在的收益才是当前《公司法》等研究应当重点考虑的问题，优先股在这一方面显然具备普通股不具备的独特优势。

但是必须看到，优先股并非是完美的制度设计，比如说违约风险。优先股支付固定股息的特征使得其与债券具有相似之处，债券在实际发行过程存在违约风险（如东北特钢债务违约），优先股实际上也会存在违约风险。优先股收益的相对稳定性是其吸引愈来愈多的市场投资者的重要原因，然而也正是投资者的"求稳心理"导致他们往往会成为优先股发行人利用的工具。虽然优先股在发行时就已针对固定股息比例作出了约定，但优先股毕竟是股权投资而不是债权投资，其固定股息最后能否领受还是会受到受资公司可分配利润的影响，尤其是不可累积优先股受影响更为明显。公司可分配利润是波动的，有时候发行人会夸大公司的盈利能力，提高投资者的回报预期，待融得资本后，再通过会计手段等调低公司可分配利润。因此，立法应当在推动优先股试行的过程中制定配套的限制条件，与债券发行相类似，当发行人前一期优先股承诺为实现时，其再次通过优先股融资就必须受到限制，只有如此才能够规范优先

---

〔1〕 李维安主编：《公司治理学》，高等教育出版社 2009 年版，第 68 页。

股的应用，避免在实践中对投资者的利益造成不当侵害。

五、利害关系股东表决权的排除

股东议决权是指股东有权参加股东大会，并就议决事项作出一定意思的权利。当对决议事项有特别利害关系时，对有关股东的表决权则须作特别的限制，即排除该股东对决议事项的表决权。这一制度被称为表决权的排除制度。我国《公司法》规定，股东出席股东大会，所持每一股份有一表决权。股东享有表决权的数目以其所持股份数而非股东人数为计算标准。

利害关系股东表决权的排除在《公司法》中主要体现在以下条款：

1. 公司向其他企业投资或者为他人提供担保，依照公司章程的规定，由董事会或者股东会、股东大会决议；公司章程对投资或者担保的总额及单项投资或者担保的数额有限额规定的，不得超过规定的限额。公司为公司股东或者实际控制人提供担保的，必须经股东会或者股东大会决议。前款规定的股东或者受前款规定的实际控制人支配的股东，不得参加前款规定事项的表决。该项表决由出席会议的其他股东所持表决权的过半数通过。应注意此处规定的表决规则是"出席会议的其他股东" + "过半数通过"（《公司法》第16条）。

2. 股东向股东以外的人转让股权，应当经其他股东过半数同意。股东应就其股权转让事项书面通知其他股东征求同意，其他股东自接到书面通知之日起满30日未答复的，视为同意转让。其他股东半数以上不同意转让的，不同意的股东应当购买该转让的股权；不购买的，视为同意转让（《公司法》第71条第2款）。

3. 股东出席股东大会会议，所持每一股份有一表决权。但是，公司持有的本公司股份没有表决权（《公司法》103条第1款）。

六、股东的一般义务

（一）遵守公司章程

公司章程被称为"公司宪法"。设立公司必须依法制定公司章程。公司章程对公司、股东、董事、监事、高级管理人员具有约束力（《公司法》第11条）。公司章程不仅约束发起人股东，即使是公司成立后通过股权转让、增资扩股或者遗嘱、遗赠等方式取得股权的股东亦受到公司章程的约束。尤其是有限责任公司具有较强的人合性，内部治理规则相较于股份有限公司，更尊重股东意思自治。股东会的决议方式和表决程序，除《公司法》有规定的外，由公司章程规定。董事会的决议方式和表决程序，除《公司法》有规定的外，也由公司章程规定。关于公司章程的具体问题本书第三章已有论述，本章不再赘述。

（二）向公司缴纳出资或认缴股款

无论是股份有限公司还是有限责任公司，出资义务是股东必须依法全面履行的法定义务。公司股东不按时履行出资义务，一方面，不利于企业的生产经营正常进行，侵害公司、其他股东和债权人的合法权益。另一方面，这也是一种变相占用公司资金的行为。

1. 有限责任公司的股东可以用货币出资，也可以用实物、知识产权、土地使用权等可以用货币估价并可以依法转让的非货币财产作价出资，但是，法律、行政法规规定不得作为出资的财产除外。以出资形式是否为货币为标准，可分为货币出资和非货币出资（实物、知识产权、土地使用权等）。非货币出资标的物必须满足下列两项要求：①可以用货币估价。有限公司的股东以其认缴的出资额为限对公司承担有限责任，资本确定原则下，股东出资必须能够予以确定，可以用货币进行估价。②必须可以依法转让。股东不能够以无法转让的标的物出资。《公司法》对有限责任公司并未明确规定出资范围，第83条第1款规定："以发起设立方式设立股份有限公司的，发起人应当书面认足公司章程规定其认购的股份，并按照公司章程规定缴纳出资。以非货币财产出资的，应当依法办理其财产权的转移手续。"说明股份有限公司股东的出资形式也包括两大类，即货币出资与非货币出资。基于股东的有限责任和法定注册资本制的要求，股份有限公司的股东如果以非货币出资，也应满足"可以用货币估价并可以依法转让"的要求。

但这里应当注意，最高人民法院在湖北美力高科技实业股份有限公司与荆州市美力世纪房地产开发有限公司一般股东权纠纷一案中明确指出：《司法解释（三）》第9条规定："出资人以非货币财产出资，未依法评估作价，公司、其他股东或者公司债权人请求认定出资人未履行出资义务的，人民法院应当委托具有合法资格的评估机构对该财产评估作价。评估确定的价额显著低于公司章程所定价额的，人民法院应当认定出资人未依法全面履行出资义务"。这条规定的内容表明：①股东以非货币出资的，未依法评估作价不是其履行出资义务的前提条件；②只有当公司、其他股东或者公司的债权人向法院主张以非货币出资的股东未全面履行出资义务时，法院才会启动评估作价程序。本案中美力高科技公司和向某良在公司章程中对涉案土地的使用权协商价格是 1500 万元，只要办理了土地使用权过户手续，就应当视为美力高科技公司全面履行了出资义务。显然，最高人民法院认为：股东以非货币出资的，未依法评估作价不是其履行出资义务的前提条件，但是仍然要求非货币出资的可作价评估。

2. 股东全面出资法律责任。股东未履行或者未全面履行出资义务的，公司或者其他股东有权请求法院使其向公司依法全面履行出资义务。

3. 出资不实的补充赔偿责任。公司债权人向法院请求未履行或者未全面履行出资义务的股东在未出资本息范围内对公司债务不能清偿的部分承担补充赔偿；未履行或者未全面履行出资义务的股东已经承担上述责任，其他债权人不得提出相同请求。

4. 发起人的连带责任。股东在设立公司时未履行或者未全面履行出资义务，依照最高人民法院司法解释的规定提起诉讼的原告，有权请求公司的发起人与被告股东承担连带责任；公司的发起人承担责任后，可以向被告股东追偿。

5. 增资时，董事，高级管理人员的法律责任。股东在增资时，未履行或者未全面履行出资义务，依照最高人民法院司法解释的规定提起诉讼的原告，有权请求未尽《公司法》第 148 条第 1 款的义务而使出资未缴足的董事、高级管理人员承担相应责任；董事、高级管理人员承担责任后，可以向被告股东追偿。

6. 其他股东、董事、监事、高级管理人员或者实际控制人协助抽逃出资的连带责任。股东抽逃出资，公司或者其他股东请求其向公司返还出资本息、协助抽逃出资的其他股东、董事、高级管理人员或者实际控制人对此承担连带责任的（《司法解释（三）》第14 条第 1 款）。债权人要求承担补充赔偿责任的，协助者也需承担连带责任。

7. 《司法解释（三）》对有限责任公司股东出资责任的特殊规定：解除股东资格。有限责任公司的股东未履行出资或抽逃全部出资，经公司催告缴纳或者返还，其在合理期限内仍未缴纳或者返还

扩展案例

出资的，公司以股东会决议解除该股东的股东资格，该股东请求确认解除行为无效的，人民法院不予支持。但是人民法院在判决中应当释明，公司应当及时办理法定减资程序或者由其他股东或者第三人缴纳相应的出资。在办理法定减资程序或者其他股东或者第三人缴纳相应的出资之前，公司债权人依照《司法解释（三）》第13条或者第14条请求相关当事人承担相应责任的，人民法院应予以支持。

8. 以不享有处分权的财产出资的法律效力。《司法解释（三）》第7条规定："出资人以不享有处分权的财产出资，当事人之间对于出资行为效力产生争议的，人民法院可以参照物权法第106条的规定予以认定。以贪污、受贿、侵占、挪用等违法犯罪所得的货币出资后取得股权的，对违法犯罪行为予以追究、处罚时，应当采取拍卖或者变卖的方式处置其股权。"善意取得是指受让人以财产所有权转移为目的，善意、对价受让且占有该财产，即使出让人无转移所有权的权利，受让人仍取得其所有权。善意取得既适用于动产，又可适用于不动产。善意取得中的受让人须是善意的，且不知出让人是无处分权人，否则不构成善意取得。善意取得基于占有的公信力，旨在维护交易安全。善意取得的条件：①受让人须是善意的，且不知出让人是无处分权人。②受让人支付了合理的价款。③转让的财产应当登记的已经登记，不需要登记的已经交付给受让人。三项条件必须同时具备，否则不构成善意取得。

本条并不因为出资财产为他人所有或者为贪污、受贿、侵占、挪用等违法犯罪所得而一概否定出资效力。如果因此一概否定出资效力，就会违反公司法上的资本维持规则，公司债权人的权益将难以得到保障。参照《物权法》上的善意取得制度，采取将出资财产所形成的股权折价补偿受害人损失的方式，一方面使得出资财产实际合法所有人得到了损害赔偿，另一方面有保障公司注册资本稳定的作用，债权人的利益同时也得到保护，一举两得。

9. 名义股东、实际出资人与第三人利益之间的利益调整。《司法解释（三）》第25条规定："有限责任公司的实际出资人与名义出资人订立合同，约定由实际出资人出资并享有投资权益，以名义出资人为名义股东，实际出资人与名义股东对该合同效力发生争议的，如无合同法第52条规定的情形，人民法院应当认定该合同有效。前款规定的实际出资人与名义股东因投资权益的归属发生争议，实际出资人以其实际履行了出资义务为由向名义股东主张权利的，人民法院应予支持。名义股东以公司股东名册记载、公司登记机关登记为由否认实际出资人权利的，人民法院不予支持。实际出资人未经公司其他股东半数以上同意，请求公司变更股东、签发出资证明书、记载于股东名册、记载于公司章程并办理公司登记机关登记的，人民法院不予支持。"第 26 条规定："名义股东将登记于其名下的股权转让、质押或者以其他方式处分，实际出资人以其对于股权享有实际权利为由，请求认定处分股权行为无效的，人民法院可以参照物权法第 106 条的规定处理。名义股东处分股权造成实际出资人损失，实际出资人请求名义股东承担赔偿责任的，人民法院应予支持。"

《公司法》对有限责任公司股东人数有 50 人的最高额限制，因此在实践中有限责任公司通过代持股协议的方式对有限责任公司进行股权投资的现象大量存在，由此也造成了名义股东与实际出资人之间利益纠纷频发，《司法解释（三）》出台前此类纠纷缺乏明确的法律适用规范，《司法解释（三）》第 25 条、第 26 条对此作出补充调整。

根据《司法解释（三）》的规定，如果实际出资人请求公司变更股东、签发出资证明书、记载于股东名册、记载于公司章程并办理公司登记机关登记等，此时实际出资人的要求就已经突破了双方合同的范围，实际出资人将从公司外部进入公司内部、成为公司的成员。《司法解释（三）》规定，应当经其他股东半数以上同意。当实际出资人与名义股东间出现纠纷，实际出资人的投资权益应当依双方合同确定并依法受保护。这是法律对当事人之间自由意志的充分尊重，当名义股东与实际出资人之间签订的代持股协议不违反法律法规强制性规定，不违反公序良俗，法律对协议效力予以认可是合理而经济的选择。

名义股东与实际出资人之间属于内部关系，这种代持股关系不仅关涉内部利益的归属，也会对身处外部关系的第三人的利益造成影响，因此第三人的利益也应当得到充分的保障。名义股东对股权进行处分，《司法解释（三）》第 26 条规定，如登记的内容构成第三人的一般信赖，第三人可以以登记的内容来主张其不知道股权归属于实际出资人、进而终局地取得该股权；但实际出资人可以举证证明第三人知道或应当知道该股权归属于实际出资人，一旦证明，该第三人就不构成善意取得，处分股权行为的效力将被否定。注意，《司法解释（三）》第 25 条第 1 款使用的是"参照"，因为本条规定的情形并不严格符合《物权法》善意取得的构成要件：虽然名义所有人是代持股，但是确实登记的股东享有处分权，不符合《物权法》善意取得"无权处分"的成立要件，因此不能简单地称之为直接适用。

七、股东行使权利的限制

股东任何权力的行使如果不加限制，不仅会损害其他股东的利益，也会对公司及公司债权人的利益构成实质性损害，所以公司法对股东行使股东权利规定了相应的限制。

1. 股东应当依法行使股东权利。股东作为公司的出资人，依法享有资产收益、参与重大决策和选择管理者等权利。股东应当遵守法律、行政法规和公司章程的规定，依法行使股东权利。

2. 股东不得滥用股东权利。股东不得利用自己的股东权利，通过操控股东会或者股东大会作出决议等形式，损害公司的利益或者其他股东的利益。

3. 股东不得滥用公司法人独立地位和股东有限责任。股东不得利用自己的股东权利，通过利用公司法人独立地位或者股东有限责任的方式，规避法律，逃避债务，损害公司债权人的利益。

八、公司人格及公司人格否认制度

（一）公司人格

公司人格是法律承认的公司主体资格，是对公司在法律上的主体资格的一种抽象称谓。它由公司的名称、住所、资本、组织机构等要素构成，在此基础上具有相应的权利能力和行为能力。公司的这种人格使得其能够以自己的名义进行对外经济活动，能够独立承担责任，是重要的法律关系主体。

公司人格具有如下法律特征：

1. 法定性。公司人格是法律赋予的，不是先天具有的。公司的人格属于法律拟制，公司设立时取得独立法人人格，公司注销时法人人格消灭，这都是根据《公司法》等相关法律法规的规定而实现的。自然人的人格属于先天具备的，人自出生之日起即享有权利能力，无需法律规定，法律也无法剥夺自然人的人格。

2017 年 3 月 15 日，第十二届全国人大审议通过了《民法总则》，《民法总则》第 57 条规定："法人是具有民事权利能力和民事行为能力，依法独立享有民事权利和承担民事义务的组织。"第 68 条规定："有下列原因之一并依法完成清算、注销登记的，法人终止：①法人解散；②法人被宣告破产；③法律规定的其他原因。法人终止，法律、行政法规规定必须经有关机关批准的，依照其规定。"由此可见，公司法人资格的取得和丧失较自然人皆存在较大的不同。

2. 独立性。独立于股东和内部管理人员。公司是独立的企业法人，拥有自己独立的法人财产权。股东向公司出资所形成的财产归属公司，而不再属于股东的个人财产，股东只享有股权，股权是股东的个人权利。公司独立对外承担责任，公司的股东仅以认缴出资额和认购股份为限对公司债务承担有限责任。公司以自己的名义参加诉讼活动，具备诉讼权利能力和诉讼行为能力。

3. 平等性。公司都是依照《公司法》等法律法规设立的企业组织，相互之间都是平等的法律关系主体，不是命令与服从或者支配与被支配的不平等关系。公司是现代私法关系中的重要参与主体，主体平等是私法关系的重要特征。这里应当注意理解总公司与分公司、母公司与子公司之间的区别。分公司虽然依法领取营业执照，但是其不具备参与一般法律关系的主体资格，民事责任由总公司承担，这一点上虽然体现出命令与服从的关系，但是由于分公司不具备独立的法人资格，因此并不违反平等性要求。母公司与子公司则相反，子公司是独立的公司法人，虽然子公司体现的是公司对子公司的控股关系，但母公司对于子公司财务及经营管理仍然要受到股东身份的限制。母公司在与子公司的关联交易中需要尊重子公司的独立性，相互平等协商交易条件，否则会有滥用股东权利及人格混同的法律风险。

（二）公司能力

1. 权利能力及其限制。

（1）性质上的限制：自然人具有的一些权利能力，公司并不具有，如结婚权利能力。

（2）经营范围的限制：超范围经营不享有权利能力。公司的经营范围由公司章程规定，并依法登记。公司可以修改公司章程，改变经营范围，但是应当办理变更登记。公司的经营范围中属于法律、行政法规规定须经批准的项目，应当依法经过批准（《公司法》第12条）。

《公司登记管理条例》第15条规定："公司的经营范围由公司章程规定，并依法登记。公司的经营范围用语应当参照国民经济行业分类标准。"由此可见，公司章程记载的营业范围是确定公司权利能力范围的重要依据。正常情形下，公司应当在经营范围内从事经济活动。但需要考虑的是，公司超越经营范围所订立的合同是否因此无效？对此，最高人民法院《关于适用〈中华人民共和国合同法〉若干问题的解释（一）》第10条明确规定，"当事人超越经营范围订立合同，人民法院不因此认定合同无效。但违反国家限制经营、特许经营以及法律、行政法规禁止经营规定的除外"。

（3）转投资的限制：除法律另有规定外，不得因投资承担无限责任。如果公司对所投资企业承担无限责任，将会扩大公司及其股东的风险范围，危害股东利益安全。

（4）担保的限制：公司对股东或者实际控制人提供担保，董事会无权决定；对股东或者实际控制人之外的其他公司或个人提供担保的，董事会有权决定。

2. 行为能力。行为能力是指法律主体具备通过自己的行为享受权利、承担义务的资格，虽然公司被法律拟制具有法律人格，但是其实质上无法"亲自"开展生产经营活动。公司行为能力的实现是通过公司的代表机关法定代表人或其授权的人来实现的。

（三）公司法人人格否认制度

1. 公司法人人格否认制度。法人人格否认制度，又称"刺破公司的面纱"，是指为阻止公司独立法人人格的滥用和保护公司债权人利益及社会公共利益，就具体法律关系中的特定事实，否认公司与其背后的股东各自独立的人格及股东的有限责任，责令公司的股东对公司的债务或公共利益直接负责的一种法律制度。公司法人人格否认制度不是对公司独立人格全面的永久的剥夺，也不是对法人制度本身的否定，而是对公司法人人格本质内涵的严格恪守。公司法人人格否认制度的效力范围限于特定法律关系中。通常公司的独立人格在某方面被否认，并不影响到承认公司在其他方面仍是一个独立自主的法人实体。因此，公司法人人格否认制度的效力是对人的，不是对事的，是基于特定的原因的，而非普遍适用的。关于是否要在我国的公司法律制度中规定法人人格否认制度，一直存在学术争议。中国人民大学刘俊海教授认为：我国不是判例法国家，公司人格否认制度又是重要的防弊制度，应当通过立法确定其正当性。[1]

2. 公司法人人格否认制度的构成要件分析。对公司法人人格否认原则的适用，需要具备下列条件：

(1) 公司设立合法有效，并且已取得独立法人人格。公司人格否认的逻辑前提即为公司具有独立的法人人格，否则谈不上人格混同项下揭开公司面纱的法律问题。关于公司法人人格的取得时间，应认为公司依法登记成立是具备法人人格的。关于公司成立时间前文已有叙述，公司成立于营业执照签发之日。

(2) 股东滥用对公司的控制权。虽然权利是私法关系的重要内容，但是权利的行使并非是无边界的。任何的权利都要受到他人权利的制约，权利的行使不得侵犯他人利益。股东权利必须在公司法律及公司章程下，超越权利行使范围，即对他人合法权益造成不当侵害，是为权利的滥用。

(3) 股东控制权的滥用，客观上损害了债权人利益或社会公共利益。这是指公司外部关系人利益受损的事实及其与股东滥用控制权行为之间的因果关系。

(4) 适用公司法人人格否认制度追究责任股东的连带责任时应当以诉讼方式为之。

对公司法人人格否认制度的理解应掌握以下几点：首先，这一制度是个案适用并且一案一决，否认的效力没有扩展性和延续性；其次，公司法人人格否认的主体是法院，即在司法程序中才有价值；再次，公司法人人格否认的结果是使股东对公司的债权人和因其行为损害的公共利益负责；最后，我国《公司法》规定的公司法人人格否认的适用范围仅限于滥用和财产混同两种情形，即《公司法》第20条和第63条，到目前为止，除我国外，公司法人人格否认还没有实现成文法化[2]，大陆国家依法理，普通法国家依判例。

3. 公司人格混同认定标准。关于昆和公司与源丰公司是否存在法人人格混同的问题：

---

〔1〕 刘俊海：“揭开公司面纱制度应用于司法实践的若干问题研究”，载《法律适用》2011年第8期。
〔2〕 朱慈蕴：《公司法人格否认法理研究》，法律出版社1998年版，第79页。

最高人民法院（2016）民事裁定书（最高法民申 3168 号）认为："《公司法》第 20 条第 3 款规定：'公司股东滥用公司法人独立地位和股东有限责任，逃避债务，严重损害公司债权人利益的，应当对公司债务承担连带责任。'上述规定为否认法人独立人格提供了法律依据。但法人人格独立是公司法的基本原则，对法人人格否认应予慎重适用。参照《最高人民法院关于发布第四批指导性案例的通知（法〔2013〕24 号）》指导性案例 15 号'徐工集团工程机械股份有限公司诉成都川交工贸有限责任公司等买卖合同纠纷案'，判断公司法人人格混同通常适用三个标准，即人员混同、业务混同、财产混同。对于不存在持股关系的关联公司而言，认定人格混同、要求关联公司承担连带责任，更需有证据证实公司之间表征人格的因素（人员、业务、财务等）高度混同，导致各自财产无法区分，已丧失独立人格，构成人格混同，而且这种混同状态给债权人带来债务主体辨认上的困难，使关联公司逃避巨额债务，最终危害到债权人的利益。本案中，朱某文主张昆和公司与源丰公司人格混同，导致各自财产无法区分，请求判令昆和公司对源丰公司的债务承担连带偿付责任。朱某文的再审主张能否成立，不仅需判断昆和公司与源丰公司是否在人员、业务、财产方面是否构成混同，而且需判断昆和公司、源丰公司是否藉此逃避债务、损害朱某文的债权利益。"

《公司法》第 20 条虽然在我国构建起公司人格否认制度，但是实践中如何应用该条文追责责任股东的连带责任，最高人民法院上述审理思路为我们提供了指引。上市公司一般亦采取此思路判定上市公司独立性问题：

（1）业务独立情况。证明公司具有业务上的独立性，即应证明公司拥有独立完整的产品研发系统、售后服务系统、市场开拓系统，具有完整的业务流程、独立的经营场所以及服务部门和渠道等。而且要论证公司能够独立获取业务收入和利润，具有独立自主的运营能力，不存在依赖控股股东、实际控制人及其他关联方进行经营的情形，与控股股东、实际控制人及其控制的其他企业不存在显失公平的关联交易，公司业务可独立启动、运转、完成，在业务方面与控股股东、实际控制人及其控制的其他企业完全独立。

（2）资产独立情况。证明公司具备与经营业务体系相配套的资产。公司主要财产包括办公设备等固定资产及计算机软件著作权、商标权等无形资产，相关财产均有权利凭证，公司应拥有独立、完整的生产经营所需的资产，不存在与其控股股东、实际控制人共用的情形；公司不存在以其资产、权益或信誉为其控股股东、实际控制人及其控制的其他企业提供担保的情形。公司对所有资产拥有完全的控制支配权，在资产方面与公司控股股东、实际控制人及其控制的其他企业完全独立。

（3）人员独立情况。公司员工应均与公司签订了劳动合同。公司董事、监事及高级管理人员严格按照《公司法》《公司章程》等相关法律和规定选举产生，不存在违规兼职情况。不存在控股股东及实际控制人干预公司董事会和股东大会已经作出的人事任免决定的情况。公司高级管理人员不存在在控股股东、实际控制人及其控制的其他企业中担任除董事、监事以外的其他职务，或在控股股东、实际控制人及其控制的其他企业领薪的情形。公司财务人员不存在在控股股东、实际控制人及其控制的其他企业中兼职的情形。公司拥有独立、完整的人事管理体系，制定了独立的劳动人事管理制度，独立与员工签订劳动合同，在人员方面独立于控股股东、实际控制人及其控制的其他企业。

（4）财务独立情况。公司应设立独立的财务部门，建立了独立的、规范的会计核算体系和财务管理制度，依法独立进行财务决策，财务人员均与公司签署了劳动合同，独立于控股股东、实际控制人控制的其他企业。除在公司担任财务人员之外，不存在任何兼职情况，亦未在公司的关联公司担任任何职务。公司设立了独立银行账户，拥有独立的银行账号，不存在与股东单位及其他任何单位或人士共用银行账户的情形。公司作为独立纳税人，依法独立进行纳税申报和履行缴纳义务，不存在与股东单位混合纳税的情况。公司在财务方面独立控股股东、实际控制人及其控制的其他企业。

（5）机构独立情况。公司应当具备自身独立的组织结构，设置股东大会作为最高权力机构，设置董事会为常设经营决策机构，设置监事会为监督机构，设置总经理负责董事会决议的执行工作，并依据经营和管理的需要设有相应的职能部门。公司应独立行使经营管理职权，建立独立完整的组织机构，设置健全的内部经营管理机构。各机构的运行和管理独立于控股股东、实际控制人及其控制的其他企业，不受控股股东和实际控制人的干预。公司具有独立的办公机构和场所，不存在与股东单位混合办公的情形。公司的机构设置、人员及办公场所等方面独立于控股股东、实际控制人及其控制的其他企业。

上述认定思路可以成为我们论证公司是否存在人格混同的一个重要借鉴，囿于我国现行制定法未详明具体认定规则，因此关于如何判定公司人格是否混同，目前只能够从实践判例以及相关监管规范中提炼可供参考的认定依据。

4. 公司人格否认制度的立法价值。

（1）我国公司和诸多东亚地区公司结构类似，公司的股权结构高度集中，大股东尤其是控股股东往往掌握公司的控制权，小股东无法实际对公司的财务和经营管理产生影响。这种高度集中的股权结构虽然能够提高公司的经营管理效率，但是却极易造成公司小股东尤其是公司债权人的合法权益被大股东或者控股股东所侵蚀，公司成为控制权主体的获益工具。公司最突出的制度优势在于其强大的融资能力，无论是债权融资还是股权融资。保持这种制度优势的持续性关键在于保障投资者的合法权益，债权人是公司资金的重要来源，构建公司人格否认制度将为债权人建立起法律保障，为其进行私益救济提供可靠帮助。

（2）构建公司人格否认制度将会在一定程度上促使公司的投资者和管理者建立起规范的内部治理结构，严格按照公司的程序行为，避免将自身与公司人格混同而承担连带责任。公司三会制度的建设不能仅是一个制度摆设，实践中应当严格执行三会职责要求，依法、依规地形成公司独立意志，而非是个别股东的意志。北京大学邓峰教授认为：公司的代议制度，或者说间接民主的方式，典型的体现于董事会作为权力中心主义，这在思想来源上类似于近代和现代的国家议会。这种思想追溯的源头即为我们都知晓的希腊、罗马。16 世纪的行会及 17 世纪的殖民贸易公司一开始就采取了董事会为中心主义的制度，即间接民主的方式，而如委员会形式选举最高领导人等间接民主方式首先都是在公司或者法人内部实现的。由此可见，虽然西方的公司法几经变革，但是内部实际控制权的中心主要还是以代议制产生的权力机关为中心，权力的集中行使是这一制度的特色。个人意志必须受到集体共同意志的约束，间接民主下，这种共同意志的形成机关即为我们所说的西方国家的议会。股东不得直接干涉公司经营，股东虽然持有公司股权，但是股东只能以股东会或者股东大会行使股权，而不能直接以个人名义干涉公司管理。我国公司股东大多将公司视为自身的财产，直接操控公司的行为较为普遍。我国的公司制度无论是清末的"将公司等同于筹资，设公司等于工商救国"，还是新中国成立以后为配套国有企业改革实行的公司法，都强调股东利益，追求股东利益的最大化，一些著作中将其称为决策层的经济责任或者会计责任，对应的责任我们常说的利益相关者责任或社会责任。这种思想下，股东对公司是所有者的姿态，公司的相对独立性更加明显。类似于公司是财产的集合等理论在我国当下仍旧占据主要位置。极端的股东中心主义，一方面会使公司完全沦为股东赚取经济利益的工具，在制度层面，失去了与合伙企业、个人独资企业等企业组织形式的对比价值；另一方面加剧股东滥用权利的风险，也因此需要建立起公司人格法人制度对股东权利形成有效制约。公司股东应当树立起科学的公司治理意识，尊重公司法人的独立性，通过依法行使股东权利来实现自身的利益，而不能够简单地将公司视为自身获益的工具。

九、控股股东及其义务

公司的控股股东、实际控制人、董事、监事、高级管理人员不得利用其关联关系损害公司利益。违反前款规定，给公司造成损失的，应当承担赔偿责任（《公司法》第 21 条）。有限责任公司的股东、股份有限公司的董事和控股股东，以及公司的实际控制人在公司解散后，恶意处置公司财产给债权人造成损失，或者未经依法清算，以虚假的清算报告骗取公司登记机关办理法人注销登记，债权人主张其对公司债务承担相应赔偿责任的，人民法院应依法予以支持（《司法解释（二）》第 19 条）。

根据《公司法》的规定，控股股东是指其出资额占有限责任公司资本总额 50% 以上或者其持有的股份占股份有限公司股本总额 50% 以上的股东；出资额或者持有股份的比例虽然不足 50%，但依其出资额或者持有的股份所享有的表决权足以对股东会、股东大会的决议产生重大影响的股东。公司内部实行的是资本决，是一种资本民主，而非人数决。公司的控股股东利用自己所享有的表决权可以操纵股东会或者股东大会通过有利于自身利益的议案，这种议案可能是对全体股东皆有益的，但也可能是以损害其他股东利益为代价的。我国及东亚、东南亚地区的公司大多呈现出股权高度集中的状态，公司的控制权掌握在控股股东、控制人手中，控股股东侵害其他中小股东的案件也大量存在。因此，约束和规范控股股东的义务和责任是完善现代公司内部治理结构的重要内容之一。

我国现行《公司法》项下，股东会/股东大会为公司的权力机关，董事会/执行董事为股东大会的执行机关，且由董事会聘任管理层，这种结构即为我国学界阐述的股东会中心主义。这种理论一方面来源于不完全合同理论，同时认为公司为股东获利的工具或途径，董事会是股东权利的延伸，因此我国的董事会实质上是股东会的常设机构，而非部分欧美法国家《公司法》上的"最高权力机关"；另一方面，我国在引入董事会制度时未进行深入的理论分析，使得董事制度在我国存在理论空白，此时实践中开始以模拟政治制度，因此有学者认为我国的公司制度实质上是我国现行政治体制的另外一种反映。角色上，股东会之于董事会相当于全国人民代表大会之于全国人大常委会；在职能上，股东会之于董事会相当于全国人民代表大会之于国务院。在这种体制下，我国的董事会形式上是全国人大常委会与国务院的"混合体"，但是我国公司中的董事会是一个职权被严重削弱的机构。因此，在我国的公司治理中，股东直接控制董事会，瓜分董事席位，实行的是一种直接民主。

尴尬的是，虽然我国董事会在事实上"权力被掏空"，但是公司法对于董事会的责任却在不断地增加。世界公司法通行三个原则：①董事会是公司最高权力的行使者；②董事会采取"共管"合议的方式行事；③董事会是最后责任承担者。第三个原则是建立在前两个原则基础之上，掌握公司最高权力的董事会，依法依理，应当对其所为的决策结果承担责任，体现的正是权利义务相一致的基本法理。这三个原则在采取董事会中心主义的欧美各国公司法中是适用的。但是我们国家采取的股东会中心主义或者说是以股东利益为本位。我国公司的权力实质上是掌握在公司股东的手中，甚至是在公司董事长或者管理层的手中，普通董事并非实质上的决策人。我国目前这种不断强调董事受信义务及责任，而忽视了事前权力的设置，违背了权利责任相一致的基本原则，公司董事成了替罪羊。因此，在研究我国公司法上的受信义务时，必须立足于我国公司治理中权力分配的特殊性。董事承担受信义务的原因之一在于，其具有决策权等实质性权力，是否能够合理经营，合理配置公司资源，实现利益主体利益最大化，因此其负有保护利益主体合法利益的受信责任。但是我国公司中股东尤其是大股东控制公司实质上的权力，因此我国公司中的受信义务的主体及内容理应区别于欧美法上的受信义务。应当强化对公司股东尤其是控股股东和实际控制人的义务规范，从根本上健全公司内部的权力义务规则。

结 论

我国公司制度的产生和发展不同于欧美各国，因此我国的《公司法》也带有着明显的中国特色。股东中心主义在我国理论界仍然存在众多提倡者，股东权利义务内容始终是《公司法》调整的重点。随着我国近些年来投资、融资市场的快速发展，股权法律问题已然成为焦点。不仅要从形式上知晓股权转让等程序性规范，同时更要着重学习和掌握股东权利性质等实质内涵，这样才能够真正地在实践中合理控制投资风险，优化公司治理结构。

第六章　股东诉讼

本章知识结构图

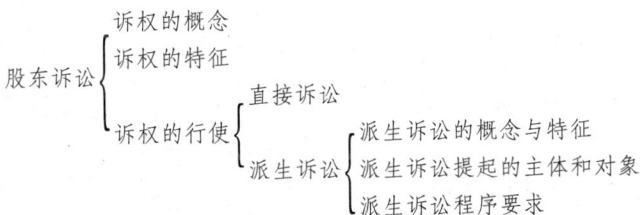

股东诉讼 ┤
- 诉权的概念
- 诉权的特征
- 诉权的行使 ┤
  - 直接诉讼
  - 派生诉讼 ┤
    - 派生诉讼的概念与特征
    - 派生诉讼提起的主体和对象
    - 派生诉讼程序要求

本章重点内容讲解

现代公司所有权与控制权呈现两权分离的状态。公司股东尤其是中小股东一般不参与公司的经营管理活动。股东向公司履行出资义务后，出资形成公司独立的财产，公司具有法人独立地位，股东个人不能够直接干涉公司决策也是应有之义。股东利益如何保护既是公司内部关系也是一个重要的法律问题。除了依据内部自律性文件维护自身权益之外，法律还提供了诉讼救济。本章重点掌握股东诉权的具体内容，尤其是派生诉讼制度。

一、诉权的概念

诉权是指可以进行诉讼救济的权利。股东所享有的诉权是一种民事诉权，当股东的合法权益受到侵害时，能请求人民法院行使司法权来保护其合法权益。诉权行使的对象是人民法院，因为在我国只有人民法院才依法享有审判权。

1. 诉权行使的对象只包括人民法院，不包括立法机关、行政机关、检察机关或者其他组织。"民事诉权作为请求国家法院给予司法救济的请求权，体现了国民（或者当事人）和国家（或者法院）之间的公法上的权利义务关系。民事诉权的主体是国民或当事人，义务主体是国家或法院，即国家或法院承担着保护诉权的义务或职责，亦即不得非法拒绝审判。"[1]

2. 诉权是一种请求权。股东行使诉权必须以向人民法院提起

---

〔1〕 江伟、肖建国主编：《民事诉讼法》，中国人民大学出版社2015年版，第39页。

诉讼的方式行使，法院是否受理并进行审判需要根据法律的规定来决策。诉权代表着权利主体（股东）具有起诉的权利能力和行为能力，但并不当然意味着其诉讼请求就一定会实现。股东不能支配法院的案件审理行为。法官只能依照法律合法合理地进行案件的审理工作。

3. 我国诉讼制度实行一事不再理原则，意即当事人（股东）对同一争议事实一般只能够行使一次诉权，提起一次诉讼。如果没有新证据，法院将不再会受理同一案件。

二、股东诉讼内容

根据股东与涉案利益的联系，股东诉权可以分为股东直接诉讼和派生诉讼两类：

（一）股东直接诉讼

股东自身的权益遭受不法侵害时，无需履行特别的程序，依照一般的侵权规则，即可对侵害人提起诉讼。股东直接诉讼在现行《公司法》中主要表现在以下方面：

1. 公司股东应当遵守法律、行政法规和公司章程，依法行使股东权利，不得滥用股东权利损害公司或者其他股东的利益；不得滥用公司法人独立地位和股东有限责任损害公司债权人的利益。公司股东滥用股东权利给公司或者其他股东造成损失的，应当依法承担赔偿责任（《公司法》第20条第1、2款）。

我国大陆地区、东南亚以及日韩的公司股权结构特点之一在于公司股权的高度集中，导致很多公司成为大股东尤其是控股股东自我牟利的工具，中小股东极易受到不法侵害。股东在公司所享有的利益属于个人利益，当公司股东滥用股东权利侵害其他股东利益的时候自当承担相应的损害赔偿责任。法律主体所享有的权利并不是绝对自由的，而是相对的，必须以尊重他人权利为限。没有边界的权利将会造成权利的滥用，最终侵害的是整个权利体系。

2. 公司股东会或者股东大会、董事会的决议内容违反法律、行政法规的无效。股东会或者股东大会、董事会的会议召集程序、表决方式违反法律、行政法规或者公司章程，或者决议内容违反公司章程的，股东可以自决议作出之日起60日内，请求人民法院撤销。股东依照前款规定提起诉讼的，人民法院可以应公司的请求，要求股东提供相应担保（《公司法》第22条第1~3款）。

应当注意：①决议内容违反法律、行政法规的无效，不包括地方性法规，且决议内容违反章程的为可撤销，非无效；②并非会议环节的任何程序瑕疵都可以导致决议被撤销，只有当会议召集程序、表决方式违反法律、行政法规及公司章程时，股东方可向法院主张撤销；③股东不能够自行撤销，而只能以诉讼方式撤销。

《司法解释（四）》对于股东会或者股东大会、董事会决议效力问题除了规定无效和可撤销这两种形式外，还规定了"不成立"。《司法解释（四）》第5条规定："股东会或者股东大会、董事会决议存在下列情形之一，当事人主张决议不成立的，人民法院应当予以支持：①公司未召开会议的，但依据公司法第37条第2款或者公司章程规定可以不召开股东会或者股东大会而直接作出决定，并由全体股东在决定文件上签名、盖章的除外；②会议未对决议事项进行表决的；③出席会议的人数或者股东所持表决权不符合公司法或者公司章程规定的；④会议的表决结果未达到公司法或者公司章程规定的通过比例的；⑤导致决议不成立的其他情形。"因此，股东会或者股东大会、董事会决议效力纠纷在现行公司法上可以分为无效、可撤销以及不成立三种，称为"三法结构"。这里尤其应当注意③④与无效和可撤销情形中的会议召集程序、表决方式相区分，有些人当然地把③④作为后者的内容之一，《司法解释（四）》颁布实施后，应当将各类法定情形作明确区分，从而准确认定法律效力类别。同时应注意，股东会或者股东大会、董事会决议被人民法院判决确认无效或者撤销的，公司依据该决议与善意相对人形成的民事法律关系不受影响。要严格区分内部行为与外部行为的效力关系，内部行为不得对抗外部行为，否则善意第三人合法利益将难以得到保护。

除此之外，《司法解释（四）》对公司股东会或股东大会、董事会决议效力纠纷的原告与被告适格性问题同时作出规范。公司股东、董事、监事等请求确认股东会或者股东大会、董事会决议无效或者不成立的，人民法院应当依法予以受理。依据《公司法》第22条第2款请求撤销股东会或者股东大会、董事会决议的原告，应当在起诉时具有公司股东资格。原告请求确认股东会或者股东大会、董事会决议不成立、无效或者撤销决议的案件，应当列公司为被告。对决议涉及的其他利害关系人，可以依法列为第三人。一审法庭辩论终结前，其他有原告资格的人以相同的诉讼请求申请参加前款规定诉讼的，可以列为共同原告。

但应注意的是《司法解释（四）》第 4 条第 2 款但书内容："但会议召集程序或者表决方式仅有轻微瑕疵，且对决议未产生实质影响的，人民法院不予支持。"公司案件与普通的民事案件并非适用一致的裁判思路，对于公司类纠纷法院更倾向于公司内部自治，不会轻易否定公司内部相关行为的法律效力。我国公司治理理念规范化还需要进一步完善，在这个过程中，法律在有限的范围内承认具有轻微瑕疵的会议召集程序或者表决方式，符合我国公司发展的现实制度需求。

3. 股东可以要求查阅公司会计账簿。股东要求查阅公司会计账簿的，应当向公司提出书面请求，说明目的。公司有合理根据认为股东查阅会计账簿有不正当目的，可能损害公司合法利益的，可以拒绝提供查阅，并应当自股东提出书面请求之日起 15 日内书面答复股东并说明理由。公司拒绝提供查阅的，股东可以请求人民法院要求公司提供查阅。《公司法》第 33 条这一规定应当注意以下几个方面：①有限责任公司查阅公司会计账簿必须事先以书面形式向公司提出查阅请求，不得直接起诉；②公司拒绝股东查阅公司会计账簿的，必须以书面形式予以回复；③只要公司拒绝股东查阅，股东即可提起诉讼要求查阅，但并不意味着股东最后一定能够查阅，这只是股东的一个诉权，并不意味着胜诉效力。

但是何为"不正当目的"，现行《公司法》正文中一直未予以明确，使得有限制责任公司股东公司账簿查阅权难以得到充分的实现，《司法解释（四）》第 8 条对"不正当目的"的外延作出规定："有限责任公司有证据证明股东存在下列情形之一的，人民法院应当认定股东有公司法第 33 条第 2 款规定的'不正当目的'：①股东自营或者为他人经营与公司主营业务有实质性竞争关系业务的，但公司章程另有规定或者全体股东另有约定的除外；②股东为了向他人通报有关信息查阅公司会计账簿，可能损害公司合法利益的；③股东在向公司提出查阅请求之日前的 3 年内，曾通过查阅公司会计账簿，向他人通报有关信息损害公司合法利益的；④股东有不正当目的的其他情形。""不正当目的"外延的相对清晰，能够较好地保护股东知情权的实现，防止公司滥用"不正当目的"实质剥夺有限责任公司股东查阅公司账簿的权利。《司法解释（四）》同时规定，公司章程、股东之间的协议等实质性剥夺股东依据公司法

第 33 条、第 97 条规定查阅或者复制公司文件材料的权利，公司以此为由拒绝股东查阅或者复制的，人民法院不予支持。由此可以看出，股东知情权已具备不可通过内部协议实质剥夺的法律效力，有利于保护广大中小股东的权益，促进股东行动主义，实现公司治理的现代化与规范化。

关于知情权行使主体的适格性，《司法解释（四）》规定了两类情形：一是要求股东通过诉讼保障自己知情权时，应当在起诉之时具备股东资格，亦即一般情况下只有具备股东身份，才能够发起股东知情权诉讼。二是虽然已不是公司股东，不具备股东身份，但原告有初步证据证明在持股期间其合法权益受到损害，请求依法查阅或者复制其持股期间的公司特定文件材料的除外。该规定既能够防止滥用诉权对公司正常运转的不利影响，同时又使得当事各方的利益得到有效的保护。

人民法院审理股东请求查阅或者复制公司特定文件材料的案件，对原告诉讼请求予以支持的，应当在判决中明确查阅或者复制公司特定文件材料的时间、地点和特定文件材料的名录。股东依据人民法院生效判决查阅公司文件材料的，在该股东在场的情况下，可以由会计师、律师等依法或者依据执业行为规范负有保密义务的中介机构执业人员辅助进行。但是，公司特定文件资料具有很高的商业价值，一旦泄露，可能会对公司正常的经营计划产生严重影响。权利的行使不是无边界的，权利也需规范行使。作为股东知情权实现过程中的两类参与者，股东行使知情权后泄露公司商业秘密导致公司合法利益受到损害，公司可以依法请求该股东赔偿相关损失。根据《司法解释（四）》第 10 条的规定，辅助股东查阅公司文件材料的会计师、律师等泄露公司商业秘密导致公司合法利益受到损害，公司也可以依法请求其赔偿相关损失。

股东知情权客体是公司的特定文件资料，特定文件资料不是简单的文字编写，而是对公司特定行为的记录和保存。股东行使知情权意在通过查阅或复制相关资料了解和掌握公司相关行为，规范制作公司特定文件资料是实现股东知情权的前提和基础。在此之前（《司法解释（四）》），现行《公司法》未能明确股东知情权中特定文件资料制作的责任主体，这很容易导致部分特定公司行为无法及时形成书面资料，股东难以通过全面掌握公司的运营和管理情况。对此，《司法解释（四）》规定，公司董事、高级管理人员等未依法履行职责，导致公司未依法制作或者保存公司法第 33 条、第 97 条规定的公司文件材料，给股东造成损失，股东依法请求负有相应责任的公司董事、高级管理人员承担民事赔偿责任的，人民法院应当予以支持。

4. 解散公司之诉讼。公司经营管理发生严重困难，继续存续会使股东利益受到重大损失，通过其他途径不能解决的，持有公司全部股东表决权 10% 以上的股东，可以请求人民法院解散公司（《公司法》第 182 条）。股东提起解散公司诉讼应当以公司为被告。原告以其他股东为被告一并提起诉讼的，人民法院应当告知原告将其他股东变更为第三人；原告坚持不予变更的，人民法院应当驳回原告对其他股东的起诉。原告提起解散公司诉讼应当告知其他股东，或者由人民法院通知其参加诉讼。其他股东或者有关利害关系人申请以共同原告或者第三人身份参加诉讼的，人民法院应予准许〔《最高人民法院关于适用〈中华人民共和国公司法〉若干问题的规定》（以下简称《司法解释（二）》）第 4 条〕。

公司具有法人人格，是独立的法律关系主体，股东对公司负有出资义务，公司对股东负有资本收益分配义务，公司解散之诉意在变更公司与股东之间这一法律关系，因此公司是适格被告。公司解散之诉会涉及其他未起诉股东的利益，因此原告提起解散公司诉讼时应当告知其他股东，或者由人民法院通知其参加诉讼，其他股东可以以共同原告或者第三人的身份参加诉讼。

但是股东提起解散公司诉讼，同时又申请人民法院对公司进行清算的，人民法院对其提出的清算申请不予受理。人民法院可以告知原告，在人民法院判决解散公司后，依据《公司法》第 183 条和本规定第 7 条的规定，自行组织清算或者另行申请人民法院对公司进行清算（《司法解释（二）》第 2 条）。解散与清算是性质完全不同的两个诉讼请求，不能同时提告，解散之诉按性质应为变更之诉，即以认可现有法律状态为前提，请求人民法院予以变更现有法律状态。此外，清算是公司确定解散的后续程序，股东提起解散之诉时，公司是否应当解散应当由人民法院最终裁决，在这之前公司依然处于未解散的实在状态，起诉同时提出清算请求显然不符合法律规定。《公司法》规定公司在解散事由出现之日起 15 日内成立清算组自行清算，只有在公司逾期不成立清算组进行清算时，方可向人民法院申请强制清算。所以关于公司的清算应当先自行清算，只有不能或者不自行进行清算时才能向人民法院申请强制清算。

这里应当注意理解解散公司之诉适用的法定情形，即"公司经营管理发生严重困难"，这种表述很抽象，缺乏明确列举说明，造成实务中争议较多。《司法解释（二）》第1条将其细化为四种情形，我们可以将其归为股东会僵局和董事会僵局两大类。

（1）股东会僵局：公司持续2年以上无法召开股东会或者股东大会，公司经营管理发生严重困难的；股东表决时无法达到法定或者公司章程规定的比例，持续2年以上不能够作出有效的股东会或者股东大会决议，公司经营管理发生严重困难的。作为公司最高权力机关和意思形成机关，股东会是公司自治体系的关键环节，股东会运转失灵，公司正常经营管理将难以继续开展，如果允许公司继续以这种状态存续，将会对公司股东利益造成严重损失。

（2）董事会僵局：公司董事长期冲突，且无法通过股东会或者股东大会解决，公司经营管理发生严重困难的。董事是公司日常事务的重要管理者，公司董事陷入矛盾冲突同样会使得公司日常经营管理工作陷入混乱，侵害股东利益。

（3）兜底条款：经营管理发生其他严重困难，公司继续存续会使股东利益受到重大损失的情形，为以后的补充调整留下空间。

现在主流公司观点认为公司具有永续性，维持公司的持续存在具有一定的社会和经济价值，法律对于解散公司持谨慎态度。《司法解释（二）》这一规定要求公司股东提起解散之诉时须通过公司内部自治机构先行解决，这是股东向人民法院提起解散之诉的前置程序，但是如何才能够证明"通过其他程序不能解决"还待继续明确。

《公司法》第182条只规定"持有公司全部股东表决权10%以上的股东"，《司法解释（二）》将其细化为"单独或者合计持有公司全部股东表决权10%以上的股东"，《公司法》的规定在于防止公司股东滥用诉权对公司经营管理造成干扰。但为强化对广大中小股东的保护，《司法解释（二）》将持股方式明确为"单独或者合计持有"。

（二）派生诉讼

股东代表诉讼，又称派生诉讼、代位诉讼，是指当公司怠于通过诉讼手段追究有关侵权人员的民事责任及实现其他权利时，具有法定资格的股东为了公司的利益而依据法定程序代公司提起的诉讼。也就是股东为了公司的利益而以自己的名义起诉公司董事、监事、高级管理人员或他人。前文我们多次阐述董事、监事、高级管理人员以及股东（尤其是控股股东）对公司负有受信义务，要想上述义务主体能够切实地履行受信义务，维护公司的合法权益，就必须及时追究上述人员的法律责任。法律上谁是适格的诉讼主体？《公司法》的派生诉讼制度回答了这一问题。

我国法上的派生诉讼制度应当注意以下几点：

1. 有代表诉讼权的股东是有限责任公司的全体股东，股份有限公司是连续180日单独持有或者合计持有公司1%以上股份的股东；股东只是作为名义上的诉讼方，原告股东并不能取得诉讼结果的任何直接利益，法院的判决结果直接归于公司承担。

2. 起诉的对象即被告是董事、监事、高级管理人员或他人。

3. 起诉的理由是董事、监事、高级管理人员违法或违反章程给公司造成损失或他人侵犯公司合法权益给公司造成损失。

4. 程序为：①可以书面请求监事会或者监事起诉董事、高级管理人员和书面请求董事会或者执行董事起诉监事，如果书面请求得以实现，股东即不再享有代表诉讼的权利；②当出现以下三种情况之一时，即产生股东代表诉讼权：监事会或者监事、董事会或者执行董事接到书面请求后拒不起诉，或者收到书面请求后30日内不起诉，或者情况紧急不立即起诉会使公司利益受到难以弥补的损害。这里需要明确的是，"请求"不是法定的前置程序，股东可以请求让渡原告资格，也可以不请求而直接作为原告起诉。

《公司法》同时为公司的董事提供了免责方式。《公司法》第112条规定，董事应当对董事会的决议承担责任。董事会的决议违反法律、行政法规或者公司章程、股东大会决议，致使公司遭受严重损失的，参与决议的董事对公司负赔偿责任。但经证明在表决时曾表明异议并记载于会议记录的，该董事可以免除责任。

《司法解释（四）》对派生诉讼中被告与第三人问题作出规定，第23条："监事会或者不设监事会的有限责任公司的监事依据公司法第151条第1款规定对董事、高级管理人员提起诉讼的，应当列公司为原告，依法由监事会主席或者不设监事会的有限责任公司的监事代表公司进行诉讼。董事会或者不设董事会的有限责任公司的执行董事依据公司法第151条第1款规定对监事提起诉讼的，或者依据公司法第151条第3款规定对他人提起诉讼的，应当列公司为原告，依法由董事长或者执行董事代表公司进行诉讼。"第 24 条："符合公司法第 151 条第 1 款规定条件的股东，依据公司法第 151 条第 2 款、第 3 款规定，直接对董事、监事、高级管理人员或者他人提起诉讼的，应当列公司为第三人参加诉讼。一审法庭辩论终结前，符合公司法第 151 条第 1 款规定条件的其他股东，以相同的诉讼请求申请参加诉讼的，应当列为共同原告。"第 25 条："股东依据公司法第 151 条第 2 款、第 3 款规定直接提起诉讼的案件，胜诉利益归属于公司。股东请求被告直接向其承担民事责任的，人民法院不予支持。"第 26 条："股东依据公司法第 151 条第 2 款、第 3 款规定直接提起诉讼的案件，其诉讼请求部分或者全部得到人民法院支持的，公司应当承担股东因参加诉讼支付的合理费用。"

课后习题
与测试

结　论

股东诉权是股东保护自身利益的重要手段，本章内容不仅应当重点关注派生诉讼的主体以及程序要求，而且也要关注其他各类诉权的行使要求，如此才能够准确把握《公司法》股东诉权的制度价值。

第七章　公司董事、监事、高级管理人员

本章知识结构图

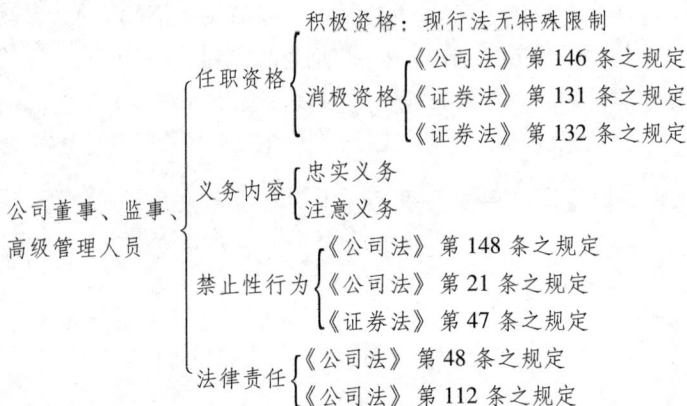

积极资格：现行法无特殊限制

任职资格

消极资格 ｛《公司法》第 146 条之规定
《证券法》第 131 条之规定
《证券法》第 132 条之规定

公司董事、监事、
高级管理人员

义务内容 ｛忠实义务
注意义务

禁止性行为 ｛《公司法》第 148 条之规定
《公司法》第 21 条之规定
《证券法》第 47 条之规定

法律责任 ｛《公司法》第 48 条之规定
《公司法》第 112 条之规定

本章重点内容讲解

　　董事、监事和高级管理人员是公司经济活动的执行者，同样是股东和企业财产的受托管理人，对财产的委托人承担着受信义务。我国《公司法》对董事、监事和高级管理人员的义务和责任作出了明确规范。在日常的经营管理工作中，董事、监事和高级管理人员必须自觉遵守法律规定和公司章程规范。本章重点讲解《公司法》中的相关规定，明晰董事、监事和高级管理人员的职权边界。

一、公司董事、监事、高级管理人员的任职资格

　　董事是由股东会或者股东大会选举进入董事会，负责对公司的经营管理事务进行决策，集体或单独代表公司执行业务的人。监事是股东会或者股东大会依法选举产生，对董事和经理的经营管理行为及公司财务进行监督的人。高级管理人员是指公司的经理、副经理、财务负责人，上市公司董事会秘书和公司章程规定的其他人员。

　　（一）积极资格

　　关于积极资格，公司发展过程中出现过董事必须由股东担任的

情形，也就是说董事必须是持有公司股权或者股份的股东。我国现行法对董事、监事、高级管理人员任职的积极资格无特殊限制。

从实践角度来看，由于董事、高级管理人员负责经营管理公司，监事负责监督管理层工作，上述三类人员理应具有相应的民事行为能力，否则将无法行使其权利。至于董事、监事和高级管理人员是否可以为法人，我国《公司法》仍旧没有作出相关规定。

（二）消极资格

我国现行法对于公司董事、监事、高级管理人员的任职资格采取消极资格否定的规范方式，即存在法律规定不得任职情形的人员不得担任公司的董事、监事或者高级管理人员，主要法律规范如下：

1. 《公司法》第 146 条之规定。有下列情形之一的，不得担任公司的董事、监事、高级管理人员：

（1）无民事行为能力或者限制民事行为能力。

（2）因贪污、贿赂、侵占财产、挪用财产或者破坏社会主义市场经济秩序，被判处刑罚，执行期满未逾 5 年，或者因犯罪被剥夺政治权利的，执行期满未逾 5 年。

（3）担任破产清算公司、企业的董事或者厂长、经理，对该公司、企业破产负有个人责任的，自该公司、企业破产清算完结之日起未逾 3 年。

（4）担任因违法被吊销营业执照、责令关闭的公司、企业的法定代表人，并负有个人责任的，自该公司、企业被吊销营业执照之日起未逾 3 年。

（5）个人所负数额较大的债务到期未清偿。

本规定应当注意"未逾 5 年""未逾 3 年"的时间限制，也就说并非绝对禁止相关人员担任董事、监事或者高级管理人员，在限制时间过后可担任。"个人所负数额较大的债务"必须是到期未清偿的，二者缺一不可。此外，还应当注意适用主体的范围，破产清算情形适用于公司、企业的董事或者厂长、经理。违法被吊销营业执照、责令关闭情形适用的是公司、企业法定代表人。

2. 《证券法》第 131 条之规定。有《公司法》第 146 条（即第一分点）规定的情形或者下列情形之一的，不得担任证券公司的董事、监事、高级管理人员：

（1）因违法行为或者违纪行为被解除职务的证券交易所、证券登记结算机构的负责人或者证券公司的董事、监事、高级管理人员，自被解除职务之日起未逾 5 年。

（2）因违法行为或者违纪行为被撤销资格的律师、注册会计师或者投资咨询机构、财务顾问机构、资信评级机构、资产评估机构、验证机构的专业人员，自被撤销资格之日起未逾 5 年。

3. 因违法或者违纪行为被开除的证券交易所、证券登记结算机构、证券服务机构、证券公司的从业人员和被开除的国家机关工作人员，不得招聘为证券公司的从业人员（《证券法》第 132 条）。

二、董事、监事、高级管理人员忠实义务和注意义务

《公司法》第 147 条第 1 款规定："董事、监事、高级管理人员应当遵守法律、行政法规和公司章程，对公司负有忠实义务和勤勉义务。"此为《公司法》对董事、监事和高级管理人员公司法义务的概括性规范，忠实义务与勤勉义务具体可见于部分具体规范中。

（一）忠实义务

忠实义务要求公司的董事、监事和高级管理人员不得从事利益冲突行为，不得将个人利益凌驾于公司利益至上，禁止上述三类人员谋取个人利益。

1. 自我交易。简单地讲，自我交易是指董事、高级管理人员或董事、高级管理人员的关联人与公司之间订立合同或者进行交易。这种交易之所以为《公司法》所限制，原因在于自我交易会产生利益冲突的效果。自我交易中董事、高级管理人员是交易相对人或者交易相对人的关联方，经济人的特性会使得其难以为公司利益最大化目的行为，侵害公司的合法利益。但是《公司法》对自我交易行为并非是禁止的，只要自我交易行为不违反公司章程的规定或经过股东会、股东大会同意，自我交易是被法律所允许的。

2. 关联交易。《公司法》第 21 条规定，公司的控股股东、实际控制人、董事、监事、高级管理人员不得利用其关联关系损害公司利益。违反前款规定，给公司造成损失的，应当承担赔偿责任。关联关系是指公司控股股东、实际控制人、董事、监事、高级管理人员与其直接或者间接控制的企业之间的关系，以及可能导致公司利益转移的其他关系。但是，国有控股的企业之间不因为同受国家控股而具有关联关系。

关联交易依照法律性质应当属于中性概念，不能够以偏概全地否认、禁止关联交易，有些关联方之间的交易也会给交易双方带来

积极利益。能否进行关联交易需要审查关联交易的公允性，如果关联交易条件是公允的，此类关联交易应当是允许相关关联方进行的。

（二）注意义务

注意义务与忠实义务是我国《公司法》上的一对重要法律义务，但是注意义务的内涵和标准缺乏明确规定。一般而言，注意义务是指公司的董事、监事和高级管理人员应当尽到相似地位普通人类似情况下应尽到的注意。违反注意义务造成损失是一种过错侵权行为，可以以侵权思路追究其法律责任。

关于注意义务的评价标准，各国法均有不同标准，这里不再赘述。

北京大学邓峰教授认为，公司是一个代议制的组织模式，从规制公司到合股公司再到现代公司，董事会一直存在，并且发挥着促进组织独立的色彩。规制公司的董事会主要具有立法权与司法权，负责规制组织成员行为，调解纠纷，体现成员的共同意志，成员对董事会规则必须予以遵守和尊重。合股公司中的董事会则是选举功能突出，负责选举自身的最高领导，避免"国王任命"，干预公司独立性。因此公司董事会在传统公司理论中应当是体现代议制民主的重要组织形式，是整个组织权力的行使者，组织成员要尊重董事会的正当性权力，董事会并非执行者。因此我国实践中董事会"执行"的角色以及股东会中心主义的强调，实质上是一种错位，并未体现董事会真正的制度价值。我国公司权力机关是股东大会，尤其是控股股东和实际控制人牢牢控制公司行为，董事会有时不得不听从于股东指挥，发挥着"影响董事"的角色。

三、董事、监事、高级管理人员具体义务内容

（一）董事、高级管理人员独有义务

1.《公司法》第148条规定，董事、高级管理人员不得有下列行为：①挪用公司资金；②将公司资金以其个人名义或者以其他个人名义开立账户存储；③违反公司章程的规定，未经股东会、股东大会或者董事会同意，将公司资金借贷给他人或者以公司财产为他人提供担保；④违反公司章程的规定或者未经股东会、股东大会同意，与本公司订立合同或者进行交易；⑤未经股东会或者股东大会同意，利用职务便利为自己或者他人谋取属于公司的商业机会，自营或者为他人经营与所任职公司同类的业务；⑥接受他人与公司交易的佣金归为己有；⑦擅自披露公司秘密；⑧违反对公司忠实义务的其他行为。

董事、高级管理人员违反前款规定所得的收入应当归公司所有。

这里应当注意的是，责任的承担形式是"所得收入应当归公司所有"，而不是我们通常所见的赔偿损失的填补责任，所得无论多少都要归属公司，无论是否造成公司的实际损失，也无论所得是否超过实际损失。

应当注意的是，该条所规定的禁止性行为的适用对象仅为"董事、高级管理人员"，并不包含监事。

前文我们讲到，公司的董事、高级管理人员对公司承担的是一种受信义务，受信义务通常会产生于委托、信托等法律关系。受信义务的救济方式也较为独特，并非采取私法中常用的填补式救济措施。填补式救济措施的前提是需要产生实际经济损失，而董事、高级管理人员谋取个人利益的同时可能不会造成公司的实际损失，依靠填补式救济规则难以对董事、高级管理人员的违法行为进行彻底的惩治。认定董事、高级管理人员对公司承担受信义务，则可依照受信义务的救济方式（即返还式救济规则），即无论是否造成实际经济损失，只要有所得，都需要归还给权利主体。与此相似的规定可见于《信托法》第26条："受托人除依照本法规定取得报酬外，不得利用信托财产为自己谋取利益。受托人违反前款规定，利用信托财产为自己谋取利益的，所得利益归入信托财产。"

最高人民法院在林某恩、李某山、涂某雅损害公司利益纠纷案二审中认为："根据《公司法》第148条的规定，董事、高级管理人员不得有该条款记载的8种行为，如董事、高级管理人员违反前款规定所得的收入应当归公司所有。第149条规定，董事、监事、高级管理人员执行公司职务时违反法律、行政法规或者公司章程的规定，给公司造成损失的，应当承担赔偿责任。本案中，原告林某恩认为被告李某山在担任香港新纶公司董事、股东期间，未经香港新纶公司股东会的同意，利用职务便利为万和公司谋取本属于该公司所有的700亩土地使用权的商业机会。故林某恩既可以依据《公司法》第148条的规定，要求李某山将其从该商业机会的所得归入香港新纶公司，也可以根据该法第149条的规定要求李某山向香港

扩展案例

新纶公司承担赔偿损失的民事责任。当行使归入权后仍不能弥补损失时，对超出归入权的损失部分，仍可以主张赔偿。原告林某恩在诉状中写明的第一个诉讼请求是要求承担人民币 5800 万元的赔偿责任，第二个诉讼请求是要求行使归入权，要求李某山将违反忠实义务的收入、报酬归入香港新纶公司。但诉讼中，林某恩对赔偿的诉请未举证，更未举证证明其损失大于行使归入权的收入，且其诉状依据的法律亦是《公司法》第 148 条第 1 款第 5 项的规定。因此，对林某恩要求李某山赔偿的诉请不予支持。"

2. 不得违反法律、行政法规或者公司章程侵害股东权益。董事、高级管理人员违反法律、行政法规或者公司章程的规定，损害股东利益的，股东可以向人民法院提起诉讼。

董事、高级管理人员负责公司的日常管理和经营，能够实际控制公司行为，监事虽然属于三会结构中的一环，但其只是发挥对管理层的监督作用，无法实际决策公司经营活动，一般情况无法对股东利益造成直接侵害，因此更强调对董事及高级管理人员的约束。

（二）董事、监事、高级管理人员具体义务内容

1. 公司的控股股东、实际控制人、董事、监事、高级管理人员不得利用其关联关系损害公司利益。违反前款规定，给公司造成损失的，应当承担赔偿责任（《公司法》21 条）。

关联关系是指公司控股股东、实际控制人、董事、监事、高级管理人员与其直接或者间接控制的企业之间的关系，以及可能导致公司利益转移的其他关系。但是，国家控股的企业之间不仅因为同受国家控股而具有关联关系（《公司法》216 条第 4 项）。会计上的关联则是指会计处理：一方控制、共同控制另一方或对另一方施加重大影响，以及两方或两方以上同受一方控制、共同控制或重大影响的，构成关联方。关联方关系则是指有关联的各方之间的关系。其中，控制是指有权决定一个企业的财务和经营政策，并能据以从该企业的经营活动中获取利益。

控股股东是指其出资额占有限责任公司资本总额 50% 以上或者其持有的股份占股份有限公司股本总额 50% 以上的股东；出资额或者持有股份的比例虽然不足 50%，但依其出资额或者持有的股份所享有的表决权已足以对股东会、股东大会的决议产生重大影响的股东（《公司法》216 条第 2 项）。

实际控制人是指虽不是公司的股东，但通过投资关系、协议或

者其他安排，能够实际支配公司行为的人（《公司法》216条第3项）。

《公司法》对实际控制人的认定较为笼统，难以为实务提供明确的认定标准。关于实际控制人的认定标准，深沪交易所进行了一定细化，例如：

（1）《深圳证券交易所股票上市规则》（2014年修订）（第18.1条）。

实际控制人：通过投资关系、协议或者其他安排，能够支配、实际支配公司行为的自然人、法人或者其他组织。

控制：有权决定一个企业的财务和经营政策，并能据以从该企业的经营活动中获取利益。有下列情形之一的，为拥有上市公司控制权：①为上市公司持股50%以上的控股股东；②可以实际支配上市公司股份表决权超过30%；③通过实际支配上市公司股份表决权能够决定公司董事会半数以上成员选任；④依其可实际支配的上市公司股份表决权足以对公司股东大会的决议产生重大影响；⑤中国证监会或者本所认定的其他情形。

（2）《深圳证券交易所创业板股票上市规则》（2014年修订）（第17.1条）。

实际控制人：虽不是公司的控股股东，但通过投资关系、协议或者其他安排，能够实际支配公司行为的人。

控制：有权决定一个企业的财务和经营政策，并能据以从该企业的经营活动中获取利益。有下列情形之一的，为拥有上市公司控制权：①为上市公司持股50%以上的控股股东；②可以实际支配上市公司股份表决权超过30%；③通过实际支配上市公司股份表决权能够决定公司董事会半数以上成员选任；④依其可实际支配的上市公司股份表决权足以对公司股东大会的决议产生重大影响；⑤中国证监会或者本所认定的其他情形。

（3）《上海证券交易所股票上市规则》（2014年修订）（第18.1条）。

实际控制人：虽不是公司的股东，但通过投资关系、协议或者其他安排，能够实际支配公司行为的人。

控制：能够决定一个企业的财务和经营政策，并可据以从该企业的经营活动中获取利益的状态。具有下列情形之一的，构成控制：①股东名册中显示持有公司股份数量最多，但是有相反证据的除外；②能够直接或者间接行使一个公司的表决权多于该公司股东名册中持股数量最多的股东能够行使的表决权；③通过行使表决权能够决定一个公司董事会半数以上成员当选；④中国证监会和本所认定的其他情形。

2. 董事、监事、高级管理人员执行公司职务时违反法律、行政法规或者公司章程的规定，给公司造成损失的，应当承担赔偿责任。

3. 《证券法》第47条规定了短线交易禁止义务，上市公司董事、监事、高级管理人员、持有上市公司股份5%以上的股东，将其持有的该公司股票在买入后6个月内卖出，或者在卖出后6个月内又买入，由此所得收益归该公司所有，公司董事会应当收回其所得收益。但是，证券公司因包销购入销售后剩余股票而持有5%以上股份的，卖出该股票不受6个月时间限制。该规定限制的是上市公司董事、监事和高级管理人员利用职权炒卖公司股票的行为。这种短线炒卖行为会使得上市公司的股票价格变动不居，影响上市公司的正常经营管理，是上市董事、监事及高级管理人员的禁止性行为之一。注意这里的责任形式是"公司董事会收回其所得收益"。前文已经阐述，在公司制度项下，作为公司实际的管理者，董事、监事和高级管理人员负担受信义务，而违反受信义务承担法律责任并不以实际损失为条件。

4. 股东会或者股东大会要求董事、监事、高级管理人员列席会议的，董事、监事、高级管理人员应当列席并接受股东的质询。

董事、高级管理人员应当如实向监事会或者不设监事会的有限责任公司的监事提供有关情况和资料，不得妨碍监事会或者监事行使职权。

5. 公司董事、高级管理人员等未依法履行职责，导致公司未依法制作或者保存《公司法》第33条、第97条规定的公司文件材料，给股东造成损失，股东依法请求负有相应责任的公司董事、高级管理人员承担民事赔偿责任的，人民法院应当予以支持。

四、董事、监事、高级管理人员的责任

董事、监事和高级管理人员作为公司决策的执行者，拥有一定的权力，在权责一致的原则下，法律在赋予其义务的同时也要明确其责任，否则将难以实现规范目的。典型规定如《公司法》第149

条，董事、监事、高级管理人员执行公司职务时违反法律、行政法规或者公司章程的规定，给公司造成损失的，应当承担赔偿责任。本规定应注意适用的前提是"执行职务时"，至于职务行为之外所造成的损失，依照一般侵权规则亦可得到救济。

如何衡量董事在公司日常经营管理中的法律责任，各国采取的规则差异较大，如英国法上的侵权责任、美国法上的业务判断规则。我国对于董事责任的认定采取的既不是侵权责任，也不是业务判断规则，而是一种"签名认定标准"[1]。

1. 董事会的议事方式和表决程序，除本法有规定的外，由公司章程规定。董事会应当对所议事项的决定作成会议记录，出席会议的董事应当在会议记录上签名。董事会决议的表决，实行一人一票（《公司法》第48条）。

2. 董事会会议应由董事本人出席；董事因故不能出席，可以书面委托其他董事代为出席，委托书中应载明授权范围。董事会应当对会议所议事项的决定作成会议记录，出席会议的董事应当在会议记录上签名。董事应当对董事会的决议承担责任。董事会的决议违反法律、行政法规或者公司章程、股东大会决议，致使公司遭受严重损失的，参与决议的董事对公司负赔偿责任。但经证明在表决时曾表明异议并记载于会议记录的，该董事可以免除责任（《公司法》第112条）。

结论

董事、高级管理人员以及监事是公司的重要成员，尤其是前两者实际负责公司的决策执行，其行为将会对公司利益和股东利益产生重大影响。经济人向来有追究自身利益的趋向，这种趋向与股东利益的冲突逐渐明显。受托于他人管理公司，必须忠实于他人，为股东利益最大化行为，这是公司管理层所应尽到的经济责任。近些年来，管理层侵犯公司和股东利益的案件数量较多。因此，必须明确董事、高级管理人员等公司管理层的权利责任，如此才能真正地发挥管理层的技术优势和股东的资本优势，使得二者能够有效地结合起来，创造最大的社会经济效益。

---

〔1〕 邓峰：《代议制的公司：中国公司治理中的权力和责任》，北京大学出版社2015年版，第170页。

第八章　公司收购与防御

本章知识结构图

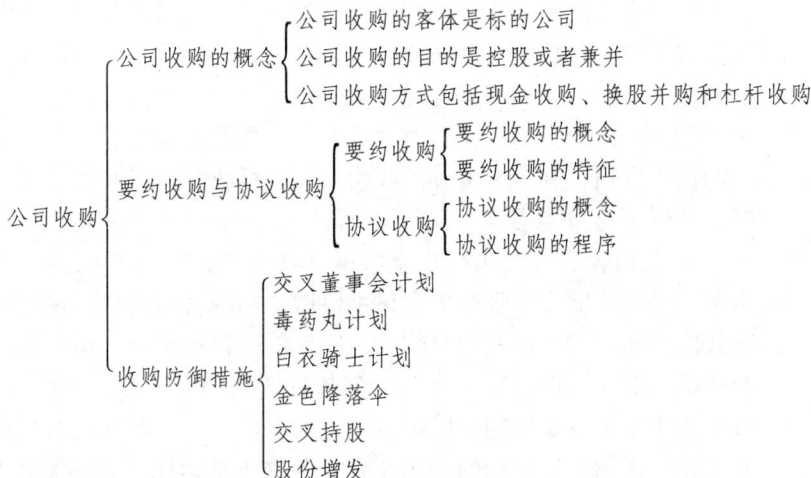

```
                    ┌ 公司收购的概念是标的公司
        公司收购的概念┤ 公司收购的目的是控股或者兼并
                    └ 公司收购方式包括现金收购、换股并购和杠杆收购
                                  ┌ 要约收购 ┌ 要约收购的概念
                                  │          └ 要约收购的特征
公司收购┤ 要约收购与协议收购┤
                                  │ 协议收购 ┌ 协议收购的概念
                                  └          └ 协议收购的程序
                    ┌ 交叉董事会计划
                    │ 毒药丸计划
                    │ 白衣骑士计划
        收购防御措施┤ 金色降落伞
                    │ 交叉持股
                    └ 股份增发
```

本章重点内容讲解

　　近些年来，随着公司规模不断扩大，经营范围的多元化发展，公司收购愈发增多。本章学习中不仅要了解公司收购方法，同时也应当尝试分析公司收购对行为双方的利弊。同时，公司收购并非全部是善意的，理解公司收购防御措施也是本章的学习要点。虽然《公司法》对公司收购未设专门规范，但是介于近年来类似于"宝万之争"等收购案例逐渐增多，本书专设章节阐述公司收购。

一、公司收购的概念

　　公司收购是指为了实现对目标公司控股或者兼并目的而取得其股份或者资产的行为。公司收购包括控股收购和兼并收购，前者是指收购方的目的在于取得标的公司的控制权，后者则是为了兼并标的公司。公司收购是大多数公司扩展业务规模、促进业务体系多样化发展的重要手段之一。通过收购，收购方可以以较低的成本进入目标市场，并能够借助标的公司的市场优势迅速站稳脚跟，节约了新业务拓展中的成本。公司收购的基本法律特征可以归为以下几个方面：

1. 公司收购的客体是标的公司。标的公司通常具备吸引收购方的技术、市场或者人员等资源优势，收购公司能够借助标的公司实现自身更大的经营目标。在实务中，公司收购的种类多样，既包括非上市公司收购上市公司，如顺丰上市，也包括上市公司收购非上市公司。

2. 公司收购的目的是控股或者兼并。控股和兼并是公司收购行为所带来的两种结果，控股收购取得标的公司的控制权，能够使得其成为自己的控股子公司或者全资子公司，标的公司仍旧保持独立的法人资格，继而能够与母公司在业务经营上发挥协同效应，完善收购公司的产供销体系。兼并收购后，标的公司被兼并而失去独立的法人资格，其资产被并入收购方，使得收购方资产质量得到提高，增强了自身实力。

3. 公司收购方式包括现金收购、换股并购和杠杆收购：①现金收购是指收购方以现金为支付手段取得标的公司股权。现金收购方式的优势在于可以避免收购公司股东的股权被稀释，保持对标的公司的控制权。但是现金收购的劣势在于公司收购往往规模较大，资金需求量大，如果完全以现金为支付手段，将会增加收购公司现金流动性压力，影响标的公司原有业务的正常运转。②换股并购是指以收购公司的股权为支付手段，换取标的公司的股权。换股并购的优势在于可以减少收购公司的现金压力。但是换股并购通常需要收购公司增发股份，这样会在一定程度上稀释原有股东的持股比例。对于控股股东来讲，换股并购可能会对其控制权产生威胁。因此，一般的公司收购都会采取现金收购和换股并购相结合的方式，充分利用两种手段的优势，趋利避害。③杠杆收购的资金大部分是借贷资金，谋求收购完成后由标的公司负担还款任务或者直接出售标的公司的部分资产偿还债务。杠杆收购资金成本高，而公司收购往往又不是一蹴而就的，导致收购者不能够及时偿还债务而收购失败。

二、要约收购与协议收购

要约收购与协议收购是公司收购中两大收购手段：

（一）要约收购

要约收购也称公开收购，是指在公开交易场所之外向标的公司的所有股东发出公开收购的要约，以取得标的公司的控股权或者兼并标的公司。要约收购的法律特征如下：

1. 要约收购的收购要约对象是标的公司的全部股东。要约收购的收购要约应当向标的公司的全体股东发出，不能只向部分股东发出要约。在要约收购中，标的公司的所有股东需要公平对待。

2. 要约收购的客体可以是标的公司的全部股权也可以是部分股权。虽然要求收购要约要向标的公司的全体股东发出，但并不意味着收购者必须要收购标的公司的全部股权，收购的比例根据收购目的而定。向所有股东发出要约的规定旨在实现标的公司股东的平等对待和保护。

3. 要约收购的期限性。要约收购的时间长短是一个重要的问题。如果要约期限过短，标的公司的股东将无法细致地考虑收购的可行性以及自身利益保护问题，规定一个合理的最低期限有助于保护标的公司股东利益。但要约收购不可能是无期限的，这样既不利于实现要约收购的目的，又容易受到市场因素波动的影响而陷入不稳定状态。我国《证券法》将要约收购期限规定为不得少于 30 日，并不得超过 60 日。

4. 要约收购期限内买卖的限制。要约收购目的是在收购期限内完成对标的公司股权的收购，要约收购是不同于协议收购和公开市场收购的一种方式。采取要约收购方式的，收购人在收购期限内，不得卖出被收购公司的股票，也不得采取要约规定以外的形式和超出要约的条件买入被收购公司的股票（《证券法》第 93 条）。

5. 要约收购的发起。我国《证券法》第 88 条规定，通过证券交易所的证券交易，投资者持有或者通过协议、其他安排与他人共同持有一个上市公司已发行的股份达到 30% 时，继续进行收购的，应当依法向该上市公司所有股东发出收购上市公司全部或者部分股份的要约。收购上市公司部分股份的收购要约应当约定，被收购公司股东承诺出售的股份数额超过预定收购的股份数额的，收购人按比例进行收购。此规定应当注意，该规定要求持股比例达到已发行股份的 30% 时，股东继续收购需要进行要约收购，所以 30% 是要约收购的触发点。另外一层意思就是，在持股比例尚未达到 30% 之前，是否采取要约收购由收购人自行决定，法律未有明确的限制。收购人既可以采取公开市场的集中竞价交易，也可以采取要约收购。

6. 收购人的公告义务。发出收购要约后，收购人必须公告上市公司收购报告书，并载明下列事项：①收购人的名称、住所；②收购人关于收购的决定；③被收购的上市公司名称；④收购目的；⑤收购股份的详细名称和预定收购的股份数额；⑥收购期限、收购价格；⑦收购所需资金额及资金保证；⑧公告上市公司收购报告书时持有被收购公司股份数占该公司已发行的股份总数的比例（《证券法》第89条）。

7. 收购要约的撤回。收购要约是《合同法》上要约的一种。《合同法》第17条规定，要约可以撤回。要约采取的是到达生效主义，因此撤回收购要约的行为应当在要约生效前撤回。

8. 收购要约的撤销。要约的撤销是指要约到达受要约人处生效后，在受要约人发出承诺通知之前，发出并到达撤销要约的通知，使要约失去法律效力的行为。《合同法》第19条规定，有下列情形之一的，要约不得撤销：①要约人确定了承诺期限或者以其他形式明示要约不可撤销；②受要约人有理由认为要约是不可撤销的，并已经为履行合同作了准备工作。《证券法》第91条规定，在收购要约确定的承诺期限内，收购人不得撤销其收购要约。收购人需要变更收购要约的，必须及时公告，载明具体变更事项。虽然要约收购期限内不可撤销收购要约并非当事人之间的约定，但确实是法律的明文规定，收购人必须遵守。

9. 收购要约的预受。收购要约的预受应格外注意。通常认为收购人向标的公司股东发出收购要约，标的公司股东答应即构成承诺，依照合同成立原理，即在收购人与标的公司股东之间形成合同关系，双方必须依法履行合同义务，不得随意解除合同。但是在要约收购中，在要约期限届满前，上述标的公司股东的行为只是一个预受行为，不构成承诺。换句话说，要约期限届满前，在收购人与标的公司股东之间并未成立合同关系，预受股东可以随时解除这一预受关系，无需承担违约责任。

（二）协议收购

顾名思义，协议收购是指收购方与标的公司股东私下协商股权转让的数量、价格等交易条件而取得标的公司股权的行为。

1. 协议收购不同于要约收购。协议收购采取的是私下协商的方式，法律等监管规范并未要求其与所有的股东进行一一协商。相反，协议收购中，收购方与被收购方都是特定的。协议收购也没有要约收购的期限限制，协议收购期限的长短完全取决于收购交易双方的谈判进程。采取协议收购方式的，收购人可以依照法律、行政法规的规定同被收购公司的股东以协议方式进行股份转让。以协议方式收购上市公司时，达成协议后，收购人必须在 3 日内将该收购协议向国务院证券监督管理机构及证券交易所作出书面报告，并予公告。

2. 采取协议收购方式的，收购人收购或者通过协议、其他安排与他人共同收购一个上市公司已发行的股份达到 30% 时，继续进行收购的，应当向该上市公司所有股东发出收购上市公司全部或者部分股份的要约。但是，经国务院证券监督管理机构批准免除发出要约的除外。收购人依照前款规定以要约方式收购上市公司股份，应当遵守《证券法》第 89~93 条的规定。从此规定可以看出，协议收购也会受到比例的限制，即协议收购不能够超过 30%，超过 30% 的部分要进行要约收购。但是在一些情形下，可以免于要约收购，比如有下列情形之一的，收购人可以向中国证监会提出免于以要约方式增持股份的申请：①收购人与出让人能够证明本次股份转让是在同一实际控制人控制的不同主体之间进行，未导致上市公司的实际控制人发生变化；②上市公司面临严重财务困难，收购人提出的挽救公司的重组方案取得该公司股东大会批准，且收购人承诺 3 年内不转让其在该公司中所拥有的权益；③中国证监会为适应证券市场的发展变化和保护投资者合法权益的需要而认定的其他情形。

三、收购防御措施

所谓的收购防御措施，针对的是敌意收购行为。针对敌意收购是指目标公司可以设置合法条款增加收购人的困难，使得其收购意图无法实现而放弃收购。典型的收购防御措施有以下几类：

（一）交叉董事会计划

公司的董事会是公司决策的执行者，享有较大的权力，能够对公司的经营产生实质性影响。收购人如果无法控制公司董事会将会影响到其收购意图的实现。董事任期交叉制度可以保证董事会董事不会在一届选举中全部被替换，如果收购人想在收购完成后完全控制公司的董事会，则需要进行多次改选，增加了其取得实际控制权的成本。

（二）毒药丸计划

毒药丸计划通常表现为以股利分配的方式向公司的普通股股东发放一系列可转换优先股，当满足一定条件时，这些可转换优先股即转换为普通股，实现权力膨胀目的。例如，转换条件设定为公司发生敌意收购，这个时候可转换优先股转换为普通股，标的公司股份数量膨胀，敌意收购人要想取得公司的控制权，就必须购买更多的股份，增加了收购成本，继而阻碍其敌意收购。

毒药丸操作步骤：①目标公司董事会在章程授权的范围内作出决议，向普通股股东发行以一定的触发性事件为条件的购股权。②条件触发，购股权人可以以低价（常常是半价）向公司购买相当数量的股票（flip-in）；如果收购人要与目标公司合并的，购股权人可以以同样的低价购买合并后的公司的股份（flip-over）。这类购股权常由公司以红利的形式发放或者赠送，并且可以由公司随时赎回（价格很低）。"毒药丸"是董事会经常采取的收购前端防御措施，第一层次上是关于公司控制权或者股权的争夺，第二层次上也可被目标公司董事会用作维持现有权力，拒绝合理收购的手段，涉及目标公司股东、目标公司董事会、收购人之间利益之争。

（三）白衣骑士计划

骑士在人们心中一直具有积极意义，意旨标的公司在发生敌意收购时，为了避免标的公司股权被敌意收购人买走，公司主动寻找一位可以友好合作的公司来购买自己的股份。白衣骑士起到的主要作用就是使敌意收购人无法取得控制权。"宝万之争"万科曾试图采取过此类措施。

（四）金色降落伞

所谓的金色降落伞制度，是指公司承诺公司的董事和高管如果在敌意收购后被辞退将会获得高额的金钱补偿，使得敌意收购人面临着较高的控制权争夺成本，并在收购前顾虑成本代价。

（五）交叉持股

交叉持股策略是指标的公司在敌意收购发生时购买收购人的股份，使得双方都具有持有对方控股股份的可能性，交叉持股策略的价值点在于，交叉持股制度下表决权的限制，交叉持股的股东交叉持股所享有的表决权将会受到限制。

（六）股份增发

从目标公司的角度来看，控制权交易可能会增进财富，但同时对现有高管职位和福利构成威胁，促使其采取防御措施拒绝要约收购。股份增发操作步骤：有选择地向自己可以控制的或者自己信得过的人增发股份，增加已发行股份的总数，迫使收购人必须收购更多的股份才能够达到多数，实质是一种"私下投放"。股份增发会增加收购人收购成本，稀释现有股东持有股份，避免董事会被替换。

现代公司治理理念下，公司事实上的控制权可能掌握在目标公司董事会的手中，因而控制权的转移是从目标公司的董事会转移至收购人（的董事会），因此带来控制权转移的交易主体（收购人和目标公司股东）与控制权转移本身所涉及的主体（收购人和目标公司董事会）之间，存在一定的脱节，产生公司"两权分离"治理结构的核心问题之一：代理问题。从上述例子中可以看出，控制权交易过程中，交易客体是股权，发生目标公司股东、目标公司董事会和收购人三方博弈，表面上确实是围绕股权开展争夺，但实质上也是三方利益的争夺，不存在某种收购防御措施能够平衡三方利益，对于目标公司董事会或者收购人可能采取的各类技术措施，都是存在两面性，但终究公司利益归属于股东，董事层应当恪守信义义务，维护公司、股东利益。

结 论

本书之所以阐述公司收购行为，在于公司收购已然成为现代公司法律体系所面临的重大问题，尤其是在我国的当下，公司收购行为既是经济问题，也是法律问题。本章只是简单介绍法律范围内的一些问题，了解公司并购还应当继续学习相关监管制度和经济学理论，并积极地与实践案例相结合，才能够真正地领会公司收购这一行为的复杂性和知识的多元性。

第九章　公司的财务会计制度

本章知识结构图

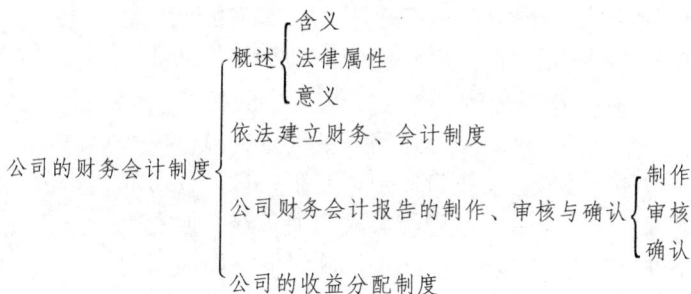

```
                    ┌ 含义
              概述 ┤ 法律属性
                    └ 意义
              依法建立财务、会计制度
公司的财务会计制度 ┤                                    ┌ 制作
              公司财务会计报告的制作、审核与确认 ┤ 审核
                    └ 公司的收益分配制度              └ 确认
```

本章重点内容讲解

　　财务与会计是反映与被反映、控制与被控制、监督与被监督的关系。提高企业资源配置效率的一套制度安排和机制设计，就是财务、会计制度。公司财务会计制度的法律属性表现在制度功能的社会公共性和经济利益分配属性。公司应当依照法律、行政法规和国务院财政部门的规定建立本公司的财务、会计制度。公司应当在每一会计年度终了时编制财务会计报告，并依法经会计师事务所审计。财务会计报告应当依照法律、行政法规和国务院财政部门的规定制作。有限责任公司应当依照公司章程规定的期限将财务会计报告送交各股东。股份有限公司的财务会计报告应当在召开股东大会年会的20日前置备于本公司，供股东查阅；公开发行股票的股份有限公司必须公告其财务会计报告。

　　公司分配当年税后利润时，应当提取利润的10%列入公司法定公积金。公司的法定公积金不足以弥补以前年度亏损的，在依照前款规定提取法定公积金之前，应当先用当年利润弥补亏损。公司从税后利润中提取法定公积金后，经股东会或者股东大会决议，还可以从税后利润中提取任意公积金。公司弥补亏损和提取公积金后所余税后利润，有限责任公司按照股东实缴的出资比例分配；股份有限公司按照股东持有的股份比例分配，但股份有限公司章程规定不按持股比例分配的除外。股东会、股东大会或者董事会违反法律规定，在公司弥补亏损和提取法定公积金之前向股东分配利润的，股东必须将违反规定分配的利润退还公司。

　　本章应重点掌握公司财务会计报告的制作、审核与确认；公司利润的分配顺序以及公司公积金制度。

一、概述

(一) 公司财务会计制度的含义

公司财务是公司财务活动、财务关系和财务管理的统称。财务活动包括公司行为过程与行为结果两个方面，既表现为"物"的"使用价值"的变动，又表现为"货币资金"，即"价值"的收支；因财务活动生成的与公司有关的法律关系被称为财务关系；对财务活动及财务关系进行决策、计划和控制就是财务管理。公司会计是以货币为主要计量单位，采用专门方法，对公司经济活动进行完整、连续、系统地核算和监督，通过对交易事项确认、计量、记录、报告，并提供有关单位财务状况、经营成果和现金流量等信息资料的一种经济管理活动。财务本身就是经济活动，而会计本身是经济核算活动。因此，财务与会计是反映与被反映、控制与被控制、监督与被监督的关系。[1]

(二) 公司财务会计制度的法律属性

公司财务会计制度的法律属性表现在两个方面：

1. 制度功能的社会公共性。有观点认为，财务会计信息是经济领域中的一种"社会公共产品"。我们认为，这样的观点有些绝对与夸大，原因是"社会公共产品"的非排他性并不适用于所有的财务会计信息，但是我们并不否认财务会计从功能上看具有社会公共性，会计信息的使用者是不同的消费者而不是像一般的产品为某个特定的消费者服务。公司利益相关者是通过财务会计信息参与公司交易并保护权利的。

2. 经济利益分配属性。从形式上看，会计通过价值的确认、计量、记录和报告，提供有关企业财务状况和经营成果的信息，但更应看到深层次上会计的分配属性，即通过资产、负债、权益、收入、费用、利润等会计要素的确认和计量，划定资本存量和增量的界限，其中资产、负债和权益三个要素划定资本存量的界限，而收入、费用和利润三个要素划定资本增量的界限，也是企业得以持续经营的基础。公司的财务活动，实际上是基于存量和增量的分割所进行的资源的配置，包括资本（即存量）的投放和利润（即增量）的分配。

---

〔1〕 范伟红："商事思维下公司财务会计制度重构"，西南政法大学 2011 年博士学位论文。

（三）公司财务会计制度的意义

公司治理影响公司相关利益主体的权利、义务和责任，左右公司的投资、筹资、收益分配以及生产营销等决策，进而影响公司的管理效率和内部凝聚力，其结果集中体现在公司的财务状况和经营成果上。随着公司治理理论和实践的进一步发展，我们发现，公司治理中无处不渗透着"财权流"，界定与协调利益相关主体在财权流动与分割中所处的地位和作用，实现各个主体在财权上相互制约，从而提高企业资源配置效率的一套制度安排和机制设计，就是财务、会计制度。

财务会计规范化的根本动力来自经济行为的社会化所带来的不同主体的利益在企业中的交汇和碰撞。随着经济活动中资金所有人与经营人的分离，以及经济活动的普遍化、社会化，围绕着经济活动的进行形成了不同的利益主体，他们之间的利益分配直接受到会计所提供的财务信息的影响。这样一来，企业的管理部门可以按照各种不同的会计方法，编制最适合自己内部管理使用的财务报表，但在财务报表发送给他人，如股东、债权人、雇员或一般公众时，则应符合国际会计标准，说明生成财务信息的会计行为不再仅具有技术属性。反映商主体的财产与损益状况的商事账簿与财务报告也在私人财务行为的载体仅有的私有产品性质上增加了公共产品属性，财务报告与商事账簿具有公法和私法上的双重属性。

公司依法建立财务会计制度具有重要意义：

1. 有利于保护股东利益。股东投资的直接目的在于获利，股东要达到这一目的不仅要求公司经营管理水平高，而且还要求公司有健全的财务会计制度，股东能够根据公司账册了解公司的盈亏状况，对公司的高级管理人员的职务行为进行监督。

2. 有利于保护债权人利益。公司财产是公司对外经营活动的担保，只有公司财务会计制度健全，债权人才能了解公司的基本状况，与公司发生业务往来；相反，如果公司没有健全的财务会计制度，债权人无法知晓公司的财务状况，最后可能导致被虚假的会计信息欺骗致使债权无法实现，利益受到损害。

3. 有利于保护社会公共利益。在公司公开向社会发行股票或公司债券时，公司的财务会计制度还会涉及社会公众的利益，健全的公司财务会计制度能够使社会公众知道公司的会计信息，从而决定是否向公司投资。

4. 有利于促进企业经营管理水平的提高。健全的财务会计制度能够为公司节省经营管理费用，减少漏洞，提高经济效益。公司高级管理人员可以根据准确的财务会计信息制定公司发展计划，正确处理公司事务。

5. 有利于行政机关的监督。公司提供准确的财务信息为政府宏观调控和政府职能部门进行会计监督创造了条件，税务部门可以依照公司的财务会计信息依法征税。

二、依法建立财务、会计制度

《公司法》第163条规定："公司应当依照法律、行政法规和国务院财政部门的规定建立本公司的财务、会计制度。"公司应当在每一会计年度终了时编制财务会计报告，并依法经会计师事务所审计。财务会计报告应当依照法律、行政法规和国务院财政部门的规定制作。公司应当向聘用的会计师事务所提供真实、完整的会计凭证、会计账簿、财务会计报告及其他会计资料，不得拒绝、隐匿、谎报。公司除法定的会计账簿外，不得另立会计账簿。对公司资产，不得以任何个人名义开立账户存储。

依法建立本单位的财务、会计制度，是每个企业尤其是公司制企业在处理财务会计工作中首先应该做好的大事。如果一个公司没有健全的财务会计制度，仅凭某个领导说了算，或者虽有形式上的财务会计制度，但仅是一种摆设，会使公司财务会计工作十分混乱，管理上漏洞百出，公司资产大量流失且无人关注，这样的公司是难以得到发展的，甚至连生存也会有问题。

公司除法定的会计账簿外，不得另立会计账簿。对公司资产，不得以任何个人名义开立账户存储。账外设账是在一些公司中存在的另一个重要的财务管理问题。账外设账，其中必有假账。公司做假账：一是可能为了骗取银行借款，二是可能为了逃避税款，三是可能为了多拿报酬。总之都是损公肥私、损人利己的行为。一个财务管理健全的公司，不应让此类情况发生。

财务会计报告的目标是向财务会计报告使用者提供与企业财务状况、经营成果和现金流量等有关的会计信息，反映企业管理层受托责任履行情况，有助于财务会计报告使用者作出经济决策。财务会计报告使用者包括投资者、债权人、政府及其有关部门和社会公众等。尤其在所有权和经营权分离的情况下，公司的财务报告更是反映企业管理层受托责任履行情况，有助于财务会计报告使用者作出经济决策。[1]因此，《公司法》对报表的报送作了具体规定，要求有限责任公司应当依照公司章程规定的期限将财务会计报告送交各股东。股份有限公司的财务会计报告应当在召开股东大会年会的20日前置备于本公司，供股东查阅；公开发行股票的股份有限公司必须公告其财务会计报告。

三、公司财务会计报告的制作、审核和确认

（一）公司财务会计报告的制作

《公司法》没有明确会计报告的编制人是谁，仅仅规定公司应当在每一会计年度终了时制作财务会计报告。实际通常是公司的财务负责人负责财务会计报告的制作和管理，应当对财务会计报告的真实性、准确性、全面性负责。另外，制作财务会计报告属于公司业务执行范围的事情，董事会是公司的业务执行机关，因此，可以认为董事会也是公司财务会计报告制作的负责人，应当对公司财务会计报告负责。

对于财务会计报告制作的时间，《公司法》第164规定，公司应当在每一会计年度终了时编制财务会计报告。因为如果公司没有在会计年度终了时制作财务会计报告。公司就无法按时进行决算。

《公司法》第169条规定，公司聘用、解聘承办公司审计业务的会计师事务所，依照公司章程的规定，由股东会、股东大会或者董事会决定。公司股东会、股东大会或者董事会就解聘会计师事务所进行表决时，应当允许会计师事务所陈述意见。此条规定包含两方面的内容：①公司章程可以规定股东会或董事会聘用或解聘会计师事务所；②解聘会计师事务所要遵循一定的程序。这有利于完善公司财务报告的独立审计制度。

（二）公司财务报告的审核

《公司法》第165条规定，有限责任公司应当依照公司章程规定的期限将财务会计报告送交各股东。股份有限公司的财务会计报告应当在召开股东大会年会的20日前置备于本公司，供股东查阅；公开发行股票的股份有限公司必须公告其财务会计报告。"审核公司财务"是监事会的法定职责之一，所以公司的财务会计报告在提交股东会或者股

[1] 徐瑾："公司财务、会计工作及其在《公司法》中的地位和作用"，载《经济研究导刊》2010年第3期。

东大会确认之前，监事会应当对公司财务会计报告进行审核。

审核内容主要包括：会计表册是否遗漏重大事实，会计报告与会计账册是否相符，会计报告的制作是否得当，会计报告是否存在违反法律、法规或者公司章程的情形。如果公司监事会、不设监事会的公司监事发现公司经营情况异常，可以进行调查；必要时可以聘请会计师事务所等协助其工作。如果监事会对公司财务会计报告持有异议，董事会虽无义务依照监事会的意思修改会计报告，但监事会的审核意见应当与财务会计报告一并交与股东大会或股东会确认。

（三）公司财务报告的确认

公司财务报告必须经过股东会或者股东大会讨论通过才具有相应的法律效力。财务会计报告一经通过，就说明公司确认了财务会计报告的真实性、准确性和全面性，公司董事、监事、财务负责人就无须对财务会计报告负责。但是，如果董事、监事、财务负责人及负责报告审计的会计师事务所在财务会计报告的制作、审核过程中存在违法行为，仍应对其行为承担责任。

公司应当在每一会计年度终了时编制财务会计报告，并依法经会计师事务所审计。财务会计报告应当依照法律、行政法规和国务院财政部门的规定制作。公司应当向会计师事务所提供相关凭证、账簿和其他相关资料，会计师事务所应当按照法律规定严格审计并对出具的审计报告负责。

四、公司的收益分配制度

（一）公司利润分配顺序

公司经营所得的利润依法首先交纳所得税，纳税后形成税后利润，税后利润按照公司法的规定分配，其顺序如下：①如果上一年度有未弥补的亏损，首先弥补亏损；②提取法定公积金；③可以提取任意公积金；④向股东分配股利。

《公司法》第166条规定："公司分配当年税后利润时，应当提取利润的10%列入公司法定公积金。公司法定公积金累计额为公司注册资本的50%以上的，可以不再提取。公司的法定公积金不足以弥补以前年度亏损的，在依照前款规定提取法定公积金之前，应当先用当年利润弥补亏损。公司从税后利润中提取法定公积金后，经股东会或者股东大会决议，还可以从税后利润中提取任意公积金。公司弥补亏损和提取公积金后所余税后利润，有限责任公司依照公司法第 34 条的规定分配；股份有限公司按照股东持有的股份比例分配，但股份有限公司章程规定不按持股比例分配的除外。股东会、股东大会或者董事会违反前款规定，在公司弥补亏损和提取法定公积金之前向股东分配利润的，股东必须将违反规定分配的利润退还公司。公司持有的本公司股份不得分配利润。"在公司分配中，要处理好三类主体的关系：一是国家，这就要遵照税法的规定缴税；二是集体，即公司的发展基金留存；三是投资者，要给投资者以一定的回报。《公司法》为处理好这三者关系，从定时和定性上作出规定，公司管理层应当按此规定执行。由于所得税现在作为费用列支，早在公司利润分配前已经处理，因此《公司法》的利润分配，只限于税后利润的部分。

（二）公积金制度

公积金是公司为了扩大经营规模、弥补亏损和增加资本在其注册资本之外保留的一定数量的资产，公积金又称储备金。首先，公积金是从公司盈余或者资本中提取的资金。一般而言，公积金应当从公司盈余中提取，但在特定情形下，也可以从公司资本中提取。其次，公积金的提取应当按照法律或者股东会或股东大会的规定进行。公积金的提取不仅涉及公司的自身发展，而且涉及股东的利益、公司债权人的利益，所以公积金的提取应当依照法律进行，有限责任公司的股东会或者股份有限公司的股东大会可以根据法律的规定，在提取法定公积金后继续提取任意公积金。

根据法定公积金的来源不同，其可以分为法定盈余公积金和资本公积金。法定盈余公积金是指从公司税后利润中提取而累积起来的资金。法定盈余公积金是按公司法规定从税后利润中提取的10% 部分积累而成的。法定盈余公积金的提取额达公司注册资本的50% 时可以不再提取。法定公积金可以用于弥补亏损、扩大公司生产经营或者增加公司资本。

资本公积金是指依照法律的规定，公司将特定的公司资本资金提取的积累资金。资本公积金是由公司非营业所得的收益构成的，《公司法》第 167 条规定："股份有限公司以超过股票票面金额的发行价格发行股份所得的溢价款以及国务院财政部门规定列入资本公积金的其他收入，应当列为公司资本公积金。"它的来源包括公司以超过票面金额发行股票所得的溢价款、公司资产重估的增值部分、接受捐献和赠与、处置公司资产所得的收入、吸收合并其他公司所带来的资产额等。

根据公积金的提取是否为强制提取为标准，可分为法定公积金和任意公积金。任意公积金是指根据股东会或者股东大会的决议，在法定公积金的基础上自行提取的公积金。任意公积金只能是在公司有盈余且已经提取完法定公积金的情形下才能提取，任意公积金就是任意盈余公积金。对任意公积金的用途法律未作规定，可以根据股东会或者股东大会的决议或公司章程的规定使用。

公司的公积金用于弥补公司的亏损、扩大公司生产经营或者转为增加公司注册资本。但是，资本公积金不得用于弥补公司的亏损。法定公积金转为资本时，所留存的该项公积金不得少于转增前公司注册资本的25%。法定公积金的用途：①用于弥补亏损，但资本公积金除外；②增加公司注册资本，在公司没有亏损的情况下，如果公积金的数额较大，公司股东会可以决议用公积金来充实公司的资本，并将相应的股权或者股份按比例或其他方式分配到股东名下，这时对股东来说，无需自己再出资就增加了其股权数或者股份数；③扩大生产经营规模，公司可以用公积金扩大其生产经营规模。

（三）股利分配

从广义上讲，公司分配包括利润分配和其他分配。利润分配的表现形式就是股利分配，即对现在或过去未分配的利润的支付。其他分配则是在法律许可的范围内，对利润之外的资本分配或者剩余财产的分配。原则上，公司只能从公司利润，而且是税后利润，在依法提取公积金后进行分配股利。但是，如果公司解散并清算后，仍然有剩余财产的，股东有权就剩余财产获得分配，即剩余分配。

一般情况下，股利分配必须坚持"无盈不分"的原则，即没有盈利不得分配股利，这是资本维持原则的要求，其目的是维持公司资本的完整性，由此衍生出"资本公积不得用于派发股利"的限制。但从事铁路、电力等公共建设的公司一般建设周期长，不能很快获得利润，若在此期间坚持"无盈不分"的原则，将不利于吸引投资者，给公司募集股份造成困难。因此，有的国家公司法规定，在报请主管机关批准后，该类公司可以在获利前向股东分配一定比例的股利，目前我国还没有类似规定。

《公司法》规定，股东会或者股东大会有权审议批准公司的利润分配方案；董事会有权制订公司的利润分配方案。所以，公司的利润分配方案应当由董事会制订，然后由股东会或者股东大会讨论决定。分配时，有限责任公司按出资比例分配，股份有限公司按股东所持股份比例分配。同时，公司也可以自己决定公司的利润分配方式。《公司法》第34条规定，有限责任公司全体股东可以约定不按照出资比例分取红利。第166条规定，股份有限公司章程规定可以不按照持股比例分配公司利润。

股利分配的方式，一般采用现金形式，也可以采用其他形式，常见的有财产分配和股份分配。现金分配是最常见的一种股利分配方式，也是最受股东欢迎的一种股利分配形式。财产分配是指公司以其持有或者所有的财产代替现金向股东分配股利。这里的财产包括实物、其他公司的股票，还可以是债权以及其他具有经济价值的财产。股份分配主要是股票分配，就是公司以发行新股的方式分配股利，代替现金支付，即"送股"。由于股东并没有获得任何实际支付，所以股票分配的实质就是将盈余转作资本。

《公司法》第166条规定，股东会、股东大会或者董事会违反规定，在公司弥补亏损和提取法定公积金之前向股东分配利润的，股东必须将违反规定分配的利润退还公司。公司违反法律规定向股东分配利润包括公司不应当分配利润而分配利润、公司不依照程序分配利润。公司向股东分配利润需要许多条件，缺少任何一个条件公司都不能分配利润，如果公司在本年度无盈余或者虽有盈余但在公司弥补亏损及提取法定公积金后已无剩余时，公司就不能向股东分配利润。是否向股东分配利润属于一般事项，股东会决议只要股东表决权符合章程规定通过即可，股东大会经出席会议的股东所持表决权过半数通过即可。一般来说，大股东考虑到公司经营不愿意分配利润，小股东不参与经营因此希望分配利润。为了保护小股东的合法权益，《公司法》第74条规定，公司连续5年不向股东分配利润，而公司该5年连续盈利，并且符合规定的分配利润条件的，对股东会该项决议投反对票的股东可以请求公司按照合理的价格收购其股权。如果公司利润分配方案合乎法律，但董事会不按照方案进行利润分配，侵害股东利益的，受损害的股东可以向人民法院提起诉讼，要求公司承担责任。

扩展案例

课后习题
与测试

结论

公司财务制度既是公司内部治理的核心性文件，又是对公司规范化经营与管理进行有效监督管理的重要途径。财务会计信息的有效性能够为股东、经营管理者提供科学的决策信息，从而正确把握公司发展现状，作出符合公司现状的经营方针和发展规划。因此，要将建立现代企业财务管理制度作为企业内部控制制度建设的核心工作。

第十章　公司债券

📖 本章知识结构图

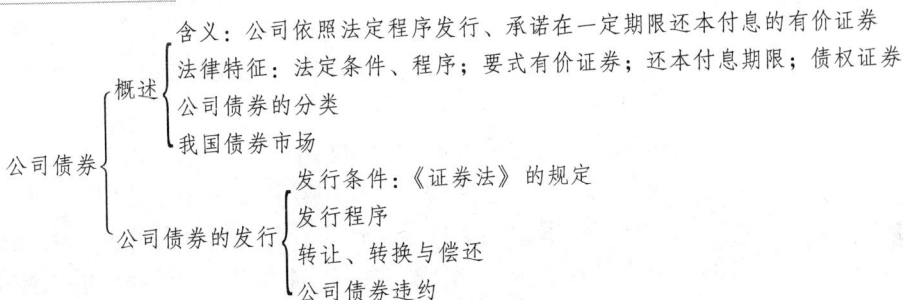

公司债券
├─ 概述
│　├─ 含义：公司依照法定程序发行、承诺在一定期限还本付息的有价证券
│　├─ 法律特征：法定条件、程序；要式有价证券；还本付息期限；债权证券
│　├─ 公司债券的分类
│　└─ 我国债券市场
└─ 公司债券的发行
　　├─ 发行条件：《证券法》的规定
　　├─ 发行程序
　　├─ 转让、转换与偿还
　　└─ 公司债券违约

📖 本章重点内容讲解

公司债券是依法融资借款的一种方式。公司发行公司债券应当符合《证券法》和《公司法》的规定。其本质是公司以商事信用为融资基础，在资本市场上通过债券合同与投资者建立起来的一种借贷性的金钱债权债务关系。公司债券，可以为记名债券，也可以为无记名债券。不同种类公司债券协议转让要符合法律规定的方式，公司债券在证券交易所上市交易的，按照证券交易所的交易规则转让。本章重点掌握公司债券的发行条件与发行程序。

一、概述

（一）含义

公司债券是公司依法发行的，承诺在一定期限内还本付息的有价证券。其本质是公司以商事信用为融资基础，在资本市场上通过债券合同与投资者建立起来的一种借贷性的金钱债权债务关系。公司债券和公司债与公司债务不同，公司债券是公司债的表现形式，公司债是公司债券的内容，二者实际是一体的，所以后面讲的公司债和公司债券实质上是一个问题。

（二）法律特征

公司债券有以下四个方面的法律特征：①公司债券必须依照法定条件和程序发行。由于发行公司债券是向不特定的社会公众借债，必然会涉及广大社会公众的利益，所以为了保护社会公众的合法权益，维护社会秩序，必须按照法定条件和程序来发行。②公司债券是一种要式有价证券。首先，它证明了持券人对公司拥有一定数量的债权。其次，公司以实物券方式发行公司债券的，必须在债券上载明公司名称、债券票面金额、利率、偿还期限等事项，并由法定代表人签名，公司盖章。③公司债券是有一定还本付息期限的有价证券。公司以债务人的身份向公众发行债券，为了吸引公众的资金，就承诺一定期限还本付息。④公司债券是一种债权证券。公司债券反映的是一种债权债务关系，这一点与股票不同，股票反映的是一种股权关系，股票持有人实质上是公司的股东，可以通过股东大会参与公司的事务决策，而债券持有人只有要求还本付息的权利。

公司债券与公司债务。公司债在本质上属于公司债务，在公司的资产负债表中计入负债栏，公司债券和公司债务的债权人都享有民法上债权的一般权利。这是公司债券与公司债务的共同之处。二者的不同之处在于：①产生的原因不同，产生公司债券的法律事实是公司通过发行公司债券向社会募集资金借款；产生公司债务的法律事实除了通过公司签订合同外，公司因侵犯他人权利也会形成债权债务关系。②公司债券与公司债务的权利主体不同。公司债券的权利主体即债权人是不特定的公众，任何个人和组织只要认购或受让债券都是公司债券的债权人，并因债券的高度流通性而处于流动之中，而公司债务的债权人则是特定的。例如，公司一般性借贷债务的债权人是特定的银行或其他金融机构，其他合同债务的债权人为特定的法人、其他经济组织或公民个人。③公司债券与公司债务的标的不同。公司债券的标的是一种金钱给付；而公司债务的标的除了金钱给付之外，还包括其他作为或者不作为。例如，公司作为出卖人在买受人给付货款后，有交付约定货物的义务；公司因产品质量给对方造成损失时，负有包修、包退、包换和赔偿损失的义务等。④公司债券与公司债务的偿还办法不同。公司债券就同次发行的同类公司债券的偿还办法（包括偿还期限、偿还条件）具有同一性；而公司债务的偿还办法因具体的债权债务关系不同而不同。⑤公司债券与公司债务的债权凭证不同。公司债券的债权凭证是公司债券，是资本有价证券、要式证券，具有流通性，可以在证券交易所依法转让；而公司债务的债权凭证以契约或其他证据的形式存在，一般不是有价证券，也不具有流通性。

公司债与股份。公司债与股份均为公司筹集资金的手段；二者的书面形式即公司债券和股票都是资本有价证券、要式证券，且都具有流通性。但二者又有本质上的区别：①公司债券的债权人与公司之间是一种债权债务关系，而股份持有人则是公司的股东，对公司享有所有者权益并承担相应的义务。②公司债券的标的物为金钱，而认缴股份的股东可以用金钱也可以用实物、知识产权、土地使用权等可以以货币估价并可以依法转让的非货币资产作价出资。③不论公司是否盈利或盈利多少，公司债的利率是固定的，而股份的红利率是不固定的。④公司债券期限届满，公司应当向债权人归还本金；而对于股份来说，除公司解散后可向股东分派剩余财产等法定情形外，公司一般不得向股东退还其认缴的股本。

在信息匮乏的年代，由于债券合同可以赋予投资者以债权人地位，确定债务的固定期限和利息支付来帮助投资者应对经济发展中的不确定性，债券融资因此成为公司可获得的最早和主要的直接融资方式；在社会信息透明度大为增强的晚近时期，债券融资具有利息税前扣除和不削弱公司控制权的比较优势，成为公司直接融资的优先选择。而从一国金融市场的建设来看，公司债券在丰富投资品种、拓展公司融资渠道的同时，可以推动利率市场化进程、平衡直接与间接融资、健全社会信用体系，调控宏观经济并降低金融系统性风险，是一国多层次资本市场建设的重要组成部分。

（三）公司债券的分类

1. 记名公司债券和无记名公司债券。根据公司债券是否记载债权人的姓名或名称，可以把公司债券分为记名公司债券和无记名公司债券。《公司法》第156条规定，公司债券，可以为记名债券，也可以为无记名债券。记名公司债券是指在债券上记载债权人姓名或名称，并在置备的公司债券存根簿上载明债券持有人的姓名或名称及债券编号等事项的公司债券；无记名公司债券是指在债券及债券存根簿上不记载债券持有人的姓名或名称的公司债券。

（1）记名公司债券与不记名公司债券的发行程序有所不同。差别主要在于二者发行时，公司置备的债券存根簿上所记载的事项详略程度不同。发行记名公司债券的，应当在公司债券存根簿上载明：债券持有人的姓名或者名称及住所；债券持有人取得债券的日期及债券的编号；债券总额，债券的票面金额、利率、还本付息的期限和方式。而发行无记名公司债券的则只需要在公司债券存根簿上载明债券总额、利率、偿还期限和方式、发行日期及债券的编号即可，无需记载有关债券持有人的事项。

（2）记名公司债券与不记名公司债券转让程序有所不同。记名公司债券，由债券持有人以背书方式或者法律、行政法规规定的其他方式转让；转让后由公司将受让人的姓名或者名称及住所记载于债券存根簿，否则转让行为无效。而无记名公司债券的转让，由债券持有人将该债券交付给受让人后即发生转让的效力。

（3）记名公司债券与无记名公司债券被盗、遗失或者灭失时的补救方法不同。以背书方式转让的记名债券被盗、遗失或者灭失的，根据我国《民事诉讼法》的规定，债券持有人可以通过公示催告程序申请法院宣告其无效后，由公司补发债券。而无记名债券因不采用背书方式转让，其被盗、遗失或者灭失时，不能采取公示催告程序宣告无效及由公司补发债券。

2. 可转换公司债、不可转换公司债。这是以公司债与公司股份的联系为标准而对公司债进行的划分。可转换公司债是指公司债的债权人可根据自己的意志在一定期限内将公司债转换为公司股份的公司债。可转换公司债一经转换，原公司债的债权人资格丧失，而取得公司股东的资格，公司债所代表的公司负债则转为公司股本。不可转换公司债是指不可转换为公司股份的公司债。这种公司债的债权人只有定期得到还本付息的权利。由于不可转换公司债相对于可转换公司债而言，债权人没有选择将其债券转换为股份的权利，其固定利率一般要比可转换公司债高。

《公司法》第161条规定，上市公司经股东大会决议可以发行可转换为股票的公司债券，并在公司债券募集办法中规定具体的转换办法。上市公司发行可转换为股票的公司债券，应当报国务院证券监督管理机构核准。发行可转换公司债，适应了公众在投资时既想要避免风险又想要获得高收益的心态，使投资者在投资之初可以选择风险小于股票的债券，在公司经营稳定且业绩较好时，又可以选择将其转换为公司股票以获得比债券更高的收益。而且在转换期限内，投资者有自由选择将其债券转换或不转换为股票的权利，公司不得强制其转换，这对债权人来说较为灵活。

3. 担保公司债、无担保公司债。以公司债是否设置担保为标准，可以将公司债分为担保公司债和无担保公司债。担保公司债是指由保证人或者提供财产抵押质押作为偿债担保的公司债。发行担保公司债时，可使债权人获得还本付息的保障，有利于维护债权人的利益和金融秩序的稳定。我国在实践中，要求公司发行债券时原则上应提供保证担保，保证人可要求发行人以抵押或质押方式提供反担保。无担保公司债，又称信用公司债，是指不设置任何担保而仅以公司信用作为公司债发行基础的公司债。发行无担保公司债，要求发行的公司规模较大，经济实力和偿债能力强，且信誉卓著。在经过依法审批和监管的情况下，无担保公司债也有其存在的一定空间。

4. 参加公司债、非参加公司债。以公司债券持有人是否有权参加公司的决策和经营管理为标准，可以将公司债分为参加公司债和非参加公司债。参加公司债是指债权人有权参与企业的决策、经营管理或公司红利分配的公司债，包括参加公司债和利益公司债。参加公司债的债权人可持债券参加公司的股东会；利益公司债的债权人则可参与公司红利的分配，其利率不固定，视公司盈利多少而定。非参加公司债是指有固定利率，债券持有人不参与公司决策或经营管理，也不参与公司红利分配的公司债。《公司法》规定的公司债，均为普通的非参加公司债。

（四）我国债券市场

就我国情况而言，公司债券市场发端于计划经济时期。1985年，沈阳市房地产开发公司向社会公开发行第一只5年期企业债券，开启了这一市场；1987年国务院制定的《企业债券管理暂行条例》（已失效），成为第一部调整企业债券关系的行政法规。但受到我国社会信用体系不健全，银行主导间接融资的传统和制止企业乱发债、维护社会稳定的指导思想影响，公司债券市场多年来一直处于边缘，未能得到应有的重视。近年来，为配合我国金融体制改革进程，充分发挥公司债券市场的积极作用，并调整我国不合理的金融市场结构，公司债券市场在国家政策的大力支持下启动放松管制、以市场化为导向的改革，获得了蓬勃发展。[1]

目前，我国公司债券监管及其相关法律、法规规定，银行间市场的公司债券的登记结算由中央国债登记结算公司完成，交易所市场的公司债券登记结算由中国证券登记结算公司负责，从而形成了以两个在交易中扮演不同角色、具有不同功能的公司为枢纽的两种

---

〔1〕　洪艳蓉："公司的信用与评价以公司债券发行限额的存废为例"，载《中外法学》2015年第1期。

不同的市场交易系统，使我国公司债券市场被分割为银行间市场（场外市场）和交易所市场（场内市场）。我国形成了三足鼎立而又相互竞争的公司债券制度和市场，分别是：一是由国家发展改革委员会负责监管，延续1985年首单债券发行而形成的企业债券市场；二是中国证券监督管理委员会负责监管，主要以上市公司为试点对象，在证券交易所交易的公司债券市场；三是中国人民银行授权银行间市场交易商协会自律监管，在银行间债券市场交易的非金融企业债务融资工具市场。三类债券本质上都是以公司商事信用对外融资的同一类金融工具，投资者能否如期获得本息，取决于公司在债券到期时的清偿能力。

我国公司债券被人为地分割为两种不同的市场交易系统，且不同的市场按不同的方式进行交易。加之各部门审批的公司债券不能在其他部门监管的公司债券市场发行，使得公司债券市场的流动性差，交易费用高，致使效率低下。这可以从筹资金额、筹资成本和筹资时间等方面直观地反映出来。在筹资金额上，我国公司债券发行市场规模较小。筹资成本包括公司债券利息、支付给中介服务机构的手续费等显性因素，也包括发行过程中人、财、物的占用等隐性成本。我国目前的公司债券票面利率没有将收益率与风险因素挂钩，虽然有利于节约利息支付成本，但加大了发行难度，增加了隐性成本。公司债券应根据发行人的风险等级确定发行利率，但实际情况是，发行企业债券利率不得超过同期银行储蓄存款利率的40%，这降低了企业债券的吸引力，加大了发行难度。为降低风险预期，在多数国家发改委主管的企业债券发行中，都有商业银行介入提供担保，增加了发行成本。目前，公司债券的发行需要经过较长的时间，包括融资方自身的筹备期以及主管部门的审核期等。公司债券地位低下，其表现就是公司债券市场融资规模与股市相比相对较小，不符合现代资本结构理论与金融市场发达国家公司融资结构的实践。按现代资本结构理论，企业内部融资的成本最低，债务融资的成本次之，股权融资的成本最高。这在西方金融发达国家的公司融资结构上也得到反映，即内源融资比例最大，其次是债务融资，股权融资比重最小。而我国却出现了完全相反的情况，我国企业融资具有明显的股权融资偏好，融资顺序为：首选股权融资，其次是债务融资，最后是内源融资。最为根本的缺陷是我国公司债券市场的不统一，这是导致公司债券市场效率低下以及公司债券市场地位低的主要原因。而我国债券市场不统一主要是由于我国证券法律、法规把公司债券市场的监管权授予不同的监管机构，加之传统制度惯性的影响，从而形成了我国公司债券监管法律制度不统一、监管方式非市场化的局面。

二、公司债券的发行

（一）公司债券的发行条件

根据《证券法》第 16 条的规定，公开发行公司债券，应当符合下列条件：①股份有限公司的净资产不低于人民币 3000 万元，有限责任公司的净资产不低于人民币 6000 万元；②累计债券余额不得超过公司净资产的 40%；③最近 3 年平均可分配利润足以支付公司债券 1 年的利息；④筹集的资金投向符合国家产业政策；⑤债券的利率不得超过国务院限定的利率水平；⑥筹集的资金必须用于核准的用途，不得用于弥补亏损和非生产性的开支；⑦上市公司发行可转换公司债券的，还必须符合发行股票的条件；⑧国务院规定的其他条件。

总的来说，公司债券发行的条件主要有以下几个方面：

1. 公司债券发行的主体条件。任何公司只要符合《公司法》和《证券法》规定的条件和程序，经过核准后都可以发行公司债券，但可转换公司债券只有上市公司可以发行。

2. 公司债券发行的资信条件。①对发行债券的公司净资产的要求。股份有限公司净资产不低于 3000 万元，有限责任公司净资产不低于 6000 万元。公司所拥有的净资产规模是衡量公司财产责任能力大小的标志。②对公司发行债券累计余额的限制。累计债券余额不得超过公司净资产的 40%，累计债券余额指的是已经发行而尚未偿还的债券金额。这一规定的目的是使公司发行债券与其净资产保持合理的比例，保证公司有足够的偿债能力。③对发行债券公司的经济效益方面的要求。最近 3 年平均可分配利润足以支付公司债券 1 年的利息。公司债券发行不仅需要有一定数量的净资产作为基础，还需要发行主体在经营上有良好的业绩，这是保证公司具有向债券持有人还本付息能力所必需的。④对发行公司债券所筹集的资金投向的要求。筹集的资金投向应当符合国家的产业政策，筹集的资金必须用于核准的用途，不得用于弥补亏损和非生产性的开支。⑤债券利率水平的限制。债券的利率不得超过国务院限定的利率水平，这样规定是为了避免因公司债券利率水平过高而冲击金融市场，避免造成国家公债发行困难、银行吸收储蓄下降等后果。

但上述发行条件并非都固定不变的，一些条件已被近年来公司债券的市场化改革所突破。例如，由于允许公司债券私募发行，符合条件的中小企业可以向合格投资者发行私募债券，摆脱了债券发行主体限制；再如，债券利率在引入发行保荐制之后逐步采用市场询价机制定价，而利率市场化改革进程的加快正在瓦解发债利率限制；在债券市场监管竞争下，银行间市场交易商协会允许中期票据发行人在债券存续期间调整募集资金用途，证监会采用较宽松的融资用途核准标准，允许公司将募集资金用于偿还银行借款等，也使得对募集资金投向的限制有所松动。

公司外部融资主要来自股东和债权人，这些资金进入公司之后被转化为各种资产形式，构成公司生产经营的基础。在法律属性上，股东投入的资金构成公司的自有资本，是公司对外承担责任的基础和对债权人的保障；债权人投入的资金构成公司的对外负债，需要在债务到期时由公司还本付息。由于主导公司控制权的股东受到有限责任的保护且享有剩余财产索取权，公司法需要为只享有现金流请求权的债权人提供对抗股东机会主义的保护，确保债权到期时公司具备债务清偿能力，也即确立并维护公司信用，以吸引债权融资。

在解决股东有限责任与债权人保护的利益冲突问题上，"累计债券余额不超过公司净资产的40%"的规定，本质上是用发债之时债券余额与公司净资产的比率衡量公司未来的债务清偿能力，通过限制公司超出其净资产过度负债来保护债权人。公司成立之初的实收资本，即股东们的实际出资，构成公司的原始资本信用基础；而公司存续期间的净资产，即与实收资本（包括公司成立后股东继续缴纳的资本）比较之盈亏，构成公司实际资本信用能力，体现了一种"资债相抵"的资本信用观。

此外，《证券法》对公司再次公开发行公司债券也有所限制。《证券法》第18条规定，有下列情形之一的，不得再次公开发行公司债券：①前一次公开发行的公司债券尚未募足。这样规定是为了防止不同种类、不同单位金额、不同发行日期、不同利息率以及不同偿还办法的公司债券在同一时期内重叠发行，以维护公司债券发行的正常秩序。②对已公开发行的公司债券或者其他债务有违约或者延迟支付本息的事实，仍处于继续状态。如果公司对前次发行债券到期不能支付本息或延迟支付利息，或者对其他债务也存在违约情况，则表明其财务状况和资金状况不佳，有可能对其发行公司债券的偿付能力带来影响。③违反本法规定，改变公开发行公司债券所募资金的用途。

（二）公司债券的发行程序

依照《公司法》和《证券法》的规定，发行公司债券应依下列程序进行：

1. 决议或者决定。有限责任公司、股份有限公司发行债券应由董事会制订发行债券的方案，由股东会或者股东大会作出决议。国有独资公司由各级政府授权的国有资产监督管理部门作出决定。

2. 申请核准。公司发行债券应当向国务院证券监督管理部门申请核准。

3. 核准。国务院证券监督管理部门接到申请后，经审查对符合规定的予以核准；对不符合规定的不予核准。

4. 签订承销协议。公司公开发行公司债券，应当与证券公司签订承销协议，由证券公司承销。承销包括包销和代销两种方式。包销是指承销机构承诺在承销期结束时，如果还有未销售出去的公司债券，承销机构将其全部买下。代销是指承销机构代理销售公司债券，在承销期结束时若还有未销售出去的公司债券，承销机构要将其全部退还给发行公司。

5. 公告募集办法并募集借款。经申请获得核准后，应制定公司债券募集办法并公告，募集办法应包括的内容是：公司名称、债券募集资金的用途、债券总额和债券的票面金额、还本付息的期限和方式等。债券认购人交足款项后发行人应向认购人交付公司债券。

由于公司债券发行成本较低，筹集的资金期限长、数量大、资金使用自由，弥补了股票和银行贷款方式的不足，因而是公司筹措长期资金的一种重要的融资工具。正因如此，在英美、欧盟等资本市场发达的国家，股权融资方式相对受到冷落，公司债券融资相对受到公司的青睐，成为资本市场最重要的融资方式，如在美国资本市场中，公司债券每年的融资额大多是股票融资的 16 倍以上。但是，由于公司债券发行制度的不统一以及发行制度的"非市场化"，造成我国公司债券市场的发展一直比较缓慢。

不同种类的公司债券的发行制度各自依据不同的法规，分别适用《企业债券管理条例》《银行间债券市场非金融企业债务融资工具管理办法》等法律法规，缺乏统一的发行审核标准和责任约束机制，造成了公司债券发行标准混乱、制度多元的格局。我国现行公司债券发行制度的不统一和多机构分割监管，阻碍了公司债券市场的高效运行和良好发展。我国公司债券发行制度的根本问题是，市场化程度太低，市场化发行制度没有建立。因为缺少市场化的定价方式、利率制度、发行模式，所以难以建立合理的公司债券发行信用机制、评价机制、投资机制，公司债券发行市场很难形成良性竞争的市场机制。

（三）公司债券的转让、转换与偿还

公司债券的转让应符合证券交易所的交易规则，并由出让人和受让人协商确定价格。记名债券必须以背书或者法律法规规定的其他方式转让，并变更债券存根簿。无记名债券交付即发生转让的效力。

公司债券的转换专门指可转换公司债的转换。发行可转换公司债券的公司，应当在公司债券募集办法中规定具体的转换办法，主要包括：转换条件、转换期间、转换程序等内容。同时还要在公司债券存根簿上载明可转换公司债券的数额。可转换公司债券的持有人，对到期后的债券转换或不转换成股票有选择权。因此，转换权由持有人一方意思表示即可发生法律效力，不必经过公司的同意。发行公司有义务按照其转换办法向持有人换发股票。这样，可转换公司债券的持有人便可以从公司的债权人转换为公司的股东了。

公司债券是一种需在一定期限内还本付息的有价证券，因此，发行公司负有在约定期限届满时，向公司债券持有人还本付息的义务。发行公司应当按照公司债券上所记载的偿还期限和还本付息方式，按期向公司债券持有人还本付息，一般情况下是按照规定的利息率，一次性向公司债券持有人支付利息和归还全部本金。

（四）公司债券违约

进入21世纪以来，我国债券市场开始驶入发展的快车道，改革与创新成为这一时期我国债券市场的重要特征。近年来，在国家一系列新政和利好政策的持续刺激下，我国债券市场一改以往清冷的局面焕发出勃勃生机，其中以公司信用债的发展尤为引人瞩目。然而创新即意味着新能量与新变量的引入，由此带来市场的扰动，表现之一就是债券兑付危机频繁发生。自 2006 年以来，我国公司债市场曾数度出现债券违约的端倪，我国债券市场在 2014 年发生了首单违约事件，即"11 超日债"。[1]

违约虽是一个法律上的概念，但其含义却十分广泛，概指不能履行某项法定或合同义务，尤指不能履行到期债务。可以说，任何与法律、合同规定的义务不相符合的行为，均可以被认为是违约。"发行人须按照约定条件还本付息"被认为是债券区别于股票等其他直接融资工具的根本特征，然而任何债券都存在着发行人违约的可能性。

从经济学角度来看，债券违约风险是公司债券定价的关键因素，投资者可以通过违约分析从债券损失分布中获得风险补偿。缺少违约的债券市场不仅无法进行有效的风险区分和确定合理的风险溢价，而且会使无风险收益率水平被错误地抬高，反而导致风险的累积。可见，债券违约实际是债券市场发展的一种必然反应，本不应该引起市场各方的恐惧和排斥。然而在我国，人们不仅不能接受债券违约的发生，更习惯于看到每一起偿债危机或违约事件中政府的身影，通过政府斡旋实现刚性兑付已经被认为是我国处理债券违约问题的常规做法，这种期待政府兜底的投资心理与行政化的债券违约处理模式实在令人担忧。随着经济新常态的到来以及债市违约的常态化，债券刚性兑付的压力越来越大，在此情形下，依靠政府干预来处理债券违约问题显然难以为继。保护投资者固然是债券市场发展不可忽视的内容，但这种保护绝不是不讲原则，不能只看过度保护所带来的短期效应。一个合格的债券投资者，应该是具备风险意识和自我保护能力的投资者。

债券违约解决的法治机制通常包括三种模式：

1. 自主协商机制，即债券持有人与发行人及担保机构等相关方以自主协商的方式就违约债券的本息偿付问题达成令各方都能接受的解决方案的一种机制。就债券持有人而言，在自主协商机制下实现债券兑付目的的具体方式包括行使担保权、利用偿债保障条款

───────────────

〔1〕 2014 年 3 月 4 日，深圳证券交易所对外披露了《上海超日太阳能科技股份有限公司 2011 年公司债券第二期利息无法按期全额支付的公告》，公告称由于各种不可控的因素，上海超日太阳能科技股份有限公司于 2011 年 3 月 7 日发行的上海超日太阳能科技股份有限公司 2011 年公司债券将无法于原定付息日按期全额支付共计 8980 万元人民币利息，仅能够按期支付 400 万元人民币的利息。2014 年 3 月 7 日，这一公告所披露的事实最终兑现，"11 超日债"正式违约，成为中国资本市场上首支实质违约的债券。

和进行债务重组等。另外，债券持有人也可以以债权人的角色参与债券发行人的公司治理，通过干预公司运营治理的重大决策，间接实现债权保障的目的。在自主协商机制下，债务重组是促使违约债券得以兑付的一种最为核心的方式。自主协商机制下的债务重组不同于破产程序，它是一种庭外债务重组模式。在英国和我国香港地区，这种模式被用来挽救陷入财政困难的企业并使其得以重生。债务重组实质就是债权人与债务人建立起新的债权、债务关系的过程，这一过程主要涉及债务人如何筹措偿债资金以及双方就债务偿还的延展期、利率与本金的削减或采取其他多样化的偿债方式达成协议两个方面。

2. 诉讼求偿机制。作为债权人，债券持有人如预期发行债券的公司经营状况严重恶化并将长期持续，但在债务到期时债券发行人又具有一定的债务偿付能力，尚未达到资不抵债需要启动破产程序的地步，债券持有人也可以通过诉讼机制来处理债券违约问题。

3. 破产程序。通常，当债券违约发生后，当事人一般会先采取自主协商的方式解决，若协商解决无效而债务人资不抵债的情况又比较严重，则往往会启动破产程序。破产是在债务人丧失清偿能力时的一种债务特别清偿程序，既包括破产清算模式下的市场退出程序，也包括重整、和解模式下的企业挽救程序。债权人与债务人均可以提起破产申请，许多国家和地区皆是按照破产清算或重整来了结公司债务，在债券违约中破产程序的应用也十分广泛。

扩展案例

课后习题
与测试

结 论

新的金融监管精神已经表明，我国未来直接融资比重占社会总融资比重将会大幅度提升，这既是国家金融监管的未来走向，也反映市场的现实需求。公司债券作为公司直接融资的重要方式，将会在未来一段时间成为鼓励发展的对象。开展多样化公司融资模式，降低公司融资成本；有助于提升公司资本实力，提高行业竞争力。

第十一章　外国公司的分支机构

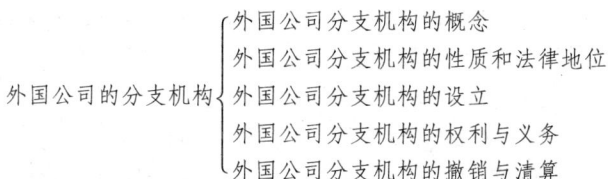

本章重点内容讲解

　　外国公司是相对本国公司所称，是非依所在国（东道国）国家法律并非经所在国登记而成立的、但经所在国政府许可在所在国进行业务活动的机构，是具有他国国籍而无本国国籍的公司。外国公司在中国境内设立的分支机构不具有中国法人资格。外国公司的分支机构只能以外国公司的名义行使权利、承担义务和责任。所以，外国公司的分支机构是外国公司的一部分，不是东道国的经济组织。外国公司对其分支机构在中国境内进行经营活动承担民事责任。外国公司撤销其在中国境内的分支机构时，必须依法清偿债务，依照本法有关公司清算程序的规定进行清算。未清偿债务之前，不得将其分支机构的财产移至中国境外。本章重点掌握外国公司分支机构的法律地位。

一、外国公司分支机构的概念

　　根据我国《公司法》的规定，外国公司是依照外国法律在中国境外登记成立的公司，是具有外国国籍的公司。具有本国国籍的公司为本国公司，既具有本国国籍又具有他国国籍的公司仍然被认为是本国公司，所以，区分本国公司还是外国公司的关键在于确定公司国籍。我国对公司国籍的认定标准采取设立准据法主义和设立行为地法主义，即依照我国法律在我国登记设立的公司，无论外国投资比例是多少，都是具有我国国籍的公司法人。相应的，不是依照我国法律或不是在我国境内登记设立的公司都不是我国公司，而是外国公司。

　　外国公司分支机构是指外国公司在东道国境内设立的从事生产经营或者服务活动的场所或者办事机构。由于外国公司不是按照本国法律设立的，所以只有得到本国的认可或批准并办理必要的登记手续后，方可在该国进行营业活动。因此，外国公司一般均在他国设立分支机构来经营管理业务。

外国公司分支机构的法律特征如下：

1. 外国公司分支机构以外国公司的存在为前提。此即设立分支机构的外国公司已经依外国法律登记成立。值得指出的是，有的国家不区分外国公司和外国公司分支机构，而是将外国公司与外国公司分支机构等同看待。例如，《日本商法典》第三编第六章"外国公司"中规定，"外国公司在日本进行继续性交易时，须确定代表人，并于其住所或者其他场所设置营业所"，并规定该外国公司须就其营业所的设立进行登记。

实际上，在涉及外国公司的场合，通常均与该外国公司在东道国进行一定的营业行为有关，并且通常涉及该外国公司分支机构在东道国的法律地位。所以，就一国的公司法而言，有关外国公司的规定，通常也就是关于外国公司分支机构的规定。在此意义上，外国公司与外国公司分支机构也就具有同一的法律意义。但是，在我国《公司法》上，对外国公司与外国公司分支机构有着明确的区分。而且，依我国《公司法》的规定，外国公司要想在中国境内设立分支机构，如果未取得所在国公司人格，则无权到中国境内设立分支机构。对此，各国或地区的法律要求有所不同。

2. 外国公司分支机构必须经东道国政府批准设立。外国公司的分支机构与外国公司不同。外国公司的分支机构必须依东道国法律，经东道国政府批准，在东道国境内设立，并受东道国法律的保护和管辖。这里的批准是指东道国政府准许该外国公司依法定程序在东道国设立分支机构。一般而言，经东道国政府批准的外国公司分支机构，在法定期限内，其权利、义务与东道国同种类公司基本相同。我国《公司法》规定，外国公司在中国境内依中国法律设立分支机构的，必须经过中国政府的有关主管部门批准，并到中国公司登记机关依法办理登记手续，领取营业执照。外国公司分支机构在中国境内从事生产经营活动，必须接受中国法律的管辖和中国有关主管部门的监督管理。当然，外国公司的分支机构虽然经东道国政府批准设立，但该分支机构与其在本国的公司具有相同国籍。

3. 外国公司分支机构在东道国境内的业务活动必须以营利为目的，并在东道国境内营业。外国公司必须运用自己的资金、设备、人力等，以营利为目的进行生产经营或者服务活动。之所以如此，是由其所属外国公司作为公司本身所决定的。如果外国公司分支机构无意在东道国开展经营活动，即其所从事的只是一种非营利性活动，则不属于公司法所指的外国公司的分支机构。至于是否须在东道国建立营业地，各国或地区的立法有不同的要求。比如英国《公司法》虽然采用设立准据法主义，认为外国公司就是指根据英国以外的国家的法律成立的公司，但其以是否在英国建立营业地又分为海外公司和一般外国公司：在英国境内建立营业地的外国公司被称为海外公司；不在英国境内设立营业地，但在英国从事业务活动的外国公司被称为一般外国公司。英国《公司法》对此两类公司分别作出不同的规定：前者受英国法律管辖，而后者除法律有特别规定外，不受英国法律的管辖。

二、外国公司分支机构的性质和法律地位

（一）性质

外国公司分支机构既不同于外国公司在我国的常驻代表机构，也不同于外国公司在我国单独投资设立的外商独资企业。外国公司常驻代表机构是指外国公司派驻我国境内的办事机构，虽然它也是非独立核算的非法人组织，但它仅仅代表其所属公司，在中国境内从事一定业务范围的联络、咨询、服务等工作，不直接从事经营活动。

外商独资企业是指依中国有关法律在中国境内设立的，全部资本由外国投资者投资的企业。

根据我国有关法律的规定，外商独资企业与外国公司分支机构的主要区别在于：①外商独资企业是依照中国法律在中国境内设立的，具有中国国籍，属于中国企业；而外国公司分支机构本身是外国公司的组成部分，具有外国国籍，属于外国企业的一部分。不少国家或地区的公司法将这种外国公司的分支机构直接称为外国公司。②外商独资企业具有独立的法律地位，能够以自己的名义对外进行活动，其一般为有限责任公司形式，具有中国法人资格，实行独立核算，能够以自己的财产独立承担法律责任；而外国公司分支机构是不具有独立的法律地位，不具有中国法人资格。③外商独资企业的组织机构也较复杂，一般以董事会来管理企业；而外国公司分支机构是没有相应健全的内部组织机构的。

（二）法律地位

《公司法》第 195 条规定："外国公司在中国境内设立的分支机构不具有中国法人资格。外国公司对其分支机构在中国境内进行经营活动承担民事责任。"外国公司分支机构不具有独立法人资格，主要表现在：外国公司分支机构没有自己独立的名称，只能使用外国公司的名称；没有独立的组织机构；没有独立的章程；不是独立的纳税主体。外国公司的分支机构只能以外国公司的名义行使权利、承担义务和责任。所以，外国公司的分支机构是外国公司的一部分，不是东道国的经济组织。

外国公司依照其所属国法律而设立，但外国公司的分支机构则须依照所在国法律设立。外国公司的分支机构须在我国境内设立，才具有我国《公司法》规定的外国公司分支机构的资格，依照我国公司法受到保护。在我国境内设立，就是该机构必须在我国有住所，有代理人，有相应的经营资金，开展连续性经营活动。如果外国公司的一部分仅仅是在我国境内从事临时性活动，不长驻我国从事连续性经营活动，则不能成为外国公司分支机构。

三、外国公司分支机构的设立

（一）设立含义

外国公司分支机构的设立，是外国公司依东道国法律规定的条件和程序，在东道国境内为其分支机构取得生产经营资格的法律行为。

外国公司在东道国设立分支机构，一般必须办理申请许可手续。各东道国政府依本国国情，参照国际惯例，一般都制定了有关外国公司在本国设立分支机构的法律。各国公司立法对外国公司分支机构的设立均给予了一定的限制，如《美国标准公司法》第 106 条规定，外国（州）公司从州务卿处获取授权证书之前，无权在该州从事业务活动；奥地利《股份有限公司法》也规定，外国的股份有限公司如要在奥地利从事业务活动，应取得奥地利政府的批准；日本、韩国则规定，外国公司欲在该国经营，必须设立分支机构，确定外国公司在该国的代理人，并且必须进行注册登记。我国公司立法及相关法律对外国公司分支机构的设立也作了明确的规定。

（二）设立条件

1. 积极条件。在我国境内设立分支机构，其前提是依法在我国境外国家或者地区设立的公司。这里的"境外"是指中国大陆之外，包括我国香港、澳门和台湾地区，即依照港澳台地区的公司法设立的公司也属于外国公司。

我国《公司法》中规定的公司是指有限责任公司和股份有限公司，即股东对公司债务承担有限责任。但是许多国家公司法规定的形式包括有限公司和无限公司，因此，《公司法》中的外国公司既可以是有限公司也可以是无限公司。

2. 消极条件。外国公司在我国设立分支机构，不得存在违反我国法律法规，损害国家或社会公共利益，有可能造成环境污染的情形，也不得投资我国法律关于禁止外国资本进入的领域。

（三）设立申请

《公司法》第 192 条，外国公司在中国境内设立分支机构，必须向中国主管机关提出申请，并提交其公司章程、所属国的公司登记证书等有关文件，经批准后，向公司登记机关依法办理登记，领取营业执照。外国公司分支机构的审批办法由国务院另行规定。

外国公司在中国境内设立分支机构，须在中国境内指定负责该分支机构的代表人或代理人并向该分支机构拨付与其所从事的经营活动相适应的资金。

外国公司分支机构应当在其名称中标明该外国公司的国籍及责任形式，并应当在本机构中置备该外国公司章程。

四、外国公司分支机构的权利与义务

外国公司分支机构的设立，是外国公司依东道国法律规定的条件和程序，在东道国境内为其分支机构取得生产经营资格的法律行为。外国公司在东道国设立分支机构，一般必须办理申请许可手续。各东道国政府依本国国情，参照国际惯例，一般都制定了有关外国公司在本国设立分支机构的法律。各国公司立法对外国公司分支机构的设立均给予了一定的限制，如《美国标准公司法》第 106 条规定，外国（州）公司从州务卿处获取授权证书之前，无权在该州从事业务活动；奥地利《股份有限公司法》也规定，外国的股份有限公司如要在奥地利从事业务活动，应取得奥地利政府的批准；日本、韩国则规定，外国公司欲在该国经营，必须设立分支机构，确定外国公司在该国的代理人，并且必须进行注册登记。我国公司立法及相关法律对外国公司分支机构的设立也作了明确的规定。

（一）外国公司分支机构的权利

外国公司在中国境内设立的分支机构受中国法律管辖，其合法权益受中国法律保护。除法律特别规定予以限制的以外，外国公司分支机构的权利与中国同类型公司所享有的权利基本相同。根据我国法律的相关规定，外国公司分支机构的权利可概括为以下两方面：

1. 依法从事生产经营活动。外国公司分支机构取得中国工商行政管理机关颁发的营业执照，即获得在中国境内从事生产经营活动的法定资格。一般而言，各国或地区的法律多允许外国公司在本国境内开展业务活动，并使其具有与本国公司基本相同的权利，如依法取得财产的所有权、订立合同、享受东道国有关鼓励外商投资的优惠政策等。当然，各国或地区的法律对外国公司分支机构从事业务活动的范围也会有所限制，主要体现在禁止或者限制外国公司分支机构从事军工、航空、通信、能源等与国计民生关系重大的特殊行业。如法国禁止外国公司进行军火、酒精或医药方面的贸易（欧共体国家的公司除外）；意大利禁止外国公司从事银行业、保险业、海运业等方面的交易活动，同时，所有外国投资活动均要受到意大利《外汇管理条例》的限制。

2. 合法权益受中国法律保护。外国公司分支机构遵守中国法律，在中国境内依法进行生产经营活动，其合法权益当然受中国法律保护。中国有关管理机关应依法履行自己的职责，切实保障外国公司分支机构的合法权益。任何侵犯外国公司分支机构合法权益的行为都将受到法律的追究。外国公司在其分支机构的合法经营活动受到不法侵害时，有权在中国提起诉讼，寻求司法保护，以维护其合法权益。

（二）外国公司分支机构的义务

外国公司在中国境内设立的分支机构在依法享有权利的同时，也应承担相应的义务。除我国法律予以特别规定以外，外国公司分支机构的义务与我国同类公司所负有的义务基本相同。依我国《公司法》及其他相关法律的规定，外国公司分支机构在我国从事营业活动时应承担的主要义务可概括为下列两方面：

1. 遵守中国法律，不损害中国的社会公共利益。外国公司在中国境内设立分支机构开展业务活动，本质上是外国投资者对中国的投资。依属地管辖原则，外国公司分支机构在中国境内的营业活动，应受中国法律管辖，这是我国主权原则的体现。同时，外国公司分支机构在中国境内营业，不得损害中国的社会公共利益。比如，外国公司分支机构所从事的营业项目，必须符合中国的产业政策，在国家允许的范围内进行，不得进入中国禁止外资进入的特定行业。外国公司分支机构不得在中国境内非法开展业务，不得拒绝履行其应当履行的义务，不得扰乱中国正常的经济秩序，否则，将受到中国法律的制裁，并不因其为外国公司分支机构而特殊。比如，外国公司分支机构同样也要接受工商、税务部门以及外汇、海关等部门的管理和监督。

2. 标明国籍及责任形式并置备章程。外国公司分支机构只是外国公司的一个组成部分，其本身并不具有独立的法律地位，它只能以所属外国公司的名义对外进行活动，其在中国境内的经营活动所产生的法律后果也由其所属外国公司承担。我国《公司法》第194条中明确要求外国公司的分支机构应当在其名称中标明该外国公司的国籍及责任形式并在本机构中置备该外国公司章程，以方便与其发生法律关系的当事人了解其具体情况，降低交易风险，保护债权人的利益，维护社会经济秩序。

五、外国公司分支机构的撤销及清算

外国公司的分支机构是外国公司的一部分，外国公司有权根据本公司的发展，自主撤销分支机构。当然，外国公司分支机构违反法律、危害社会公共利益的，主管机关有权撤销外国公司的分支机构。

外国公司分支机构在撤销以后必须进行清算，依照公司法有关公司清算程序的规定进行清算。未清偿债务之前，不得将其分支机构的财产移至中国境外。外国公司分支机构是为外国公司所控制，外国公司的行为在绝大多数情况下不受我国法律管辖，因此为了保护中国境内债权人、第三人或国家的合法权益，《公司法》第197条规定："外国公司撤销其在中国境内的分支机构时，必须依法清偿债务，依照本法有关公司清算程序的规定进行清算。未清偿债务之前，不得将其分支机构的财产移至中国境外。"

扩展案例

课后习题
与测试

结　论

公司虽然法理预设具有永久性，但是现代随着规模和业务能力的变化，分立与合并成为较为常见的公司变化。学习中应当重点掌握分立、合并的公司内部程序以通知、债权人保护等问题，对其中关键日期应当与减资、清算等程序进行明确区分，这几类法律行为在通知程序中有着相似之处，不能混淆。

第十二章　公司的变更

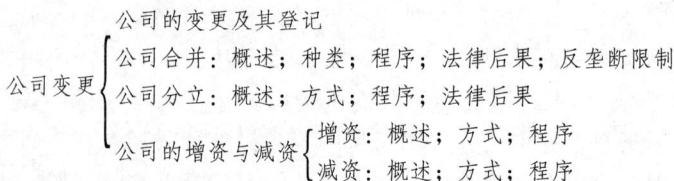

本章重点内容讲解

公司变更的含义及内容。公司合并的含义，合并的方式、种类。掌握吸收合并以及新设合并的内涵。公司分立的概念。公司分立主要有派生分立和新设分立两种形式。公司增资与减资是指公司增加或减少注册资本的行为。由于增加资本能够增强公司的实力，提高公司的信用，扩大公司的规模，不会对交易安全和债权造成危害，因此，各国公司法对公司增加资本的条件限制很少。公司减少资本，关系到公司股东债权人的利益，所以公司必须严格按照法律规定形成决议，同时还必须通知和公告债权人。本章重点掌握公司发生各种变更的程序以及变更后的法律后果。

一、公司的变更及其登记

公司变更是指公司改变公司的名称、住所、经营方式、经营范围、注册资本、经营期限等登记注册事项以及增设或撤销公司分支机构的法律行为。未经登记或者变更登记的，不得对抗第三人。

二、公司合并

（一）概述

公司合并是指两个或两个以上的公司订立合并协议，依照公司法的规定，不经过清算程序，直接合并为一个公司的法律行为。

公司合并与公司兼并的关系。兼并在经济学中常常用来指一个企业或公司吞并或控制其他企业或公司的行为，但它在法律上还不是一个完全统一的概念。有学者认为，公司合并与公司兼并既有交叉重合的部分，又有完全不相干的部分，兼并有广义和狭义之分，狭义的兼并等同于吸收合并，广义的兼并包括上述两种情形，即除了有吸收合并的含义外，还有"接管"的意思。

公司合并与公司并购的关系。公司并购是指一切涉及公司控制权转移与合并的行为，"并购"是"兼并"和"收购"这两个词的合称，公司收购可分为股权收购和资产收购以及营业转让。因此，公司并购的含义和公司合并的含义是交叉的，公司并购中的兼并也就是吸收合并，包含在公司合并中，但公司并购不包括公司合并中的新设合并，同时，公司合并的含义也不包括公司并购中的公司收购。

在市场竞争的压力下，公司欲获得新的发展，可以通过增加投资这种内部发展途径扩大生产能力，或通过资本积累，凭借自己的技术优势、品牌优势、资金优势和管理优势，向纵深产品、相关产品或相关产业发展；也可以通过从外部扩张或资产兼并、重组等获得行业内原有的生产能力获得发展。相比之下，后一种途径往往效率比较高，它在诸多方面具有优越于其他发展战略的地方：迅速扩大公司规模，获得更大的市场份额；有效降低进入新行业的壁垒，迅速实现多元化经营；可以获得先进的生产技术和管理人才等。

（二）公司合并的种类

1. 新设合并和吸收合并。新设合并和吸收合并为公司合并的法定形式。新设合并又称解散合并，是指合并各方先解散而后共同组合为新公司。吸收合并又称存续合并，是指合并中的一方存续，其他被合并各方解散并归属于存续公司。从制度比较的角度看，吸收合并较之于新设合并更具有概括性。例如，在新设合并中，消亡公司组合为新的公司，实际上也有吸收和归并的属性。另外，从实践上看，吸收合并较之于新设合并有更多的优点，更有利于优势企业的扩张。例如，采吸收合并时，原公司的商标、商号等无形资产可以继续不变地使用，原公司的一些优惠甚至特权可以继续予以保持等。

2. 法定合并与事实合并。在理论上，公司合并还有法定合并与事实合并之分。法定合并是指公司法上规定的合并。例如，前面提到的新设合并和吸收合并即是。事实合并是指未按法定程序进行的合并。例如，实践中出现的一些资产重组形式，如资产出售、企业出售等，由于具有与合并相同的效果，可被视为事实合并。这一分类的意义在于：事实合并虽然未严格按照法律的规定进行，但仍然具备合并的特点或后果，法律上有关合并的规则，如异议股东的救济、债权人的保护等，仍应予以适用。承认事实合并，既有利于制度创新，也有利于对实践的规范。

3. 其他分类。根据合并公司经营的产品、服务与市场的关系，可以分为横向合并、纵向合并和混合合并等。横向合并又称水平合并，是指同行业经营相同产品或服务的公司之间的合并。纵向合并又称垂直合并，是指公司根据产业的关联程度，处于前后产业的不同公司所作的合并。混合合并是指产品和市场没有任何关系的公司之间的合并。这种合并主要是为了实现公司多元化发展而实施的。根据合并对价的支付方式，可将合并分为现金合并和换股合并。现金合并的特点是，合并一方可以以现金或其他财产（存货、固定资产等）作为收购被合并公司的股东股份的对价。而换股合并的做法是，以被合并公司的股东接受存续公司的股份为合并对价。这两种合并的另一个区别是：现金合并后，接受对价的股东要退出公司；而换股合并时，接受对价的股东成为合并后公司的股东。

（三）公司合并的程序

公司合并必须依照法定程序进行，其中包括：

1. 合并各方制订合并协议。公司合并时，首先由参与合并的公司的董事会通过协商，拟订出合并方案。我国《公司法》规定的董事会的职责中，其中一项就是制订公司合并、分立、解散或者变更公司形式的方案。实务中，往往是由公司管理层在得到公司董事会的授权后进行合并谈判，并代表双方公司拟订合并方案。

2. 通过合并协议。公司合并是导致公司资产重新配置的重大法律行为，直接关系股东的权益，所以公司合并的决定权应属于股东会或者股东大会，董事会拟订的合并方案必须经各公司股东会或者股东大会以特别决议的形式表决通过。一般而言，参与合并的各公司必须经各自的股东会或者股东大会以通过特别决议所需要的多数赞成票同意合并协议。

3. 编制资产负债表和财产清单。

4. 通知和公告债权人。公司合并应特别注意保护债权人的利益，以避免利用公司合并逃避债务的行为。所以，公司法一般都规定合并公司必须将合并事宜通知债权人，债权人有权提出异议，有权要求公司清偿债务或者提供相应的担保，公司不清偿债务或者不提供相应的担保的，合并不能对抗异议债权人或合并只在同异议债权人的关系上不发生效力。《公司法》第 173 条规定，公司应当自作出合并决议之日起 10 日内通知债权人，并于 30 日内在报纸上公告。债权人自接到通知书之日起 30 日内，未接到通知书的自公告之日起 45 日内，可以要求公司清偿债务或者提供相应的担保。

5. 办理公司变更、注销或设立登记。公司合并后，登记事项发生变更的，应当依法向公司登记机关办理变更登记。例如，在吸收合并中，存续公司应办理变更登记，被吸收公司因解散应向公司登记机关办理注销登记；在新设合并中，新设立的公司应办理设立登记，参与合并的各公司都要办理注销登记。

公司合并后，合并各方的债权、债务，应当由合并后存续的公司或者新设的公司承继。

（四）公司合并的法律后果

无论是何种形式的合并，都会使公司发生变化。在吸收合并中，被吸收的公司解散，主体资格消亡，吸收公司则继续存在。在新设合并中，原有公司解散，主体资格消亡，新公司设立。在吸收合并的情形下，存续公司因承受被吸收公司的权利义务，还会发生组织变更，如注册资本、公司章程的变更。因公司合并而引起的上述公司的变化，皆须依法办理登记。

公司合并将导致被合并公司的权利义务概括转移给存续公司或新设公司。这些权利包括被合并公司所有的财产权利，如动产、不动产、知识产权、债权等，以及公法上的各种权利，如各种特许权、营业权等。义务包括债务、各项诉讼事务等。《公司法》第 174 条规定，公司合并时，合并各方的债权、债务，应当由合并后存续的公司或者新设的公司承继。我国《合同法》第 90 条也作了相同的规定。公司在转移财产的过程中，需要履行特别的法律形式的，应依法履行这些特别形式，以有效地对抗第三人。

公司合并会引起股东身份的变化。在吸收合并中，被吸收公司的股东因合并对价的不同，或成为吸收公司的股东，或将其股权转让给吸收公司而失去股东资格。在新设合并中，合并公司双方的股东都将失去其原来的股东资格，是否成为新公司的股东，亦因合并对价的不同而有所差异。另外，不论是在吸收合并还是新设合并中，即便公司以股票作为合并对价，对合并持有异议的被合并公司的少数股东也可能因行使股份回购请求权而获得自己股份的现金对价，而不被存续公司或新设公司所收容。

（五）公司合并的反垄断限制

1. 限制合并的意义。公司合并的后果具有双重性。一方面，合并有利于发挥规模经济的作用，提高公司的竞争能力。另一方面，合并又可能因过度集中而引发限制竞争、损害效率等问题。为此，作为最重要的和最常见的一种经营者集中形式，合并要受到《反垄断法》的限制。根据我国的实际情况，并参照大多数国家的做法，《反垄断法》对合并（经营者集中）规定了申报审查制度，要求达到一定规模标准的经营者实施集中前，应向国务院反垄断执法机构申报。未经申报的，不得实施合并。

2. 申报。经营者集中达到国务院规定的申报标准的，经营者应当事先向国务院反垄断执法机构申报，未申报的，不得实施集中。经营者向国务院反垄断执法机构申报集中，应当提交下列文件、资料：申报书；集中对相关市场竞争状况影响的说明；集中协议；参与集中的经营者经会计师事务所审计的上一会计年度财务会计报告；国务院反垄断执法机构规定的其他文件、资料。申报书应当载明参与集中的经营者的名称、住所、经营范围、预定实施集中的日期和反垄断执法机构规定的其他事项。

经营者集中有下列情形之一的，可以不向国务院反垄断执法机构申报：参与集中的一个经营者拥有其他每个经营者50%以上有表决权的股份或者资产的；参与集中的每个经营者的50%以上有表决权的股份或者资产被同一个未参与集中的经营者拥有的。

3. 审查。反垄断执法机构应当自收到经营者提交的申报之日起30日内，对申报的经营者集中进行初步审查，作出是否实施进一步审查的决定，并书面通知经营者。反垄断执法机构作出决定前，经营者不得实施集中。反垄断执法机构作出不实施进一步审查的决定或者逾期未作出决定的，经营者可以实施集中。反垄断执法机构决定实施进一步审查的，应当自决定之日起90日内审查完毕，作出是否禁止经营者集中的决定，并书面通知经营者。作出禁止经营者集中的决定的，应当说明理由，将禁止集中的决定书面通知经营者。在审查期间，经营者不得实施集中。

审查经营者集中，应当考虑下列因素：参与集中的经营者在相关市场的市场份额及其对市场的控制力；相关市场的市场集中度；经营者集中对市场进入、技术进步的影响；经营者集中对消费者和其他有关经营者的影响；经营者集中对国民经济发展的影响；反垄断执法机构认为应当考虑的影响市场竞争的其他因素。

经营者集中具有或者可能具有排除、限制竞争的效果的，反垄断执法机构应当作出禁止经营者集中的决定。但是，经营者能够证明该集中对竞争产生的有利影响明显大于不利影响，或者符合社会公共利益的，国务院反垄断执法机构可以作出对经营者集中不予禁止的决定。另外，基于对国家安全考虑，对外资并购境内企业或者以其他方式参与经营者集中，涉及国家安全的，除依照《反垄断法》规定进行经营者集中审查外，还应当按照国家有关规定进行国家安全审查。

三、公司分立

（一）概述

公司分立是指一个公司通过签订协议，不经过清算程序，分为两个或两个以上的公司的法律行为。公司分立是在原有公司的基础上"一分为二"或"一分为多"的行为，既不是设立子公司或者参股公司的行为，也不是为拓展经营而设立分公司的行为。原公司与分立后的公司以及分立后的公司相互之间，既不是公司内部总公司与分公司的管理关系，也不是企业集团中成员相互间控股或参股的关系，而是彼此之间完全独立的法人关系。

公司分立是公司组织法定变更的一种特殊形式。公司分立不是公司的完全解散，无论是何种方式的分立，均无需经过清算程序而实现在原公司的基础上成立两个或两个以上的公司。在这个意义上，公司分立是法律设计的一种简化程序，使公司在无需被消灭的情况下实现"一分为二"或者"一分为多"，因此，公司分立是公司组织法定变更的特殊形式。

公司分立是依照法定的条件和程序来进行的行为。由于公司分立将会引起分立前的公司主体和权利义务的变更，而且也必然涉及相关主体的利益，因此，为了保护各方主体的利益，分立行为必须严格依照公司法所规定的条件和程序来进行。

公司分立与公司设立子公司和分公司的区别。分立后的公司与公司设立的子公司均具有法人资格。子公司与母公司虽然法人人格相互独立，但两者之间在股权层面存在控制与被控制的关系。而分立后成立的公司之间或与原公司之间，不仅法人人格相互独立，而且在股权层面之间也是相互独立的。

公司分立与投资的区别。公司分立强调的是公司组织形式的变更，属于公司组织法的问题，而投资强调的是财产所有权的转移及投资人股东权的取得这种投资的行为过程。公司分立具有整体营业性转移的特性，投资行为更多的是某些特定财产的转移。公司分立导致原公司注册资本的减少及相应股份总数的减少；公司投资只是资产形态发生改变，并不导致资本的减少。

公司分立是现在公司资本运作重组中的一种重要方式，其有利于调整公司内部经营结构，促使公司主营业务得以清晰和降低代理成本等其他作用。从实践来看，公司通过分立的方式对公司进行重组，主要有如下原因：①梳理公司经营范畴，突出主营业务。实践中，一些综合性的公司因其业务庞杂，所经营的领域较为宽泛，增加了公司的管理性成本。通过分立的方式有利于实现公司经营业务的专业化，以便于公司集中人力、物力及财力经营主营业务。②优化治理结构。公司经营管理中会因经营投资方针不同使得股东之间发生矛盾，通过分立方式能够使部分股东单独经营。③资本运作需求。良好的分立不仅有助于公司减少管理层级，实施专业化经营管理，而且有利于发挥资本市场对并购的支持作用，实现跨越式发展。实践中，部分公司内部的某些运营业务在公司整体估值框架内无法充分反映其价值，通过分立能够有效地将某些业务的价值发挥出来。如2010年，东北高速公路股份有限公司分立为黑龙江交通发展股份有限公司及吉林高速公路股份有限公司；2015年，厦门建发股份有限公司将供应链运营业务与房地产开发业务分立上市，其中厦门建发股份有限公司将存续经营供应链业务，而分立出的厦门建发发展股份有限公司则将承接原上市公司厦门建发股份有限公司的房地产业务，并在上海证券交易所上市。

分立有助于大型企业降低企业成本，成本优势是大型企业最重要的优势之一，但大型企业的管理比中小企业困难，往往会出现"大企业病"，即企业规模扩大、产业类型和管理层次增多后可能产生的信息阻隔、信息传递速度衰减或内容失真，决策得不到贯彻落实，指令执行出现严重偏差等使企业成本增加、企业响应市场的能力降低的问题，生存质量不断弱化。公司分立在一定程度上可以降低公司多元化业务的负面协同效应，有利于公司及其管理层聚焦经营、改善经营绩效。

（二）公司分立的方式

公司分立主要有派生分立和新设分立两种形式。

派生分立，又称分支分立，是指一个公司将其部分财产分割，分别归入两个或两个以上的新公司，原公司继续存在的行为

新设分立，又称分解分立，是指将一个公司的财产全部转移到两个或者两个以上的新公司，原公司消灭的行为。

（三）公司分立的程序

公司分立必须依照《公司法》的规定进行，公司分立的程序如下：①订立分立协议。公司分立，先由公司董事会拟订分立方案，再由公司的股东会或股东大会讨论作出决议。②公司决策机构通过分立协议。③编制资产负债表和财产清单。财产是公司设立的基本物质条件，也是承担公司债务的保障。因此，进行公司分立，必须合理、清楚地列明并分割公司的财产。④通知债权人。公司应当自作出分立决议之日起 10 日内通知债权人，并于 30 日内在报纸上公告。⑤办理登记手续。

公司分立是公司经营治理中一项重大的变更事宜，必须经过公司的股东会或股东大会决议通过，并遵循相应的特别决议。根据我国《公司法》第 46 条和第 108 条的规定，公司分立应由公司董事会制订分立方案后提请公司股东会或股东大会决议通过。依据我国《公司法》第 37 条和第 43 条的规定，有限责任公司分立须由股东会决议，该决议必须经代表 2/3 以上的表决权的股东通过。依据《公司法》第 99 条和第 103 条的规定，股份有限公司分立须由股东大会决议，且该决议必须经过出席会议的股东所持表决权 2/3 以上通过。对于公司分立持有异议或反对的股东，根据我国《公司法》第 74 条的规定，有限责任公司股东对于公司的分立持有反对意见并投反对票的，可以请求公司按照合理的价格收购其股权。对于未参加股东会会议或虽参加股东会会议但未投反对票的股东，即使对公司分立持有异议，亦无权要求公司收购其股权。若自股东会会议决议通过之日起 60 日内，股东与公司仍未能达成股权收购协议的，股东可以自股东会会议决议通过之日起 90 日内向人民法院提起诉讼。《公司法》第 142 条规定，股份有限公司股东对股东大会作出的公司合并、分立决议持异议的，即可要求公司收购其股份。公司回购股东股份后应当在 6 个月内转让或者注销。对分立后公司的注册资本是否可以少于分立前公司的注册资本，根据 2011 年 11 月 28

日国家工商行政管理总局发布的《关于做好公司合并分立登记支持企业兼并重组的意见》第 5 条第 2 款的规定，因分立而存续或者新设的公司，其注册资本、实收资本数额由分立协议或者决定约定，但分立后公司注册资本之和、实收资本之和不得高于分立前公司的注册资本。因分立而存续或者新设的公司，其股东（发起人）的出资比例、认缴的出资额，由分立协议或者决定约定。法律、行政法规或者国务院决定规定公司分立涉及出资比例、认缴或者实缴的出资额必须报经批准的，应当经过批准。

在存续分立中，原公司的登记事项如注册资本等发生变化的，应办理变更登记，分立出来的公司应办理设立登记；在新设分立中，原公司解散的，应办理注销登记，分立出来的公司应办理设立登记。当公司公告满 30 日后，即可依据分立方案和分立协议办理有关公司的注销、变更或设立登记。依据 2011 年 11 月 28 日国家工商行政管理总局发布的《关于做好公司合并分立登记支持企业兼并重组的意见》中第 4 条的规定："因公司合并、分立申请办理公司登记，自公告刊登之日起 45 日后，申请人可以同时申请办理公司注销、设立或者变更登记。其中，不属于同一登记机关管辖的，相关登记机关应当加强登记衔接。需要层级衔接的，上级登记机关要主动协调；需要区域衔接的，先收到有关咨询、申请的登记机关要主动协调。"

（四）公司分立的法律后果

公司分立必然发生相应的法律后果，主要表现为：

1. 公司的消灭、变更或者诞生。在新设分立时，原来的公司消灭。在派生分离时，存续的公司的股东资产等方面都发生了变化，所以必须进行公司变更登记。无论是新设分立还是派生分立，都会设立新公司。新设分立后的公司全部为新公司，而派生分立后的公司，除了存续公司外，其他公司都是新公司。

2. 公司的权利、义务的概括转移。公司分立的结果是分立后的公司连带承继原公司的债权、债务。

四、公司增资与减资

（一）增加资本

1. 概述。增加资本，简称增资，是指公司为了扩大经营规模，依照法定条件和程序增加公司注册资本的行为。需要强调的是，这里的资本指的是注册资本，而不是实缴资本。由于增加资本能够增强公司的实力，提高公司的信用，扩大公司的规模，不会对交易安全和债权造成危害，因此，各国公司法对公司增加资本的条件限制很少。

2. 增加资本的方式。

（1）增加票面价值。增加票面价值，就是在公司不改变原有股份总数和比例的前提下增加每股金额。通过这种方式可以达到增加资本的目的，且不改变公司的股权比例。公司将公积金、应当分配的股利留存，均记入每一股份之中，从而使股票面值增加。

（2）增加出资。有限责任公司如果需要增加资本，可以按照原有股东的出资比例增加出资，也可以邀请其他人出资。原来股东认购出资的，可以另外缴纳股款，也可以将公司的公积金或者应当分配的股利留存转换为出资。

（3）发行新股。股份有限公司可以采取发行新股的方式增加资本。发行新股可以向原来股东发行，也可以向公众发行。公司原有股东享有优先认购权。上市公司进行的配股发行就是公司向原来股东增资发行新股的一种形式。

（4）债转股。债转股指的是公司债权人将对公司的债权转换为股权，公司的这些债务因此消灭，股本增加。《公司法》第161条规定，上市公司经股东大会决议可以发行可转换为股票的公司债券，并在公司债券募集办法中规定具体的转换办法。上市公司发行可转换为股票的公司债券，应当报国务院证券监督管理机构核准。发行可转换为股票的公司债券，应当在债券上标明可转换公司债券字样，并在公司债券存根簿上载明可转换公司债券的数额。

3. 增加资本的程序。增加资本是公司的重大事项，必须作为股东会或者股东大会的特殊事项通过。有限责任公司股东会会议作出增加注册资本的决议，必须经代表2/3以上表决权的股东通过。国有独资公司增加注册资本必须由国有资产监督管理机构决定。股份有限公司股东大会作出增加注册资本决议，必须经出席会议的股东所持表决权的2/3以上通过。

另外，公司增加注册资本后，应当修改公司章程，办理变更登记。

4. 通过增资成为有限责任公司股东的股东资格认定标准。公司通过邀请原股东以外的第三人对公司进行股权投资，增加公司的注册资本，虽然原股东的股权比例减少但却不需转让股权，从而达到改善公司的财务状况，扩大经营实力，引进先进的管理理念或生产技术的目的。原股东既不需退出，又能享有公司因增加注册资本而稳健发展带来的红利收益。股权投资（增加注册资本）成为公司和风险投资最青睐的合作方式。但因增资过程中涉及增资扩股协议（股权投资协议）、股东会决议、董事会决议、章程变更、工商登记变更等问题，往往引发增资的第三人股东资格确认纠纷。

2005 年 1 月，贺先生与一房地产公司签署《增资扩股协议书》，约定贺先生对房地产公司增资 1000 万元，取得公司 50% 的股权，并担任公司的法定代表人和总经理。房地产公司原注册资本 1000 万元，原股东张岳王赵四人，每人拥有的股权从 25% 变更为 12.5%。在《增资扩股协议书》上公司加盖了公章，但只有张姓原股东签字。变更后的公司章程上加盖了公司公章，股东会决议上岳姓和王姓股东的签名为本人所签，张姓股东和赵姓股东的签名不是本人所签。贺先生依约注资 1000 万元后，公司办理了法定代表人的工商变更登记，但未办理注册资本、股东股权和公司章程的工商变更登记。增资后，贺先生作为公司总经理参与公司经营，但 2005 年 11 月，原股东未通知贺先生召开股东会决议，罢免了贺先生的法定代表人，解除贺先生公司总经理职务。2005 年 12 月，贺先生对房地产公司提起诉讼，请求：确认股东身份，拥有 50% 股权；房地产公司办理增加注册资本、股权变更的工商登记手续。房地产公司称收取贺先生的 1000 万元的性质为借款，公司增加注册资本未经代表公司 2/3 以上股权的股东同意，为无效增资，原告不具备公司股东身份。

法院生效判决确认了原告贺先生的股东身份和 50% 的股权比例，要求房地产公司于判决生效后 10 日内向工商行政管理机关申请办理工商变更登记。基本理由如下：《增资扩股协议书》系双方真实的意思表示，合法有效；被告接受了原告的 1000 万元的增资；被告在记载原告为公司股东的章程上加盖了公章，确认了原告的股东身份；在《增资扩股协议书》和变更的公司章程上签字的股东所持股权超出公司股权的 2/3，确认了公司增资扩股和原告的股东身份；工商行政管理部门对股东的变更登记是对已发生变更事实的确认，并无创设股东资格的效力。

焦点之一：当工商登记与公司章程的记载不一致时，以何标准来确认股东资格？根据《公司法》的规定，公司股东应当具备以下实质特征和形式特征：在公司章程上记载为股东，并在公司章程上签字；履行了公司章程上承诺的出资义务；在工商行政管理部门备案的公司文件中记载为股东；拥有公司签发的出资证明；公司股东名册中记载为股东；享有并行使股东权利。

在上述股东特征中，公司章程作为股东之间的协议，在公司章程中记载为股东并且在章程中签字的，表明具有成为股东的真实意思表示，对股东资格的确认具有决定性意义。因此，只要没有证据足以推翻签署公司章程的股东具有成为股东的意思表示，则应当认定其具有股东资格。工商行政管理部门对股东的变更登记是对股东变更事实的确认，并没有创设股东资格的效力，当工商登记与公司章程的记载发生冲突时，公司章程的记载效力优先。另外，实际出资是股东对公司的重要义务之一，但并不是取得股东资格的决定性条件，不应仅凭未出资而否认其股东资格。

焦点之二：股东会决议存在瑕疵，对股东资格确认的影响如何？本案中，《股东会决议》有拥有一半股权的原股东签字，《增资扩股协议》上亦有另1/4股权的股东签字，签字股东均对增资扩股的事实予以认可，《股东会决议》存在的瑕疵不影响公司与第三人签订的《增资扩股协议》的效力，不能否定原告的股东资格。

至于在《股东会决议》《增资扩股协议》和《公司章程》上均未签字的另一股东的优先认缴出资权受到侵犯，亦不影响原告股东资格的确认，但会影响原告的股权比例。

焦点之三：增资扩股行为的法律关系及法律适用。有限责任公司增资扩股前，欲通过增资成为股东的原股东以外的第三人尚不是股东，因此，增资扩股行为存在两种法律关系：一是增加注册资本的公司内部的法律关系，适用《公司法》和公司章程的规定；二是公司与第三人缴纳增资的公司外部的法律关系，适用《合同法》的规定。

（二）减少资本

1. 概述。减少注册资本，简称减资，是指公司依照法定程序和条件减少公司注册资本的行为。按照资本不变的原则，一般不允许公司随意减少注册资本。因为公司减少注册资本可能危及交易安全。但刻板地坚持资本不变，又过分限制了公司的自主经营权，所以《公司法》允许公司在特定的情况下有权依照法定程序减少注册资本。

2. 减少注册资本的方式。

（1）票面价值减少。票面价值减少是指在不改变原有股份或股权总数和比例的前提下减少股本的每股金额的方式。

（2）股份注销。股份注销是将已经发行在外的部分股份予以注销，从而减少公司资本的方式。如《公司法》中规定，股份有限公司因与持有本公司股份的其他公司合并或者因为股东对股东大会作出的公司合并、分立决议持异议，而收购其股份的，持有了本公司的股份，应当注销或者转让。

3. 减少资本的程序。公司减少资本，关系到公司股东和债权人的利益，所以公司必须严格按照法律规定形成决议，同时还必须通知和公告债权人。减少资本是公司的重大事项，必须作为股东会或者股东大会的特殊事项通过。有限责任公司股东会会议作出减少注册资本的决议，必须经代表 2/3 以上表决权的股东通过。国有独资公司减少注册资本必须由国有资产监督管理机构决定。股份有限公司股东大会作出减少注册资本决议，必须经出席会议的股东所持表决权的 2/3 以上通过。公司减少注册资本后，应当修改公司章程，办理变更登记。

扩展案例

课后习题
与测试

结 论

公司虽然由法理预设具而有永久性，但是现代随着规模和业务能力的变化，分立与合并成为较为常见的公司变化。学习中应当重点掌握分立、合并的公司内部程序，以及通知、债权人保护等问题，对其中关键日期应当与减资、清算等程序进行明确区分，这几类法律行为在通知程序中有着相似之处，不能混淆。

第十三章　公司的解散与清算

本章知识结构图

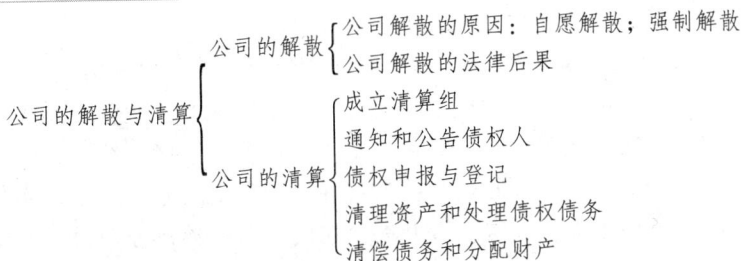

公司的解散与清算
- 公司的解散
  - 公司解散的原因：自愿解散；强制解散
  - 公司解散的法律后果
- 公司的清算
  - 成立清算组
  - 通知和公告债权人
  - 债权申报与登记
  - 清理资产和处理债权债务
  - 清偿债务和分配财产

本章重点内容讲解

公司解散的含义。公司解散的原因有自愿解散和强制解散两类。公司清算的内涵。公司应当在解散事由出现之日起于法定期限内成立清算组，开始清算。不同公司清算组的组成方式。清算组的通知公告义务，债权人申报债权的期限及提交的相关材料。本章重点掌握公司解散的原因与公司清算的过程。

一、公司的解散

（一）公司解散的原因

公司解散是指公司因发生章程规定或法律规定的除破产以外的解散事由而停止业务活动，并进行清算的状态和过程。《公司法》第180条明确规定，公司因下列原因解散：①公司章程规定的营业期限届满或者公司章程规定的其他解散事由出现；②股东会或者股东大会决议解散；③因公司合并或者分立需要解散；④依法被吊销营业执照、责令关闭或者被撤销；⑤人民法院依照《公司法》的规定予以解散。

1. 自愿解散。自愿解散是指依公司章程或股东或者股东大会决议而解散。这种解散与外在意志无关，取决于公司股东的意志，股东可以选择解散或者不解散公司，但是仍必须依法定程序进行。

我国《公司法》规定的自愿解散的原因有：

（1）公司章程规定的营业期限届满，股东未形成延长营业期限的决议。我国《公司法》既未规定公司的最高营业期限，又未强制要求将公司的营业期限作为公司章程的必备条款，因此，营业期限是我国公司章程任意规定的事项。但我国《公司登记管理条例》将营业期限作为公司登记的一个必备事项，并且营业期限也在企业法人营业执照中有所体现。因此，除营业期限为永久存续的公司外，大部分公司在设立时都在公司章程中规定了营业期限，该期限由公司股东自主决定，通常为 10 年至 50 年。在此期限届满前，公司股东可以形成延长经营期限的决议，如果没有此决议，公司将在营业期限届满时自动进入解散程序。

（2）公司章程规定的其他解散事由的出现。解散事由一般是公司章程的相对必要记载事项，可以根据公司的营业特点预先约定公司的各种解散事由。实践过程中，公司章程中特别约定的解散事由有：公司在一定期间内亏损严重并达到预定的金额且未来实现盈利的可能性不大；无法继续开展公司的主营业务；公司设立时既定的营业任务或项目已经完全得到完成等。

（3）股东会或股东大会决议解散。根据《公司法》的规定，尽管公司处于章程规定的营业期间内，也未出现公司章程规定的公司解散的其他事由，但有限责任公司经持有 2/3 以上表决权的股东通过，或股份有限公司经出席股东大会的股东所持表决权的 2/3 通过，均有权随时作出解散公司的决议。

（4）因公司合并或者分立需要解散。公司因合并或者分立而解散公司的事由包括：当公司吸收合并时，吸收方存续，被吸收公司解散；当公司新设合并时，合并各方均解散；当公司分立时，如果原公司存续，则不存在解散问题，如果原公司分立后不再存在，则原公司应解散。

2. 强制解散。强制解散是指因政府有关机关的决定或法院判决而发生的解散。

（1）主管机关决定。公司的主管机关作出解散公司的决定。如国有独资公司由国家授权投资的机构或者国家授权的部门作出解散的决定，该国有独资公司应立即解散。

（2）行政解散。我国《公司法》规定，公司违反法律、行政法规被依法责令关闭的，应当解散。这种解散属于行政处罚方式，在不同的法规、规章中，解散、撤销、吊销、责令停产停业、责令关闭一般均属于行政解散。公司因违反工商行政管理的相关规定，而被工商机关吊销营业执照。吊销营业执照的原因有：虚报注册资本，或提交虚假材料或者采取其他欺诈手段隐瞒重要事实，从而取得公司登记，情节严重的；公司成立后无正当理由超过 6 个月未开始营业的，或开业后又自行停止营业连续 6 个月以上的；等等。

（3）司法解散。《公司法》第 182 条规定，公司经营管理发生严重困难，继续存续会使股东利益受到重大损失，通过其他途径不能解决的，持有公司全部股东表决权 10% 以上的股东，可以请求人民法院解散公司。这里赋予股东对公司的请求解散权。最高人民法院《司法解释（二）》对股东请求解散作了更加具体的规定。股东申请解散公司的理由包括：①公司持续 2 年以上无法召开股东会或者股东大会，公司经营管理发生严重困难的；②股东表决时无法达到法定或者公司章程规定的比例，持续 2 年以上不能作出有效的股东会或者股东大会决议，公司经营管理发生严重困难的；③公司董事长期冲突，且无法通过股东会或者股东大会解决，公司经营管理发生严重困难的；④经营管理发生其他严重困难，公司继续存续会使股东利益受到重大损失的情形。但公司股东以知情权、利润分配请求权等权益受到损害，或者公司亏损、财产不足以偿还全部债务，以及公司被吊销企业法人营业执照未进行清算等为由，提起解散公司诉讼的，人民法院不予受理。

根据上述司法解释的规定，持有公司表决权 10% 以上股东的计算方法为：持有公司全部股东表决权 10% 以上的股东，该持有可分为单独持有或者合计持有，即只要持有的股东表决权超过公司全部股东表决权 10% 以上即可。

关于股东请求解散公司的被告。股东提起解散公司诉讼应当以公司为被告。原告以其他股东为被告一并提起诉讼的，人民法院将会告知原告将其他股东变更为第三人；原告坚持不予变更的，人民法院将驳回原告对其他股东的起诉。原告提起解散公司诉讼应当告知其他股东，或者由人民法院通知其参加诉讼。其他股东或者有利害关系的人申请以共同原告或者第三人身份参加诉讼的，人民法院应予准许。

关于司法解散的法院管辖。解散公司诉讼案件由公司住所地的人民法院管辖。公司住所地是指公司主要办事机构所在地。公司办事机构所在地不明确的，由其注册地人民法院管辖。基层人民法院管辖县、县级市或者区的公司登记机关核准登记公司的解散诉讼案件；中级人民法院管辖地区、地级市以上的公司登记机关核准登记公司的解散诉讼案件。

（二）公司解散的法律后果

1. 不需要清算的公司解散的法律后果。公司因合并或分立而解散，并不需要进行解散清算。此种情形下产生的法律后果是：老公司或被吸收合并的公司在解散注销的同时，新公司成立；被解散公司的营业活动将转移到新公司或存续公司。被解散注销公司的股东可以选择是否在新公司或存续公司中持有股东权益。

2. 需要清算的公司解散的法律后果。除公司合并或分立以外，因其他事由而发生的解散均需要进入公司清算程序，其法律后果为：①进入清算程序，成立清算组织。成立清算组织后，清算组对内将接管公司财产和管理公司事务，对外将代表公司实施行为。②限制权利能力，停止营业活动。公司宣告解散后，其权利能力即受到法律的特别限制，这种限制特指解散公司的权利能力仅局限于清算范围之内，除为实现清算目的，由清算组代表公司处理未了解的业务外，公司不得开展新的经营活动。

二、公司的清算

公司清算是指公司解散或被宣告破产后，依照一定程序了结公司事务，收回债权、清偿债务并且分配财产，最终使公司终止消灭的程序。

（一）成立清算组

1. 清算组的产生。

（1）自愿解散的清算组产生方式。有限责任公司的清算组由股东组成，股份有限公司的清算组由董事或者股东大会确定的人员组成。

（2）强制解散的清算组产生方式。主要有：①公司被工商行政管理机关依法吊销营业执照或撤销登记的，由工商行政管理部门成立清算组。②公司被上级主管机关依法责令关闭的，由作出责令关闭行政处罚决定的部门成立清算组。

（3）人民法院指定。解散的公司超过 15 日不成立清算组的，债权人可以申请人民法院指定有关人员组成清算组，人民法院应当受理该申请，并及时指定人员组成清算组。清算组成员可以从下列人员或者机构中产生：①公司股东、董事、监事、高级管理人员；

②依法设立的律师事务所、会计师事务所、破产清算事务所等社会中介机构；③依法设立的律师事务所、会计师事务所、破产清算事务所等社会中介机构中具备相关专业知识并取得执业资格的人员。

2. 清算组的职权。根据《公司法》第 184 条的规定，清算组在清算期间行使下列职权：①清理公司财产，分别编制资产负债表和财产清单；②通知、公告债权人；③处理与清算有关的公司未了结的业务；④清缴所欠税款以及清算过程中产生的税款；⑤清理债权、债务；⑥处理公司清偿债务后的剩余财产；⑦代表公司参与民事诉讼活动。

清算组成员应当忠于职守，依法履行清算义务，不得利用职权收受贿赂或者其他非法收入，不得侵占公司财产。

3. 清算组的备案。《公司登记管理条例》第 41 条规定，公司解散，依法应当清算的，清算组应当自成立之日起 10 日内将清算组成员、清算组负责人名单向公司登记机关备案。

（二）通知和公告债权人

1. 通知或公告的时限和方式。清算组应当自成立之日起 10 日内将公司解散清算事宜书面通知全体已知债权人，并于 60 日内根据公司规模和营业地域范围在全国或者公司注册登记地的省级有影响力的报纸上进行公告。

2. 未通知或公告的法律后果。清算组未按照前款规定履行通知和公告义务，导致债权人未及时申报债权而未获清偿的，债权人有权主张清算组成员对因此造成的损失承担赔偿责任并提起诉讼。

（三）债权申报及债权登记

1. 债权申报。债权人在收到书面通知之日起 30 日内，未收到通知书的自第一次公告刊载于报纸之日起 45 日内，向清算组申报其债权。债权人申报债权时，应当说明债权的有关事项并提供证明材料。债权人申报债权应当以书面方式进行，其内容及附件清单应符合债权通知和公告的要求。

2. 债权登记。清算组在收到债权人申报债权的同时，审查债权人所提交的债权证明材料，对符合要求的，应对债权进行登记；对不符合要求或不能证明对公司享有债权的，应说明理由，不予以登记。

公司清算时，债权人对清算组核定的债权有异议的，可以要求清算组重新核定。清算组不予重新核定，或者债权人对重新核定的债权仍有异议的，债权人有权以公司为被告向人民法院提起诉讼请求确认。

3. 债权补充申报。根据最高人民法院《司法解释（二）》的规定：

（1）债权人在规定的期限内未申报债权，在公司清算程序终结前补充申报的，清算组应予登记。公司清算程序终结是指清算报告经股东会、股东大会或者人民法院确认完毕。

（2）债权人补充申报的债权，可以在公司尚未分配的财产中依法清偿。公司尚未分配的财产不能全额清偿的，债权人有权主张股东以其在剩余财产分配中已经取得的财产予以清偿，人民法院应予支持；但债权人因重大过错未在规定期限内申报债权的除外。

（3）债权人或者清算组，以公司尚未分配的财产和股东在剩余财产分配中已经取得的财产，不能全额清偿补充申报的债权为由，向人民法院提出破产清算申请的，人民法院不予受理。

（四）清理公司资产和处理债权、债务

清算组自成立之日起即应开始对公司财产进行清理、核对和登记，如果公司资产规模较大或资产构成情况较为复杂，或者公司的债权、债务较为复杂，则清算组可以聘请律师进行相应的法律尽职调查，聘请会计师对公司财务进行审计，聘请评估师对公司财产进行资产评估。清算组在清理公司财产、编制资产负债表和财产清单后，应当制订清算方案，并报股东会、股东大会或者人民法院确认。

清算组在清理公司财产、编制资产负债表和财产清单以后，如果发现公司财产不足以清偿债务的，应当立即向人民法院申请宣告破产。

（五）清偿债务、分配财产

公司财产能够清偿公司债务的，清算组应按照如下顺序清偿债务及分配财产：

1. 支付清算费用。

2. 支付职工工资、社会保险费用和法定补偿金。

3. 缴纳所欠税款。

4. 清偿债务。

5. 向股东分配。有限责任公司按照股东的出资比例分配，股份有限公司按照股东持有的股份比例分配。

在清理公司债务时，应注意是否存在享有抵押、质押、留置等担保物权的债务，如存在，该等债务应当优先得到清偿。

（六）清算终结

公司清算结束后，清算组应当制作清算报告，报股东会、股东大会或者人民法院确认；并报公司登记机关，申请注销登记。

结 论

公司清算程序涉及的不仅仅是股东剩余财产分配请求权实现的问题，更重要的是对公司内部与外部法律关系的一个清理。公司存续期间势必与多方利益主体进行商业往来，如果公司不经清算即注销，则会导致公司制度成为某些人滥用权利的工具，致使整个市场秩序陷入波动当中，阻碍经济发展。因此，《公司法》对公司解散清算进行了较为详细的规范。学习过程中，应当将公司解散清算与破产清算进行区分。虽然二者都被称为清算，但是程序的发动条件以及具体法律适用程序上还是有着较为明显的差别，应当对比掌握。

第二编　我国公司形式

第十四章　有限责任公司

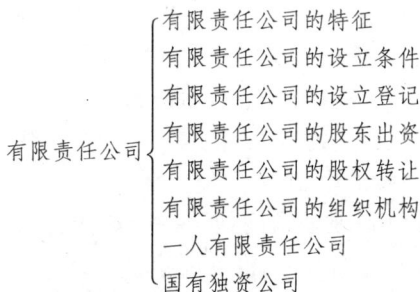

📖 **本章重点内容讲解**

有限责任公司是指由法律规定的一定人数的股东所组成，股东以其认缴的出资额为限对公司承担责任，公司以其全部资产对其债务承担责任的企业法人。有限责任公司由50个以下股东出资设立。股东对公司债务承担有限责任。本章重点理解有限责任公司的特征、设立条件、股东股权转让的情形及条件、有限责任公司的组织机构及运作方式，以及法律规定的特殊有限责任公司的形式。

一、有限责任公司的特征

有限责任公司（亦称有限公司）是指由法律规定的一定人数的股东所组成，股东以其认缴的出资额为限对公司承担责任，公司以其全部资产对其债务承担责任的企业法人。有限责任公司具有以下特征：

1. 股东人数有法定限制。有限责任公司由50个以下股东出资设立。《公司法》取消了以前的最低人数限制，只有最高人数限制，因为有限责任公司具有的人合性使其股东人数不可能太多。《公司法》第24条规定："有限责任公司由50个以下股东出资设立。"各国公司法对有限责任公司股东作出最高人数限制，是由有限公司的封闭性决定的。有限公司的封闭性要求其要由相对稳定、相互信任的若干股东组成，这就决定了其股东人数不可能太多，有必要作出上限的规定。股东人数的限制虽然在某种程度上制约了公司的发展规模，但有利于股东参与公司的经营管理。

2. 股东对公司债务承担有限责任。有限责任公司的股东，只以其认购的出资额为限对公司负责，对超过其出资额范围的公司债务不承担责任，即有限责任公司的股东对公司债务所负的责任，仅以其认缴的出资额为限，除此之外，股东对公司及公司债权人不负任何财产责任，公司的债权人也不得直接向股东主张债权或请求赔偿。这是有限责任公司与无限公司的主要区别点。

3. 公司资本的封闭性。有限责任公司设立时，其全部注册资本只能由发起人即股东认购，不能向社会募集，不能发行股票。公司发给股东的出资证明书不能在证券市场上自由流通转让。由于有限责任公司不向社会募集股份，其财务会计资料也无需向社会公开，但其股权的外部转让有一定的限制。

4. 公司设立程序相对股份有限公司简便。有限责任公司与股份有限公司不同，只有发起设立方式，而没有募集设立方式。2013年《公司法》取消了金融类公司以外的公司最低注册资本限额的限制，取消了股东首次出资比例和出资期限的规定，只需要股东认足公司注册资本，无需验资，公司即可成立。而对于组织机构，一人有限责任公司和国有独资公司，由于其股东具有唯一性，所以不成立股东会；对于股东人数少和规模小的有限责任公司，也无需成立董事会、监事会，经理也为其任设机构。在股份有限公司中，股东大会、董事会、监事会和经理都是必须设立的机构，比较起来，有限责任公司的组织机构更具灵活性。

5. 公司具有人合性。凡在公司的内外关系中，注重股东的人品，交易相对人以及债权人等将是否信赖公司的重点放在股东是谁以及股东之间的关系这种人的因素上的公司就是人合公司。反之，将是否信赖公司的重点放在公司有多少财产这种物的因素上的公司就是资合公司。有限责任公司相对于股份有限公司来说，股东人数少，公司的信用很大程度上取决于公司的财产，但也离不开对于股东的信赖与否。有限责任公司人合性的特点表现在：股东人数有一定限制；公司的资本只能由全体股东认缴，不得向社会公开募集；股东的出资证明书不得自由流通转让；股东的出资转让须取得其他股东的同意，其他股东有优先购买权；有限责任公司的经营事项和财务账目无需向社会公开。

二、有限责任公司的设立条件

《公司法》第23条规定："设立有限责任公司，应当具备下列条件：①股东符合法定人数；②有符合公司章程规定的全体股东认缴的出资额；③股东共同制定公司章程；④有公司名称，建立符合有限责任公司要求的组织机构；⑤有公司住所。"

（一）股东符合法定人数

股东人数依法应为50人以下，股东可以是自然人，也可以是法人或国资部门。有限责任公司的特点之一就是具有一定的人合性，有限责任公司在对外承担债务时主要具有"资合"的性质，但在内部合作关系上则主要具有"人合"的性质。股东往往是基于相互之间的人身信任关系才共同设立公司的，而且股东通过参加董事会等机构或以其他方式直接参与企业的经营管理，必须充分体现、发展股东之间的相互信任与合作关系，因此股东人数不能过多。股东过多会导致沟通交流不畅，对公司的经营管理不利。公司的股东可以是法人、自然人，也可以是国家。但法人、自然人作为公司股东应具备法律要求的资格，不为法律所禁止。

（二）有符合公司章程规定的全体股东认缴的出资额

法律、行政法规对有限责任公司注册资本实缴及最低限额另有规定的，从其规定。设立公司必须有股东认缴的出资。2013年修订前的《公司法》对股东的出资采取注册资本最低限额制度，规定除法律、行政法规另有规定外，有限责任公司的最低注册资本为3万元、一人有限责任公司的最低注册资本为10万元、股份有限公司的最低注册资本为500万元的限制；规定公司设立时股东（发起人）的首次出资比例和缴足出资的期限。为了更好地鼓励人们投资，降低市场准入门槛，便利设立公司，2013年《公司法》对这一制度进行了修订，除法律、行政法规以及国务院决定对特定行业的注册资本最低限额另有规定的以外，取消了设立普通公司的注册资本最低限额，公司设立时股东认缴的出资额由公司章程规定。实行由公司股东（发起人）自主约定认缴出资额、出资方式、出资期限等，并对缴纳出资情况的真实性、合法性负责的制度。

出资方式要符合法律规定。《公司法》第27条规定："股东可以用货币出资，也可以用实物、知识产权、土地使用权等可以用货币估价并可以依法转让的非货币财产作价出资；但是，法律、行政法规规定不得作为出资的财产除外。对作为出资的非货币财产应当评估作价，核实财产，不得高估或者低估作价。法律、行政法规对评估作价有规定的，从其规定。"

依照上述规定，股东可以用货币出资，也可以用实物、知识产权、土地使用权等可以用货币估价并可以依法转让的非货币财产作价出资；但是，法律、行政法规规定不得作为出资的财产除外。《公司登记管理条例》第 14 条规定："股东的出资方式应当符合《公司法》第 27 条的规定，但股东不得以劳务、信用、自然人姓名、商誉、特许经营权或者设定担保的财产等作价出资。"

（三）股东共同制定公司章程

章程是记载公司组织、活动基本准则的法律文件。在大陆法系国家，公司章程一般表现为一份统一的独立文件。而在英美法系国家，公司章程往往由章程大纲和章程细则两份文件组成。有限责任公司的股东人数较少，均属于公司发起人，具备共同制定的条件，故应以共同制定的形式一致通过章程。由股东共同参加制定公司章程或由部分股东起草章程草案、全体股东审查后签署通过，均属于制定公司章程的合法程序。

根据《公司法》第 25 条的规定，有限责任公司的章程应当载明下列事项：

1. 公司名称和住所。

2. 公司经营范围。经营范围是指国家允许企业生产和经营的商品类别、品种及服务项目，在英美法上被称为公司目的。根据传统公司法理论，经营范围限定公司的权利能力，公司只能在登记的经营范围之内从事经营活动，超越经营范围的行为无效。但在实践中，这一理论不能发挥保护投资者、确保交易安全等作用。我国《公司法》虽然仍保留对公司经营范围的强制性登记，但在实践中已经改变对其效力的认定。《最高人民法院关于适用〈中华人民共和国合同法〉若干问题的解释（一）》规定，为维护交易秩序，保护合同对方当事人的正当权益，对当事人超越经营范围订立合同的，人民法院不因此认定合同无效，但违反国家限制经营、特许经营以及法律、行政法规禁止经营规定的除外。

3. 公司注册资本。《公司法》第 26 条规定："有限责任公司的注册资本为在公司登记机关登记的全体股东认缴的出资额。法律、行政法规以及国务院决定对有限责任公司注册资本实缴、注册资本最低限额另有规定的，从其规定。"公司实收资本不再作为工商登记事项。

4. 股东的姓名或者名称。

5. 股东的出资方式、出资额和出资时间。股东应当按期足额缴纳公司章程中规定的各自所认缴的出资额。股东以货币出资的，应当将货币出资足额存入有限责任公司在银行开设的账户；以非货币财产出资的，应当依法办理其财产权的转移手续。

股东不按照法律规定缴纳出资的，除应当向公司足额缴纳外，还应当向已按期足额缴纳出资的股东承担违约责任。

有限责任公司成立后，发现作为设立公司出资的非货币财产的实际价额显著低于公司章程所定价额的，应当由交付该出资的股东补足其差额；公司设立时的其他股东承担连带责任。在公司成立时，如果出资的非货币财产价额显著低于章程所定价额时，发起人应对不足的差额部分承担连带填补责任。履行差额填补责任的发起人可向出资不实的股东行使追偿权。

6. 公司的机构及其产生办法、职权、议事规则。

7. 公司法定代表人。

8. 股东会会议认为需要规定的其他事项。

（四）有公司名称，建立符合有限责任公司要求的组织机构

根据我国《公司登记管理条例》的规定，一些公司名称需要预先核准：法律、行政法规或者国务院决定规定设立公司必须报经批准，或者公司经营范围中属于法律、行政法规或者国务院决定规定在登记前须经批准的项目的，应当在报送批准前办理公司名称预先核准，并以公司登记机关核准的公司名称报送批准。

设立有限责任公司，应当由全体股东指定的代表或者共同委托的代理人向公司登记机关申请名称预先核准；设立股份有限公司，应当由全体发起人指定的代表或者共同委托的代理人向公司登记机关申请名称预先核准。预先核准的公司名称保留期为6个月。预先核准的公司名称在保留期内，不得用于从事经营活动，不得转让。

申请名称预先核准，应当提交的文件有：有限责任公司的全体股东或者股份有限公司的全体发起人签署的公司名称预先核准申请书；全体股东或者发起人指定的代表或者共同委托的代理人的证明；国家工商行政管理总局规定要求提交的其他文件。

（五）有公司住所

《公司法》第 10 条规定："公司以其主要办事机构所在地为住所。"规模较小的有限责任公司，可以租赁一两间房屋作为办公、经营场所。这种情况，可以视为有固定的场所。有限责任公司的住所和生产经营场所，可以在不同的地方，也可以重合，在同一地点。比如，某公司的住所在 A 处，所属生产厂在 B 处，也可能住所和生产厂都在 A 处或者 B 处。

三、申请设立登记

股东认足公司章程规定的出资后，由全体股东指定的代表或者共同委托的代理人向公司登记机关报送公司登记申请书、公司章程等文件，申请设立登记。

设立有限责任公司，应当由全体股东指定的代表或者共同委托的代理人向公司登记机关申请设立登记。设立国有独资公司，应当由国务院或者地方人民政府授权的本级人民政府国有资产监督管理机构作为申请人，申请设立登记。法律、行政法规或者国务院决定规定设立有限责任公司必须报经批准的，应当自批准之日起 90 日内向公司登记机关申请设立登记；逾期申请设立登记的，申请人应当报批准机关确认原批准文件的效力或者另行报批。

申请设立有限责任公司，应当向公司登记机关提交下列文件：公司法定代表人签署的设立登记申请书；全体股东指定的代表或者共同委托的代理人的证明；公司章程；股东的主体资格证明或者自然人身份证明；载明公司董事、监事、经理的姓名、住所的文件以及有关委派、选举或者聘用的证明；公司法定代表人的任职文件和身份证明；企业名称预先核准通知书；公司住所证明；国家工商行政管理总局规定要求提交的其他文件。法律、行政法规或者国务院决定规定设立有限责任公司必须报经批准的，还应当提交有关批准文件。

四、有限责任公司股东的出资

（一）出资的概念和意义

股东出资是指股东以货币、实物等财产向公司转移财产权的行为。出资是永久性行为，股东出资以后，产权归公司，在公司终止之前，不能收回出资。股东的出资，是公司最原始的财产。股东的出资，是公司财产的基础，而公司财产则是公司对其债权人的一般担保。在股东出资的基础上，公司的财产可能增加，也可能减少。股东出资，使公司有了物质基础，有了营运资金，有了交易的本钱，有了信用。目前，股东出资已从实缴制改为认缴制。

（二）股东出资的方式

出资的构成是指股东出资的方式。《公司法》第27条规定，股东可以用货币出资，也可以用实物、知识产权、土地使用权等可以用货币估价并可以依法转让的非货币财产作价出资；但是，法律、行政法规规定不得作为出资的财产除外。对作为出资的非货币财产应当评估作价，核实财产，不得高估或者低估作价。法律、行政法规对评估作价有规定的，从其规定。《公司法》第82条就股份有限公司发起人的出资规定，发起人的出资方式，适用该法第27条的规定。

1. 以货币出资。以货币出资是指股东以人民币或者法定外币出资。外商投资企业的股东也可以以外币出资。货币作为商品的一般等价物，是最重要的出资形式。

2. 以实物作价出资。

（1）实物的范围。实物有不动产和动产。不动产有房屋和林木等。这里所说的作为不动产的实物，主要是指房屋。不动产经济价值高、耐用期限长，具有保值性、增值性、不可移动性和不可隐藏性等特点，用其作为出资，是比较理想的。不动产一般要由专业机构评估作价。动产的范围比较广泛，如机器、设备、原材料、办公用品等。动产与不动产一样，也要合理评估作价。评估作价一般有两种方式：一是发起人协商评估作价；二是发起人聘请第三人（专业评估机构）评估作价。

（2）对实物出资的要求。股东以实物出资，应当符合下列要求：

第一，实物为公司生产、经营所需。如果实物不为公司生产、经营所需，公司只能将其闲置或者转让给他人，闲置是一种浪费，转让则可能导致价金达不到折价出资的数额，使公司受到损失。在实践中，有些实物虽不能直接用于公司的生产经营，但变现后能给公司带来利益的，应当允许作价出资。

第二，股东对实物享有所有权。如果股东对实物没有所有权，而以该实物出资，则会被所有权人追夺。实践中，有的当事人以他人的房屋作价出资，被法院判定侵权，确定出资无效。因此，这个道理是显而易见的。但股东对实物享有所有权，不应是一个绝对化的标准。若股东以他人的实物出资，所有权人予以追认的，出资就是有效的。在买卖活动中，我国适用善意取得制度。笔者认为，在对公司的出资中，也应当适用善意取得制度。

第三，股东出资的实物不得设有权利负担。实物有权利负担是指实物负载着他人的权利，主要是指实物上设置了担保物权。比如，实物抵押给他人，负载着抵押权人的抵押权的，担保物权人就标的物有优先受偿权。若股东以设置担保物权的实物出资，公司尽管可以取得实物的所有权，但是，一旦被担保的债务人届时不向债权人清偿债务，担保物权人基于担保物权的追及性，有权对担保的标的物变价，并优先受偿，这就势必危及公司财产的完整性，危及债权人的利益，也会危及公司股东的利益。因此，原则上不能允许有权利负担的实物作价出资。但股东对出资提供了担保的，则应当允许作价出资。此外，已经出租给他人的实物，也属于实物负载他人权利的一种情况。比如，某股东以一套房屋出资，该房屋已经出租给他人，租期为 5 年。原则上，这种出资不能禁止，因为这种情况不会危害公司的利益。但在作价上，出租物和非出租物应当有所区别，已经出租的标的物的作价要低一些。出租房屋作价出资后要变更到公司的名下，但是不能击破原租赁关系，应由公司作为出租人。

3. 以知识产权作价出资。知识产权包括工业产权和著作权。

（1）以工业产权作价出资。工业产权包括专利权和商标专用权，广义的工业产权还包括技术秘密，即非专利技术。

第一，以专利权作价出资。发明创造的专利权有发明专利权、实用新型专利权和外观设计专利权。发明是指对产品、方法或者其改进提出的新的技术方案。发明有产品发明、方法发明和改进发明。实用新型是指对产品的形状、构造或者其结合提出的适于实用的新的技术方案。实用新型是关于产品的技术方案，只能适用于产品，不能适用于方法。外观设计是指对产品的形状、图案、色彩或者其结合所作出的富有美感的并适用于在工业上应用的新设计，这种美感是作用于视觉的。外观设计还要能批量性地复制，这是它区别于雕塑等特定物的标志。雕塑不能取得外观设计专利权，但可以有著作权。

专利权的价值与专利权存续的时间有关系。发明专利权的期限为 20 年，实用新型专利权和外观设计专利权的期限为 10 年，均自专利申请日起计算。超过规定的时间，专利权就成了公知公用的技术，演变成社会的公共财富，任何人均可使用，所以就不能作为公司的出资了。如果专利权被专利权人以书面形式予以放弃，同样也就不能作为对公司的出资。宣告无效的专利视为自始不存在，将专利作价出资的股东在专利被确认无效后，应当以其他财产重新出资。

第二，以注册商标专用权作价出资。经商标局核准注册的商标为注册商标，包括商品商标、服务商标和集体商标、证明商标。所谓集体商标，是指以团体、协会或者其他组织的名义注册，供该组织成员在商事活动中使用，以表明使用者在该组织中的成员资格的标志。所谓证明商标，是指由对某种商品或者服务具有监督能力的组织所控制，而由该组织以外的单位或者个人使用于其商品或者服务，用以证明该商品或者服务的原产地、原料、制造方法、质量或者其他特定品质的标志。

第三，以技术秘密作价出资。这里所说的技术秘密，是指专用（专有）技术。以专利技术、技术秘密作价出资与技术转让是有区别的。以专利技术或技术秘密作价出资，是一种入股行为，出资人在公司成立后获得股权，成为公司股东；而技术转让的本质是技术权属的买卖行为，出卖人从公司获得价款，不能成为公司的股东。

（2）以著作权作价出资。著作权是当事人对作品的权利，当事人对作品的财产权利，可以作价作为对公司的出资。比如，某人对某一软件享有著作权，可以作价出资。著作权也有时间的限制，一般是作者死后 50 年。如果是作者的继承人将作品的著作权作价出资，其他股东就要注意著作权的期限。

4. 以土地使用权作价出资。按照《宪法》和《土地管理法》的规定，土地所有权属于国家、农民集体。土地所有权在民事主体之间禁止流通，因此土地所有权不能用于股东出资。但土地使用权可以作价出资。土地使用权的评估作价，应依照法律、行政法规的规定办理。土地使用权作价出资后，应当办理使用权转移手续，使公司拥有合法的土地使用权。

《司法解释（三）》第 8 条规定："出资人以划拨土地使用权出资，或者以设定权利负担的土地使用权出资，公司、其他股东或者公司债权人主张认定出资人未履行出资义务的，人民法院应当责令当事人在指定的合理期间内办理土地变更手续或者解除权利负担；逾期未办理或者未解除的，人民法院应当认定出资人未依法全面履行出资义务。"

（1）以划拨方式取得的土地使用权对公司出资。对国家土地使用权的取得有两种方式：一种是出让方式，另一种是划拨方式。出让方式是有偿取得，划拨方式是无偿取得。以划拨方式取得的土地使用权，其流转受到比较严格的限制。例如，某甲用通过划拨方式取得的一幅土地对公司出资，应当办理相应的手续，并向国家交付相当的费用。

（2）以设定权利负担的土地使用权对公司出资。土地使用权可能设定权利负担。例如，某甲有一幅土地的使用权，但是对银行作了抵押，办理了抵押权登记。其用该幅土地对公司出资时，公司可能"竹篮打水一场空"，即某甲对公司出资后，如不向银行归还贷款，银行可通过法院拍卖该幅土地的使用权，并就价款而优先受偿，这就等于公司没有得到出资的财产。又如，某甲以出让的方式得到了一幅土地的使用权，后向银行借款 2000 万元而将该土地的使用权抵押给银行，之后又作价 3000 万元对 A 公司出资。后来 A 公司欠 B 公司 3000 万元货款无力清偿，B 公司发现某甲到期未向银行归还贷款，银行已经将该幅土地拍卖，拍卖款为 3000 万元。清偿银行本息及支付拍卖费用后，剩余的 400 万元归还给了 A 公司。此时，应当认为某甲所负担的 3000 万元的出资义务只履行了400 万元。

5. 以对其他公司的股权作价出资。股权是一种财产，可以作价对公司出资。例如，某甲以对 A 公司的股权作价 100 万元对 B 公司出资。用对其他公司的股权出资，应当符合下列条件：①出资的股权由出资人合法持有并依法可以转让。例如，股份有限公司发起人的股份在公司成立 1 年内不得转让，因此在公司成立 1 年内不得用以出资。②出资的股权无权利瑕疵或者权利负担。例如，已经质押给他人的股权就不适宜出资。③出资人已履行关于股权转让的法定手续。例如，某甲以对 A 公司 100 万元的股权对 B 公司出资，应当把股权转让给 B 公司，并办理股权转让的工商登记。④对用以出资的股权应当依法进行价值评估。例如，某甲以 100 万元对 A 公司货币出资，获得了对 A 公司的股权，当某甲以对 A 公司的股权对 B

公司出资的时候，该股权的价值可能是 100 万元，也可能低于 100 万元，还可能高于 100 万元。这与 A 公司的经营状况有关。

6. 以其他财产作价出资。《公司登记管理条例》第 14 条规定，股东不得以劳务、信用、自然人姓名、商誉、特许经营权或者设定担保的财产等作价出资。除此之外，其他财产能否作价出资，要具体分析。

（三）有限责任公司的股权证明

出资证明书是表现有限责任公司股东地位或者股东权益的一种要式证书。有限责任公司不同于股份有限公司，其全部资本并不分为等额股份，但是，有限责任公司的股东也有自己的出资额。在有限责任公司中记载股东出资的法律文书就是出资证明书，有的学者也主张称其为"股单"。有限责任公司成立后，应当向股东签发出资证明书。《公司法》规定，有限责任公司成立后，应当向股东签发出资证明书。出资证明书应当载明下列事项：公司名称；公司成立日期；公司注册资本；股东的姓名或者名称，缴纳的出资额和出资日期；出资证明书的编号和核发日期。出资证明书由公司盖章。只有公司盖章以后，出资证明书才产生法律效力。

（四）股东名册

股东名册是指由公司置备的，记载股东个人信息和股权信息的法定簿册。股权转让多是在公司之外的广大投资者中间进行的，公司无法确切地知道其在某个时间点上的真实股东是谁。尽管如此，公司仍然需要确定股东名单，因为公司必须向股东发放股息、派发新股或者通知召开股东大会。于是，作为静态的把握股东的方法，股东名册这种技术性的制度应运而生。

《公司法》规定，有限责任公司应当置备股东名册，记载下列事项：股东的姓名或者名称及住所；股东的出资额；出资证明书编号。记载于股东名册的股东，可以依股东名册主张行使股东权利。

公司应当将股东的姓名或者名称向公司登记机关登记；登记事项发生变更的，应当办理变更登记。未经登记或者变更登记的，不得对抗第三人。

（五）公司成立后股东抽逃出资的表现及责任

1. 公司成立后股东抽逃出资的表现：①将出资款项转入公司账户验资后又转出；②通过虚构债权债务关系将其出资转出；③制作虚假的财务会计报表虚增利润进行分配；④利用关联交易将出资

转出；⑤其他未经法定程序将出资抽回的行为。

2. 请求主体及责任主体。

（1）请求股东承担抽逃责任的主体。公司成立后有权请求股东承担抽逃责任的主体包括公司、股东和公司债权人三类。公司、股东和公司债权人请求抽逃出资的股东承担责任，是请求其向公司返还财产本息。

（2）承担抽逃出资责任的主体。《司法解释（三）》第 14 条规定："股东抽逃出资，公司或者其他股东请求其向公司返还出资本息、协助抽逃出资的其他股东、董事、高级管理人员或者实际控制人对此承担连带责任的，人民法院应予支持。公司债权人请求抽逃出资的股东在抽逃出资本息范围内对公司债务不能清偿的部分承担补充赔偿责任、协助抽逃出资的其他股东、董事、高级管理人员或者实际控制人对此承担连带责任的，人民法院应予支持；抽逃出资的股东已经承担上述责任，其他债权人提出相同请求的，人民法院不予支持。"

承担抽逃出资责任的主体首先是抽逃资金的股东；其次是协助抽逃出资的其他股东、董事、高级管理人员或者实际控制人。协助抽逃的人与抽逃出资的股东一起承担连带责任。

公司债权人请求抽逃出资的股东在抽逃出资本息范围内对公司债务不能清偿的部分承担补充赔偿责任，其他协助者对该补充赔偿责任也应当连带承担。例如，A 公司欠 B 公司货款 500 万元，A 公司无力全部支付，只归还了 100 万元。后发现 A 公司的股东某甲出资 600 万元，抽逃 300 万元，协助者是 A 公司的董事长李某。此种情况下，某甲对 A 公司的债权人 B 公司承担 300 万元的补充责任，对该 300 万元，董事长李某承担连带责任。

（3）抽逃出资的股东已经承担了返还出资本息的责任的，协助抽逃者就免除了连带责任。

（六）未履行出资义务的责任

《司法解释（三）》第 13 条第 1 款和第 2 款规定："股东未履行或者未全面履行出资义务，公司或者其他股东请求其向公司依法全面履行出资义务的，人民法院应予支持。公司债权人请求未履行或者未全面履行出资义务的股东在未出资本息范围内对公司债务不能清偿的部分承担补充赔偿责任的，人民法院应予支持；未履行或者未全面履行出资义务的股东已经承担上述责任，其他债权人提出相同请求的，人民法院不予支持。"第3款规定："股东在公司设立时未履行或者未全面履行出资义务，依照本条第1款或者第2款提起诉讼的原告，请求公司的发起人与被告股东承担连带责任的，人民法院应予支持；公司的发起人承担责任后，可以向被告股东追偿。"第4款规定："股东在公司增资时未履行或者未全面履行出资义务，依照本条第1款或者第2款提起诉讼的原告，请求未尽公司法第147条第1款规定的义务而使出资未缴足的董事、高级管理人员承担相应责任的，人民法院应予支持；董事、高级管理人员承担责任后，可以向被告股东追偿。"

1. 股东未履行或者未全面履行出资义务的，有权请求其向公司依法全面履行出资义务的是公司和股东这两类主体。

2. 公司债权人有权请求未履行或者未全面履行出资义务的股东在未出资本息范围内，对公司债务不能清偿的部分承担补充赔偿责任。例如，甲、乙、丙共出资900万元设立A公司，甲、乙、丙应各出资300万元，甲、乙已经履行了出资义务，丙未履行出资义务。A公司设立后与B公司发生业务往来，欠B公司700万元，A公司只能清偿600万元，余下的100万元，B公司有权请求丙清偿。丙在向B公司清偿后，C公司又向A公司主张债权，A公司无力清偿，丙此时已经没有300万元的责任，仅仅在尚未对A公司"出资"的本息（对B公司清偿后剩余的本息）范围内对C公司承担责任。

3. 当事人之间对是否已履行出资义务发生争议，原告提供对股东履行出资义务产生合理怀疑证据的，被告股东应当就其已履行出资义务承担举证责任。《司法解释（三）》第15条规定："出资人以符合法定条件的非货币财产出资后，因市场变化或者其他客观因素导致出资财产贬值，公司、其他股东或者公司债权人请求该出资人承担补足出资责任的，人民法院不予支持。但是，当事人另有约定的除外。"财产贬值是公司应该承担的结果，关键是"另有约定的除外"。

五、有限责任公司的股权转让

（一）概述

股权转让是指有限责任公司的股东依法律或公司章程的规定将自己的股权转让给他人的行为。股权转让是实现资本流通，保障资源优化配置，提高公司管理水平，维护和实现股东及相关利害关系人财产权益的重要方式。转让股权是股东的基本权利、固有权利。一般而言，各国或地区的公司法对公司内部的出资转让限制较松，对向非股东转让股权限制较严，一般要求股东向非股东转让股权须经股东会一定比例以上的股东同意。有限责任公司属于资合兼人合的公司，虽然无需以股东的信用作为公司的信用基础，但其成员有一定的封闭性，必须重视股东之间的相互合作关系。因此，有限责任公司的股权在股东之间转让可以不受限制，但股东对外转让股权要受到一定的法律限制，以免因公司股权结构变化或成员变化而影响公司的正常运营。

（二）分类

有限责任公司的股权转让分为：自愿的内部转让、有条件的对外转让、依强制执行程序转让、因公司收购而转让和依法继承而转让。

1. 自愿的内部转让。股东之间可以通过协商自愿相互转让部分或者全部股权，章程对股权转让另有规定的，从其规定。

2. 有条件的对外转让。有限责任公司的股东有权对外转让股权，但因有限责任公司的人合性，对外转让股权受到一定的限制，其内容如下：①有限责任公司的股东向股东以外的人转让股权的，必须首先书面通知其他股东征求意见，且经其他股东过半数同意。②其他股东自接到书面通知之日起 30 日内未答复，或者半数以上不同意转让的股东拒不购买该转让的股权的，均视为同意转让。③经股东同意转让的股权，其他股东在同等条件下有优先购买权；有多名股东主张购买的，首先自愿协商各自购买的比例，协商不成的，按转让时股东各自的出资比例行使优先购买权。④公司章程对股权转让另有规定的，从其规定

3. 依强制执行程序转让。法院依法可以通过强制执行程序转让股东的股权，但必须通知公司和全体股东；其他股东对该强制执行部分的股权有优先购买权，但在接到通知之日起满 20 日不购买的，即视为放弃。

4. 因公司收购而转让。股东会就下列事项表决时，投反对票的股东有权要求公司以合理价格收购其股权，自股东会作出决议之日起 60 日内股东不能与公司达成协议的，股东可以自股东会决议作出之日起的 90 日内提起诉讼：①公司在 5 年连续营利的情况下

符合分配利润的条件而不向股东分配股利的；②公司合并、分立、转让主要财产的；③公司章程规定的营业期限届满或章程规定的解散事由出现，股东会通过修改章程使公司继续存续的。

5. 依法继承而转让。自然人股东死亡后，除章程另有规定外，其合法继承人有权继承股东股权，因继承股东股权而发生股权转让。

因1、2、3、5四种情形转让股权的，应注销原股东的出资证明书并同时向新股东签发出资证明书，相应地修改章程和变更股东名册。

（三）股东优先购买权

股东优先购买权是指向公司股东以外的他人转让公司股权时，在同等条件下，其他股东对转让的股权享有优先购买的权利。

《公司法》第71条规定，股东向股东以外的人转让股权，应当经其他股东过半数同意。股东应就其股权转让事项书面通知其他股东征求同意，其他股东自接到书面通知之日起满30日未答复的，视为同意转让。其他股东半数以上不同意转让的，不同意的股东应当购买该转让的股权；不购买的，视为同意转让。经股东同意转让的股权，在同等条件下，其他股东有优先购买权。两个以上股东主张行使优先购买权的，协商确定各自的购买比例；协商不成的，按照转让时各自的出资比例行使优先购买权。这里的"经股东同意转让"也应当包括被视为同意转让的情形，即收到通知满30日未答复以及不同意转让也不购买的情形。据此，对转让给股东以外的其他股东的股权，无论对股权转让同意与否，均可以行使优先购买权。

六、有限责任公司的组织机构

公司组织机构是公司存在和运行的制度体现与保障，是公司形成法人组织的必要条件，也是公司实现有效治理的基础。根据公司治理所需的四种职能，公司组织机构一般设立以下四类机关：权力机关一般为股东会；决策机关一般为董事会；监督机关一般为监事会；执行机关为经理，是实际上对公司日常经营进行管理的公司机关。

（一）股东会

1. 性质。《公司法》第36条规定："有限责任公司股东会由全体股东组成。股东会是公司的权力机构，依照本法行使职权。"

2. 职权。股东会的职权包括：①决定公司的经营方针和投资计划；②选举和更换非由职工代表担任的董事、监事，决定有关董事、监事的报酬事项；③审议批准董事会的报告；④审议批准监事会或者监事的报告；⑤审议批准公司的年度财务预算方案、决算方案；⑥审议批准公司的利润分配方案和弥补亏损方案；⑦对公司增加或者减少注册资本作出决议；⑧对发行公司债券作出决议；⑨对公司合并、分立、解散、清算或者变更公司形式作出决议；⑩修改公司章程；⑪公司章程规定的其他职权。

在行使股东职权时，股东以书面形式一致表示同意的，可以不召开股东会会议，直接作出决定，并由全体股东在决定文件上签名、盖章。

3. 股东会会议。股东会会议分为首次股东会、定期股东会和临时股东会。首次股东会会议由出资最多的股东召集和主持，依照《公司法》的规定行使职权。定期会议应当依照公司章程的规定按时召开。《公司法》规定，有限责任公司设立董事会的，股东会会议由董事会召集，董事长主持；董事长不能履行职务或者不履行职务的，由副董事长主持；副董事长不能履行职务或者不履行职务的，由半数以上董事共同推举一名董事主持。

有限责任公司不设董事会的，股东会会议由执行董事召集和主持。

董事会或者执行董事不能履行或者不履行召集股东会会议职责的，由监事会或者不设监事会的公司的监事召集和主持；监事会或者监事不召集和主持的，代表 1/10 以上表决权的股东可以自行召集和主持。代表 1/10 以上表决权的股东，1/3 以上的董事，监事会或者不设监事会的公司的监事提议召开临时会议的，应当召开临时会议。有限责任公司的股东会的召集人和主持人为：①首次股东会由出资最多的股东召集并主持；②除首次股东会以外的其他股东会，包括定期的和不定期的，设董事会的均由董事会召集，主持人的安排顺序为：董事长主持→副董事长主持→半数以上董事推举的一名董事主持→监事会召集并主持→代表 1/10 以上表决权的股东自行召集并主持；③不设董事会和监事会的，召集并主持的顺序为：执行董事→监事→代表 1/10 以上表决权的股东自行召集并主持。

召开股东会会议，应当于会议召开 15 日前通知全体股东，但是公司章程另有规定或者全体股东另有约定的除外。股东会应当对所议事项的决定作成会议记录，出席会议的股东应当在会议记录上签名。

股东会会议由股东按照出资比例行使表决权，但是公司章程另有规定的除外。股东会的议事方式和表决程序，除《公司法》另有规定的以外，由公司章程规定。股东会的议事方式和表决程序由公司章程规定，法律另有规定的除外。这里除了特别决议事项外，对一般事项的表决权被法律授权给了公司章程规定，体现了有限责任公司的人合性和自治性。而法律明文规定股份有限公司对一般事项的表决是出席会议的股东所持表决权的过半数通过。

有限责任公司股东会对于某些特别重大事项作出决议的，必须经股东所持表决权的绝对多数通过，这里法律明文规定的特别重大事项包括：增减资本、分立、合并、解散、变更公司组织形式和修改章程六项，这六项是不能改变的，只能以法律规定的表决权的绝对多数作出决议。就这些内容作出决议必须由全体股东所持表决权的 2/3 以上通过。

股东会会议作出修改公司章程、增加或者减少注册资本的决议，以及公司合并、分立、解散或者变更公司形式的决议，必须经代表 2/3 以上表决权的股东通过。

有限责任公司的股东会作出决议，除了法定的一种情况（股东转让出资给第三人）按人数计票外，一般按照出资比例行使表决权，并且是以全体股东所持的表决权来作为基数计算。但是《公司法》规定，也可以由章程约定计票方式。而股份有限公司股东大会表决时，《公司法》第 104 条规定是以出席会议的股东所持的表决权作为基数计算。

（二）董事会

1. 性质与组成。有限责任公司的董事会是其决策机构。有限责任公司设董事会，其成员为 3 ~ 13 人；但是，股东人数较少或者规模较小的有限责任公司，可以设 1 名执行董事，不设董事会。执行董事可以兼任公司经理。

两个以上的国有企业或者两个以上的其他国有投资主体投资设立的有限责任公司，其董事会成员中应当有公司的职工代表；其他有限责任公司董事会成员中可以有公司的职工代表。董事会中的职工代表由公司职工通过职工代表大会、职工大会或者其他形式民主选举产生。

董事会设董事长一人，可以设副董事长。董事长、副董事长的产生办法由公司章程规定。董事任期由公司章程规定，但每届任期不得超过3年。董事任期届满，连选可以连任。董事任期届满未及时改选，或者董事在任期内辞职导致董事会成员低于法定人数的，在改选出的董事就任前，原董事仍应当依照法律、行政法规和公司章程的规定，履行董事职务。

2. 职权。董事会对股东会负责，行使下列职权：召集股东会会议，并向股东会报告工作；执行股东会的决议；决定公司的经营计划和投资方案；制订公司的年度财务预算方案、决算方案；制订公司的利润分配方案和弥补亏损方案；制订公司增加或者减少注册资本以及发行公司债券的方案；制订公司合并、分立、解散或者变更公司形式的方案；决定公司内部管理机构的设置；决定聘任或者解聘公司经理及其报酬事项，并根据经理的提名决定聘任或者解聘公司副经理、财务负责人及其报酬事项；制定公司的基本管理制度；公司章程规定的其他职权。

3. 董事会会议。董事会会议由董事长召集和主持；董事长不能履行职务或者不履行职务的，由副董事长召集和主持；副董事长不能履行职务或者不履行职务的，由半数以上董事共同推举一名董事召集和主持。

董事会的议事方式和表决程序，除法律另有规定外，由公司章程规定。

董事会应当对所议事项的决定作成会议记录，出席会议的董事应当在会议记录上签名。董事会决议的表决，实行一人一票。

（三）监事

1. 性质与组成。有限责任公司的监事会是依法产生的对董事和经理的经营管理行为及公司财务进行监督的常设机构。它代表全体股东对公司的经营管理进行监督，行使监督职能，是公司的监督机构。有限责任公司监事会对有限责任公司而言不是必设机构，人数少、规模小的有限责任公司可不设监事会，只设1~2名监事；但是设监事会的，其人数不得少于3人。

有限责任公司监事会的组成人员是股东代表和职工代表；职工代表由公司职工民主选举产生，且人数不得少于1/3。监事的任期每届为 3 年。监事任期届满，连选可以连任。监事任期届满未及时改选，或者监事在任期内辞职导致监事会成员低于法定人数的，在改选出的监事就任前，原监事仍应当依照法律、行政法规和公司章程的规定，履行监事职务。本公司的董事、高级管理人员不能兼任监事；其他公司的董事、经理和财务负责人可以兼任本公司的监事。监事会设主席 1 人，其产生方式为全体监事过半数选举产生，其职责是召集并主持监事会会议。

2. 职权。监事会、不设监事会的公司的监事行使下列职权：检查公司财务；对董事、高级管理人员执行公司职务的行为进行监督，对违反法律、行政法规、公司章程或者股东会决议的董事、高级管理人员提出罢免的建议；当董事、高级管理人员的行为损害公司的利益时，要求董事、高级管理人员予以纠正；提议召开临时股东会会议，在董事会不履行《公司法》规定的召集和主持股东会会议职责时，召集和主持股东会会议；向股东会会议提出提案；依照《公司法》第 151 条[1]的规定，对董事、高级管理人员提起诉讼；公司章程规定的其他职权。

监事可以列席董事会会议，并对董事会的决议事项提出质询或者建议。监事会、不设监事会的公司的监事发现公司经营情况异常的，可以进行调查；必要时，可以聘请会计师事务所等协助其工作，费用由公司承担。

3. 监事会会议。监事会分为定期会议和临时会议，定期会议每年召开一次，监事可随时提议召开临时会议。监事会决议应当经半数以上监事通过。

监事会每年度至少召开一次会议。监事会应当对所议事项的决定作成会议记录，出席会议的监事应当在会议记录上签名。

监事会的议事方式和表决程序，除法律有规定的以外，由公司

---

　　[1]　第 151 条：董事、高级管理人员有本法第 149 条规定的情形的，有限责任公司的股东、股份有限公司连续 180 日以上单独或者合计持有公司 1% 以上股份的股东，可以书面请求监事会或者不设监事会的有限责任公司的监事向人民法院提起诉讼；监事有本法第 149 条规定的情形的，前述股东可以书面请求董事会或者不设董事会的有限责任公司的执行董事向人民法院提起诉讼。监事会、不设监事会的有限责任公司的监事，或者董事会、执行董事收到前款规定的股东书面请求后拒绝提起诉讼，或者自收到请求之日起 30 日内未提起诉讼，或者情况紧急、不立即提起诉讼将会使公司利益受到难以弥补的损害的，前款规定的股东有权为了公司的利益以自己的名义直接向人民法院提起诉讼。他人侵犯公司合法权益，给公司造成损失的，本条第 1 款规定的股东可以依照前两款的规定向人民法院提起诉讼。第 149 条：董事、监事、高级管理人员执行公司职务时违反法律、行政法规或者公司章程的规定，给公司造成损失的，应当承担赔偿责任。

章程规定。

（四）经理

《公司法》第49条规定，有限责任公司可以设经理，从而改变了《公司法》原先关于有限责任公司应当设经理的强制性规定，赋予公司对这一事项的自主决定权。因此，经理并非有限责任公司的必设机关。

经理由董事会决定聘任或者解聘。经理对董事会负责，行使下列职权：主持公司的生产经营管理工作，组织实施董事会决议；组织实施公司年度经营计划和投资方案；拟订公司内部管理机构的设置方案；拟订公司的基本管理制度；制定公司的具体规章；提请聘任或者解聘公司副经理、财务负责人；决定聘任或者解聘除应由董事会决定聘任或者解聘以外的负责管理人员；董事会授予的其他职权。公司章程对经理职权另有规定的，从其规定。经理列席董事会会议。

七、一人有限责任公司

（一）一人有限责任公司的组织和运作

一人有限责任公司是指只有一个自然人股东或者一个法人股东的有限责任公司。一人有限责任公司应当在公司登记中注明自然人独资或者法人独资，并在公司营业执照中载明。一人有限责任公司的章程由股东制定。一人有限责任公司不设股东会。股东作出《公司法》第37条第1款[1]所列决定时，应当采用书面形式，并由股东签名后置备于公司。这是为了使股东的决定透明化、公开化，也是为了对一人有限责任公司股东进行监督，防止其滥用公司人格。

（二）一人有限责任公司与相关概念的区别

1. 一人有限责任公司与个人独资企业的区别。个人独资企业是由一个自然人投资，财产为投资人个人所有，投资人以其个人财产对企业债务承担无限责任的经营实体。一人有限责任公司与个人

[1] 第37条第1款规定，股东会行使下列职权：①决定公司的经营方针和投资计划；②选举和更换非由职工代表担任的董事、监事，决定有关董事、监事的报酬事项；③审议批准董事会的报告；④审议批准监事会或者监事的报告；⑤审议批准公司的年度财务预算方案、决算方案；⑥审议批准公司的利润分配方案和弥补亏损方案；⑦对公司增加或者减少注册资本作出决议；⑧对发行公司债券作出决议；⑨对公司合并、分立、解散、清算或者变更公司形式作出决议；⑩修改公司章程；⑪公司章程规定的其他职权。

独资企业的区别是：个人独资企业是一个自然人投资；一人有限责任公司的股东可以是自然人，也可以是法人。个人独资企业没有法人资格，投资人对债务承担无限责任；一人有限责任公司具有法人资格，股东以其认缴的出资额为限对公司承担责任，对公司的债务不承担责任。

2. 一人有限责任公司与国有独资公司的区别。国有独资公司是指国家单独出资，或者由国务院或者地方人民政府授权本级人民政府国有资产监督管理机构履行出资人职责的有限责任公司。国有独资公司实际上也只有一个股东，这个股东在登记上是国有资产监督管理机构；而一人有限责任公司的股东是自然人和一般的法人。

3. 一人有限责任公司与一般有限责任公司的区别。一人有限责任公司，股东只有一个，不是社团法人；而一般有限责任公司的股东为 2 人以上 50 人以下，是传统民法上的社团法人。因一人有限责任公司只有一名股东，故不设股东会；一般有限责任公司须设股东会。

一人公司出资人只能是一个自然人或一个法人，其他主体如国家或政府授权的国资管理机构单独出资设立的有限责任公司不是一人公司；一人公司不设股东会，相当于股东会职权的事项由出资人决定，而且必须以书面形式体现并置备于公司。

(三)《公司法》对一人有限责任公司的特别规定

一个自然人只能投资设立一个一人有限责任公司。该一人有限责任公司不能投资设立新的一人有限责任公司。这样的规定是为了保护公司债权人的利益，减少风险因素，以防出资人借此转移资产，逃避债务。但自然人可以作为一般有限责任公司的出资人。法人设立的一人公司没有限制。

一人有限责任公司应当在每一会计年度终了时编制财务会计报告，并经会计师事务所审计。

一人有限责任公司的股东不能证明公司财产独立于股东自己的财产的，应当对公司债务承担连带责任。一人公司的出资者有义务证明公司财产和其个人财产的独立性，否则即以个人财产对公司债务承担连带责任，这里实行举证责任倒置。

一人公司的出资人将承担类似双重纳税的义务，即企业所得税和个人所得税。

一人有限责任公司应当在公司登记中注明自然人独资或者法人独资，并在营业执照中载明一人股东的"身份"。这是实现信息透明、保护交易安全的一项措施。当事人在与相对人进行交易时，自然要考察相对人的各种情况，以作为决策的依据或者参考。

《公司法》第 63 条规定，一人有限责任公司的股东不能证明公司财产独立于股东自己的财产的，应当对公司债务承担连带责任。这是"揭开公司面纱"即公司人格否认的一种情况，也就是说，对一人公司财产的混同，采用举证责任倒置的规则，由股东承担财产独立的举证责任。

八、国有独资公司

国有独资公司是指国家单独出资，或者由国务院或者地方人民政府授权本级人民政府国有资产监督管理机构履行出资人职责的有限责任公司。国有独资公司分为两种：国家单独投资设立或政府授权国资管理部门出资设立。

国有独资公司章程由国有资产监督管理机构制定，或者由董事会制订并报国有资产监督管理机构批准。

国有独资公司不设股东会，由国有资产监督管理机构行使股东会职权。国有资产监督管理机构可以授权公司董事会行使股东会的部分职权，决定公司的重大事项，但公司的合并、分立、解散、增加或者减少注册资本和发行公司债券，必须由国有资产监督管理机构决定。其中，国有独资公司合并、分立、解散、申请破产的，应当由国有资产监督管理机构审核后，报本级人民政府批准。重要的国有独资公司，按照国务院的规定确定。

国有独资公司设董事会，依照《公司法》中关于有限责任公司董事会职权的相关规定行使职权。董事每届任期不得超过 3 年。董事会成员中应当有公司的职工代表。董事会成员由国有资产监督管理机构委派，但是董事会成员中的职工代表由公司职工代表大会选举产生。董事会设董事长一人，可以设副董事长。董事长、副董事长由国有资产监督管理机构从董事会成员中指定。

国有独资公司设经理，由董事会聘任或者解聘。经理依照《公司法》中关于经理职权的相关规定行使职权。经国有资产监督管理机构同意，董事会成员可以兼任经理。

国有独资公司监事会的成员不得少于 5 人，其中职工代表的比例不得低于1/3，具体比例由公司章程规定。监事会成员由国有资产监督管理机构委派；但是，监事会成员中的职工代表由公司职工代表大会选举产生。监事会主席由国有资产监督管理机构从监事会成员中指定。

国有独资公司的董事长、副董事长、董事、高级管理人员，未经国有资产监督管理机构同意的，不得在其他有限责任公司、股份有限公司或者其他经济组织兼职。

结　论

我国拥有数量众多的有限责任公司，有限责任公司相较于股份有限公司，具有更强的人合性。因此，在具体内部管理规范上，《公司法》赋予有限责任公司更多灵活性的制度安排，更加尊重股东的内部意思自治。

扩展案例

课后习题
与测试

第十五章　股份有限公司

📖 **本章知识结构图**

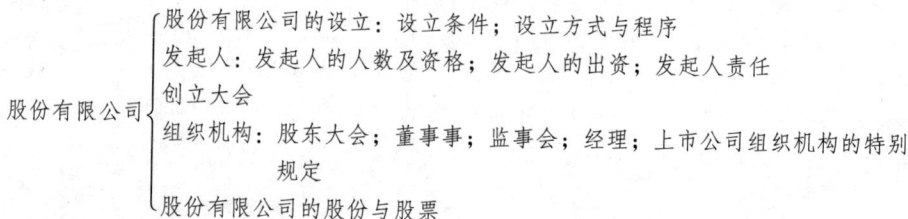

股份有限公司 {
　股份有限公司的设立：设立条件；设立方式与程序
　发起人：发起人的人数及资格；发起人的出资；发起人责任
　创立大会
　组织机构：股东大会；董事事；监事会；经理；上市公司组织机构的特别
　　　　　　规定
　股份有限公司的股份与股票
}

📖 **本章重点内容讲解**

股份有限公司的设立方式有发起设立与募集设立两种。设立股份有限公司要符合法律规定的要件。设立股份有限公司，应当有符合法定人数的发起人，其中须有半数以上的发起人在中国境内有住所。股份有限公司采取发起设立和募集设立，其注册资本的规定有所不同，对发起人认购股份的要求也有所不同。与有限责任公司不同，股份有限公司的股东会、董事会、监事会、经理都是必设机构。股份有限公司的资本划分为股份，每一股的金额相等。不同类型的股份对应的法律特征是不同的。股份有限公司的股份一般可以自由转让，但也不是绝对，要受到诸多方面的限制。本章需要掌握的是股份有限公司与有限责任公司在各个方面的区别。

一、股份有限公司的设立

股份有限责任公司的设立方式有发起设立与募集设立两种。发起设立是发起人认购公司全部股份，而不向发起人之外的其他人募集股份而设立公司。发起设立股份有限公司的注册资本为全体发起人认购的并在公司登记机关登记的股本总额。募集设立是由发起人认购公司应发行股份的一部分，其余股份向社会公开募集或者向特定对象募集而设立公司。其注册资本为在公司登记机关登记的实收股本总额。

（一）设立条件

《公司法》第76条规定："设立股份有限公司，应当具备下列条件：①发起人符合法定人数；②有符合公司章程规定的全体发起人认购的股本总额或者募集的实收股本总额；③股份发行、筹办事项符合法律规定；④发起人制定公司章程，采用募集方式设立的经创立大会通过；⑤有公司名称，建立符合股份有限公司要求的组织机构；⑥有公司住所。"

1. 发起人必须符合法定人数。发起人为2人以上200人以下，同时半数以上的发起人必须在中国境内有住所。与有限责任公司相比，股份有限公司的筹资和经营具有开放性，股东人数较多，流动性也较大，因此，设立不同，股份有限公司的发起人往往只是公司成立时的股东的一部分。运行中的股份有限公司的人数成千上万，在公司设立时，不可能由所有的公司股东共同办理公司设立事宜，因此，法律允许一部分人承担公司设立的责任，这部分人就是发起人。股份有限公司的设立和运作对社会经济生活有较重要的作用和影响，为了维护公共利益和潜在公司股东的利益，法律规定发起人应该达到一定人数，同时人数又不能太多。

2. 符合公司章程规定的全体发起人认购的或者募集的实收股本总额。大陆法系国家对股份有限公司的资本一般都规定了最低限额，英美法系国家或地区则实行授权资本制，法律上一般不规定公司资本的最低限额。我国2013年修改的《公司法》，对一般的有限公司和股份公司均取消了注册资本的最低限额的要求，当然，法律、行政法规以及国务院对股份有限公司注册资本的最低限额另有规定的，仍须从其规定。注册资本是公司从事经营活动的物质基础，也是公司债权人实现债权的基本担保。发起设立的股份有限公司的注册资本为在公司登记机关登记的全体发起人认购的股本总额。募集设立的股份有限公司的注册资本为在公司登记机关登记的实收股本总额。《公司法》第80条规定："股份有限公司采取发起设立方式设立的，注册资本为在公司登记机关登记的全体发起人认购的股本总额。在发起人认购的股份缴足前，不得向他人募集股份。股份有限公司采取募集方式设立的，注册资本为在公司登记机关登记的实收股本总额。法律、行政法规以及国务院决定对股份有限公司注册资本实缴、注册资本最低限额另有规定的，从其规定。"因此，发起设立的股份有限公司，只要全体发起人认足章程规定的股本总额即可成立；募集设立的股份有限公司，发起人及全体认股人应当缴付全部注册资本后才能成立。

3. 股份发行和筹办事项符合法律规定。对股份发行法律规定了严格的程序和条件，发起人设立公司时必须遵守。发起人设立股份有限公司必须按照法律规定发行股份并进行其他筹办事项。

4. 发起人制定公司章程，采用募集方式设立的经创立大会通过。股份有限公司的章程是全体发起人共同制定的。以发起方式设立股份有限公司的，发起人制定并由全体发起人签字盖章后生效；以募集方式设立股份有限公司的，发起人制订公司章程草案后，必须经创立大会讨论，最后必须经出席创立大会的认股人所持表决权的过半数通过，才能真正成为公司章程。

5. 有公司名称，建立符合股份有限公司要求的组织机构。公司的名称应当符合法律、行政法规的规定。《公司登记管理条例》第 17 条规定："设立公司应当申请名称预先核准。法律、行政法规或者国务院决定规定设立公司必须报经批准，或者公司经营范围中属于法律、行政法规或者国务院决定规定在登记前须经批准的项目的，应当在报送批准前办理公司名称预先核准，并以公司登记机关核准的公司名称报送批准。"公司的组织机构，如股东大会、董事会、监事会及经理等，依照《公司法》和公司章程的规定设立、运作。

6. 有公司住所。公司主要办事机构所在地是公司的住所。

（二）设立方式与设立程序

设立股份有限公司，依法有两种设立方式：发起设立方式和募集设立方式。

1. 发起设立程序。发起设立股份有限公司无需向社会募集股份，这是一种简单的设立方式，其设立程序相对简单，与有限责任公司的设立程序相当。基本程序是：①发起人签订发起人协议。②发起人制定公司章程。③发起人以书面认足章程规定其认购的股份并缴纳股款和办理财产权转移手续。④发起人认足章程规定的出资后，选举公司董事会和监事会；分期出资的发起人，在首次出资后应当选举董事会和监事会。⑤办理公司注册登记。

2. 募集设立程序。募集设立股份有限公司需要向社会发行股份，所以相对发起设立要复杂得多。其基本程序是：

（1）发起人签订发起人协议。

（2）发起人制定公司章程。

（3）发起人认购股份，发起人认购的部分依法不能低于公司发行股份总数的 35%，上限没有限制，但不能达到 100%；如果欲成为上市公司，向社会发行的部分不能低于法定的比例。

（4）制作、公告招股说明书。招股说明书，又称募股章程，是公司发起人制订的，向社会公开的，旨在使社会公众了解公司基本情况和认股具体办法的、便于公众认购公司股份的书面文件。《公司法》第 86 条规定："招股说明书应当附有发起人制订的公司章程，并载明下列事项：①发起人认购的股份数；②每股的票面金额和发行价格；③无记名股票的发行总数；④募集资金的用途；⑤认股人的权利、义务；⑥本次募股的起止期限及逾期未募足时认股人可以撤回所认股份的说明。"

（5）签订股票承销协议和代收股款协议。《公司法》规定，发起人向社会公开募集股份，应当由依法设立的证券公司承销，签订承销协议。发起人向社会公开募集股份，应当同银行签订代收股款协议。代收股款的银行应当按照协议代收和保存股款，向缴纳股款的认股人出具收款单据，并负有向有关部门出具收款证明的义务。

（6）制作认股书。

（7）申请募股核准，向社会募集股份必须经国务院证券管理部门核准。由于公开募集股份涉及广大公众的利益，关系到社会经济秩序的正常和稳定，我国《证券法》规定，公开发行股票，必须依照公司法规定的条件，报经国务院证券监督管理机构核准。发行人必须向国务院证券监督管理机构提交公司法规定的申请文件和国务院证券监督管理机构规定的有关文件。同时《证券法》还规定，公开发行股票，还应当聘请具有保荐资格的机构担任保荐人。

（8）向社会公开募集股份。发起人在募集申请得到证券监督管理部门核准后，即可以向社会公告招股说明书，邀约公众认购股份，制作认股书，供认股人填写。

（9）召开创立大会。《公司法》第 89 条规定："发行股份的股款缴足后，必须经依法设立的验资机构验资并出具证明。发起人应当自股款缴足之日起 30 日内主持召开公司创立大会。创立大会由发起人、认股人组成。发行的股份超过招股说明书规定的截止期限尚未募足的，或者发行股份的股款缴足后，发起人在 30 日内未召开创立大会的，认股人可以按照所缴股款并加算银行同期存款利息，要求发起人返还。"自股款缴足并开具验资证明之日起的 30 日内召开创立大会，创立大会是股份有限公司成立前的设立过程中由发起人、认股人参加的决定公司设立事项的临时性议事机构，其开会条件必须由代表股份总数过半数的发起人、认股人出席，其作出决议的条件必须经出席会议的认股人所持表决权的过半数通过。创立大会依法行使下列职权：①审议发起人关于公司筹办情况的报告；②通过公司章程；③选举公司董事会成员和监事会成员；④对公司的设立费用进行审核；⑤对发起人用于抵作股款的财产的作价进行审核；⑥遇不可抗力，可决定公司不设立。

（10）设立登记并公告。《公司法》第92条规定："董事会应于创立大会结束后30日内，向公司登记机关报送下列文件，申请设立登记：①公司登记申请书；②创立大会的会议记录；③公司章程；④验资证明；⑤法定代表人、董事、监事的任职文件及其身份证明；⑥发起人的法人资格证明或者自然人身份证明；⑦公司住所证明。以募集方式设立股份有限公司公开发行股票的，还应当向公司登记机关报送国务院证券监督管理机构的核准文件。"创立大会召开之日起的30日内，由董事会向公司登记机关申请设立登记。公司登记机关自接到申请书之日起30日内作出是否予以登记的决定，决定登记的，发给营业执照，营业执照签发之日即公司成立之日。公司成立后向社会发布公告。

二、发起人

（一）发起人的人数及资格

发起人是承担公司筹办事务的人，其人数为2人以上200人以下。发起人可以是自然人，作为自然人的发起人，必须具有完全民事行为能力；也可以是法人，对其国籍没有要求，但必须有半数以上的发起人在中国境内有住所。所谓在中国境内有住所，就自然人而言，是指其户籍所在地或者经常居住地在中国境内。就法人而言，是指其主要办事机构所在地在中国境内。

发起人就其性质来说，是设立中的公司的机关，他们对外代表设立中的公司，对内履行公司设立行为，发起人是通过发起人协议而确立起来的合伙关系，依发起人协议和法律确定各自及相互的权利义务。

（二）发起人的出资

发起人同其他认股人在出资方面有所不同：发起人的出资方式为以货币、实物、知识产权、土地使用权等可以用货币估价并可以依法转让的非货币财产作价出资，而其他认股人只能用货币出资。

如果是募集设立的，发起人未缴足出资前，不得向他人募集股份。

（三）发起人责任

发起人的设立责任，包括公司不能成立时，发起人对有关债权人的责任；也包括公司成立后，发起人对公司承担的责任。这里所说的责任，是指民事责任，是民事责任中的财产责任。

1. 公司不能成立时的责任。公司不能成立的主要原因有：①公司资本不足。股份有限公司分为发起设立和募集设立。在采用发起设立方式时，发起人认缴的股本未能达到章程规定的限额，公司不能成立。在采用募集设立方式时，法定资本由发起人认缴的股本和社会公开募集的股本这两部分组成，募股期限届满而没有募足股份，即没有达到股本总额的 70%，即为发行失败，公司不能依法成立。②创立大会作出不设立公司的决议。发生不可抗力或者经营条件发生重大变化直接影响公司设立的，创立大会可作出不设立公司的决议。不可抗力是指不能预见、不能避免并且不能克服的客观情况。比如，设立过程中公司的主营产品完全没有了销路；经营条件发生重大变化（如市场环境恶化、新技术出现而淘汰原可带来巨大利润的技术、国家产业政策有重要调整）等。创立大会考虑到公司设立没有前途或者风险太大，就会作出不设立公司的决议。③由于公司在设立中有违法行为，公司的设立没有被批准或者没有被准许登记。设立中的违法行为包括伪造文件、章程不符合法定要求等。因设立中有违法行为，则公司的设立没有被批准或者没有被核准注册，公司自然不能成立。

股份有限公司不能成立时，发起人应当承担下列责任：①对设立行为所产生的债务和费用负连带责任。实施设立公司的行为时，会与他人发生债权债务关系，并产生各种各样的费用。例如，租赁场地的费用，召集会议的费用，可行性调查的费用，聘请律师、会计师等有关专业人员的费用，财产评估费用，验资的费用等。如果公司成立，这些债务和费用就由公司承受。公司不能成立，发生的债务和费用就由发起人承担连带责任，发起人之间按照协议或者按照约定的出资比例按份承担责任。实践中，有些发起人以"筹办处"等名义对外发生关系，其产生的财产后果在公司不能成立时，仍应由发起人承担责任。②对认股人已缴纳的股款，负返还股款并加算银行同期存款利息的连带责任。在募集设立时，除发起人认缴一部分股款之外，还向社会募集大部分股款。这部分缴纳股款的人，为认股人。若公司成立，认股人转化为股东，其股东权益受到保障。若股份有限公司不能成立，则（募集）认股人就成为发起人的债权人。这样，就减少了投资的风险，保护了投资者的积极性，防止发起人把风险转移给投资者，有利于稳定社会经济秩序。在股份有限公司发起设立时以及有限责任公司设立时，情况比较简单，因为设立者（发起人）就是认股人，不向认股人以外的人募集。在公司不能成立时，撤回自己所认购的股份即可。

2. 公司成立时的责任。出资不足的责任。根据《公司法》的规定，股份有限公司成立后，发起人未按照公司章程的规定缴足出资的，应当补缴；其他发起人承担连带责任。股份有限公司成立后，发现作为设立公司出资的非货币财产的实际价额显著低于公司章程所定价额的，应当由交付该出资的发起人补足其差额；其他发起人承担连带责任。

对公司的赔偿责任。在公司设立过程中，由于发起人的过错致使公司利益受到损害的，应当对公司承担赔偿责任。有一种观点认为，发起人如为 2 人以上，自然应对公司承担连带赔偿责任。这种观点不符合《公司法》的规定，有过错的发起人对公司应当承担责任，无过错的发起人对公司不承担责任。公司可对有过错的发起人提起损害赔偿的诉讼。但是我国目前公司的股权结构不合理，很多股份有限公司往往由大股东控制，而大股东的前身，一般就是发起人。这样公司很难对发起人提起诉讼，这是我国立法要解决的问题。

三、创立大会

创立大会是在募集设立股份有限公司的过程中，由发起人召集、认股人参加，讨论决定公司设立事项的临时性机构。

1. 创立大会必须在法定的时间内召开，即股款缴足之日起 30 日内召开，否则公司不能成立；发起人应当返还股款并加算银行同期存款利息。

2. 创立大会的任务是讨论决定公司设立过程中有关公司成立的重大事项，公司一旦成立，创立大会即被股东大会所取代。创立大会召开之前，公司设立事宜均由发起人操办，因此，凡是认购公司发行的股份并缴足股款的人，都有权参加创立大会，以审议发起人的行为及其制定的公司章程等文件。

3. 创立大会召开的条件为代表股份过半数的发起人、认股人出席。

4. 创立大会的职权。《公司法》第 90 条第 2 款规定，"创立大会行使下列职权：①审议发起人关于公司筹办情况的报告；②通过公司章程；③选举董事会成员；④选举监事会成员；⑤对公司的设立费用进行审核；⑥对发起人用于抵作股款的财产的作价进行审核；⑦发生不可抗力或者经营条件发生重大变化直接影响公司设立的，可以作出不设立公司的决议"。

5. 创立大会行使职权时，其形成决议的条件是由出席会议的认股人所持表决权的过半数通过。

四、组织机构

（一）股东大会

1. 股东大会的性质与职权。与有限责任公司类似，股份有限公司的股东大会是其权力机构。根据《公司法》的规定，该法对有限责任公司股东会职权的规定，适用于股份有限公司，包括：决定公司的经营方针和投资计划；选举和更换非由职工代表担任的董事、监事，决定有关董事、监事的报酬事项，审议批准董事会的报告；审议批准监事会或者监事的报告；审议批准公司的年度财务预算方案、决算方案；审议批准公司的利润分配方案和弥补亏损方案；对公司增加或者减少注册资本作出决议，对发行公司债券作出决议；对公司合并、分立、解散、清算或者变更公司形式作出决议；修改公司章程；公司章程规定的其他职权。但是股份有限公司股东大会行使职权不能通过以书面形式直接决定的方式，而只能通过召开股东大会的方式。

（1）股东大会分为定期会议与临时股东大会，定期会议每年召开一次年会。有下列情形之一的，应当在两个月内召开临时股东大会：董事人数不足本法规定人数或者公司章程所定人数的 2/3 时；公司未弥补的亏损达实收股本总额 1/3 时；单独或者合计持有公司 10% 以上股份的股东请求时；董事会认为必要时；监事会提议召开时；公司章程规定的其他情形。

（2）股东大会由董事会召集，董事长主持；董事长不能的，由副董事长主持；副董事长不能，则由半数以上董事推举的一名董事主持；董事会不能召集并主持的，监事会召集并主持。监事会不能的，连续 90 日单独或者合计持有公司 10% 以上股份的股东自行召集并主持。

（3）股东的临时提案权。单独或者合计持有公司 3% 以上股份的股东，可以在股东大会召开 10 日前提出临时提案并书面提交董事会；董事会应当在收到提案后 2 日内通知其他股东，并将该临时提案提交股东大会审议。临时提案的内容应当属于股东大会职权范围，并有明确议题和具体决议事项。股东大会不得对前两款通知中未列明的事项作出决议。股东提案权是指股东向股东大会提出议题或议案的权利，这项制度使得小股东得以将其关心的问题提交股东大会讨论，实现其对公司决策和经营的参与监督，有助于提高小股东在股东大会中的主动地位。

（4）股东大会可由股东代理人出席，条件是：①有书面授权委托书；②代理人不要求是股东（与董事会出席的代理不同）；③可以在授权范围内行使表决权。

2. 股东大会的决议。股东出席股东大会会议，所持每一股份有一表决权。但是，公司持有的本公司股份没有表决权。股东大会作出决议，必须经出席会议的股东所持表决权过半数通过。但是，股东大会作出修改公司章程、增加或者减少注册资本的决议，以及公司合并、分立、解散或者变更公司形式的决议，必须经出席会议的股东所持表决权的 2/3 以上通过。

3. 累计投票权。累计投票制起源于英国，但在美国得到了重大发展。19 世纪 60 年代，报界披露本州某些铁路经营者欺诈小股东的行为，于是该州在 1870 年《宪法》中赋予小股东累计投票权。其《宪法》第三章第 11 条规定，任何股东在法人公司选举董事或者经理人的任何场合，均可以亲自或者通过代理人形式累计投票权，而且此类董事或者经理人不得以任何其他方式选举。随后，该州《公司法》第 28 条也规定了累计投票权，到 1955 年，美国有 20 个州规定了累计投票权。

我国 1993 年《公司法》对董事和监事的选举规定实行的是直接投票制。这种投票方式使得小股东不可能选出一个代表自己利益的董事及监事，这无疑是立法上的缺陷。直到 2002 年中国证监会出台的《上市公司治理准则》，累积投票制度第一次被写入部委级法规性文件中。《上市公司治理准则》第 31 条规定，在董事的选举过程中，应充分反映中小股东的意见。股东大会在董事选举中应积极推行累积投票制度。控股股东控股比例在 30% 以上的上市公司，应当采用累积投票制。采用累积投票制度的上市公司应在公司章程里规定该制度的实施细则。这是在法规文件中第一次明确提出了累积投票制的要求。《公司法》第 105 条规定了累计投票制。

股东行使其表决权，有直接投票制和累积投票制两种。直接投票制是指在行使股东大会表决权时，针对某一事项，股东只能将其持有股份代表的表决票数一次性直接投在这些决议上。股东累积投票权是指股东在股东大会选举董事或者监事时，按照累积投票方式参加选举董事或者监事的权利。所谓累积投票，是指股东所持的每一股份都拥有与股东大会应选董事或者监事人数相同的表决权，股东既可以把全部表决权集中选举一人，亦可分散选举数人，最后按得票多寡决定当选董事或者监事。在公司资本分为等额股份时，股东按其持股数量计算其投票权。

举例而言，假设某公司要选 3 名董事，公司股份共 100 股，股东为 2 人，其中大股东持股 67 股，另一股东持股 33 股。若按直接投票制，每一股有一个表决权，则大股东除了能保证自己提名的 2 位董事当选，还可任意否决另一股东提名的董事当选。若按照累积投票制，另一名股东可以将其总共 99 票表决权投给自己提名的董事，确保其当选。

累积投票制的目的就在于防止大股东利用表决权优势操纵董事的选举，矫正"一股一票"表决制度存在的弊端。按这种投票制度，选举董事或者监事时每一股份代表的表决权数不是一个，而是与应选董事或者监事的人数相同。股东在选举董事或者监事时拥有的表决权总数，等于其所持有的股份数与应选董事或者监事人数的乘积。投票时，股东可以将其表决权集中投给一个或几个董事候选人，通过这种局部集中的投票方法，能够使中小股东选出代表自己利益的董事或者监事，避免大股东垄断全部董事或者监事的选任。

（二）董事会

股份有限公司的董事会是行使经营决策和管理权的公司法定、常设、执行机关。

董事会是股份有限公司的法定机关。所有的股份有限公司，都必须依照《公司法》的规定设立董事会。没有董事会，公司不得设立。董事会是股份有限公司的常设机关。从公司成立时起即存在，公司消亡时董事会才消亡。董事会是股份有限公司的业务执行机关。董事会向股东大会负责。

1. 董事会的组成。股份有限公司董事会由 5～19 人组成，可以有职工董事，也可以没有。股份有限公司董事会设董事长一人，可以设副董事长。董事长和副董事长由董事会以全体董事的过半数选举产生。

2. 董事会的职权。关于有限责任公司董事会的职权的规定，适用于股份有限公司董事会，主要包括：召集股东大会会议，并向股东大会报告工作；执行股东大会的决议；决定公司的经营计划和投资方案；制订公司的年度财务预算方案、决算方案；制订公司的利润分配方案和弥补亏损方案；制订公司增加或者减少注册资本的方案以及发行公司债券的方案；制订公司合并、分立、解散或者变更公司形式的方案；决定公司内部管理机构的设置；决定聘任或者解聘公司经理及其报酬事项，并根据经理的提名决定聘任或者解聘公司副经理、财务负责人及决定其报酬事项；制定公司的基本管理制度。除以上 10 项法定职权外，董事会还享有公司章程规定的其他职权。

3. 董事会会议。股份有限公司董事会会议由董事长召集并主持，检查董事会决议的实施情况。副董事长协助董事长工作，董事长不能履行职务或者不履行职务的，由副董事长履行职务；副董事长不能履行职务或者不履行职务的，由半数以上董事共同推举一名董事履行职务。

股份有限公司董事会包括定期会议（每年至少召开 2 次）与临时会议。临时会议的召开条件为：代表 1/10 以上表决权的股东、1/3 以上董事或者监事会，可以提议召开董事会临时会议。董事长应当自接到提议后 10 日内，召集和主持董事会会议。董事会召开条件为：过半数董事出席。

股份有限公司董事会议事规则：实行一人一票制，全体董事过半数通过才能形成决议。股份有限公司董事会会议应由董事本人出席；董事因故不能出席，可以书面委托其他董事代为出席，委托书中应载明授权范围。董事应当对董事会的决议承担责任。董事会的决议违反法律、行政法规或者公司章程、股东大会决议，致使公司遭受严重损失的，参与决议的董事对公司负赔偿责任。但经证明在表决时曾表明异议并记载于会议记录的，该董事可以免除责任。

（三）监事会

监事会是股份有限公司的监督机构，是股份有限公司的必设、常设机构。监事会的设立，是为了达到公司内部自治监督的目的。监事会对董事和经理的业务活动进行监督，对股东大会负责并报告工作。监事会与董事会相互独立，互不隶属。二者的总体目标是一致的，但职能有所不同：董事会行使执行公司业务的职权，监事会则行使监督权。二者是一种制衡的关系。上市公司实行独立董事制度。在监督方面，独立董事处于董事会内部，属于内部监督；监事会是与董事会并列的机构，相对于董事会，是外部监督。二者的职能各有侧重，独立董事的存在，不能否定监事会的作用。当前的任务是加强监事会的职能，使其能够真正发挥作用。

股份有限公司监事会人数不得少于 3 人，且必须有职工监事。监事会中的职工代表由公司职工通过职工代表大会、职工大会或者其他形式民主选举产生。相对于有限责任公司来说，股份有限公司的股东较多，规模较大，因此不存在只设 1～2 名监事、不设监事会的情形。董事和高级管理人员不得兼任监事。监事会设主席和副主席，由全体监事过半数选举产生。监事会每 6 个月至少召开一次会议。监事可以提议召开临时监事会会议。决议形成的条件是半数以上监事通过。

（四）经理

与有限责任公司"可以"设经理不同，《公司法》第 113 条规定，股份有限公司设经理，由董事会决定聘任或者解聘。关于有限责任公司经理职权的规定，适用于股份有限公司经理，主要包括：主持公司的生产经营管理工作，组织实施董事会决议；组织实施公司年度经营计划和投资方案；拟订公司内部管理机构设置方案；拟订公司的基本管理制度；制定公司的具体规章；提请聘任或者解聘公司副经理、财务负责人；决定聘任或者解聘除应由董事会决定聘任或者解聘以外的负责管理人员；公司章程和董事会授予的其他职权。经理列席董事会会议。公司董事会可以决定，由董事会成员兼任经理。

（五）上市公司组织机构的特别规定

1. 对处分重大资产的特殊要求。上市公司在一年内购买、出售重大资产或者担保金额超过公司资产总额的 30% 的，必须由股东大会以特别决议的方式通过，既有出席会议的股东所持表决权的 2/3 以上通过。

2. 上市公司必须设独立董事。所谓独立董事，是指不在公司担任除董事外的其他职务，并与其所受聘的公司及其主要股东不存在可能妨碍其进行客观判断的重要关系的董事。根据证监会 2001 年发布的《关于在上市公司建立独立董事制度的指导意见》的规定，上市公司董事会成员中应当至少有 1/3 的独立董事。

3. 上市公司设董事会秘书。这是对上市公司高级管理人员配置的一个特殊规定。该秘书的职能主要是负责筹备股东大会和董事会会议，保管和管理公司文件和股东资料，办理公司信息披露事务等。

4. 有关联关系董事的回避制度。董事会会议决议事项涉及与董事有关联关系的企业的，该类董事丧失对该决议事项的表决权。有关联关系的董事既不计算在董事会开会的基数中，也不计算在表决的基数中。当有关联关系的董事人数过多，致使出席会议的无关连关系董事人数不足 3 人的，董事会即不得对决议事项作出决议，而应当提交股东大会审议。

五、股份有限公司的股份与股票

（一）股份和股票的概念

股份有限公司的资本划分为股份，每一股的金额相等。股份是股份有限公司资本的基本构成单位，公司的股份总数乘以每股金额即构成公司股本总额。

公司的股份采取股票的形式。股票是公司签发的证明股东所持股份的凭证。股票是股份有限公司股份的表现形式，是资本有价证券。股票又是一种要式证券，其形式、制作程序、记载的事项、记载的方式等，都必须符合法律的规定。股票采用纸面形式或者国务院证券监督管理机构规定的其他形式。股票应当载明下列主要事项：公司名称；公司成立日期；股票种类、票面金额及代表的股份数；股票的编号。股票由法定代表人签名，公司盖章。发起人的股票，应当标明发起人股票字样。

（二）股份的分类

股票是股份的表现形式，因此，股票的类型与股份的类型是一致的。

1. 记名股与无记名股。公司发行的股票，可以为记名股票，也可以为无记名股票。记名股票指的是股票所记载的内容中包括股东的姓名或者名称。无记名股则是在票面上不记载股东姓名或名称的股份。

公司向发起人、法人发行的股票，应当为记名股票，并应当记载该发起人、法人的名称或者姓名，不得另立户名或者以代表人姓名记名。股份有限公司成立后，即向股东正式交付股票。公司成立前不得向股东交付股票。

公司发行记名股票的，应当置备股东名册，记载下列事项：股东的姓名或者名称及住所；各股东所持股份数；各股东所持股票的编号；各股东取得股份的日期。发行无记名股票的，公司应当记载其股票数量、编号及发行日期。

记名股的持有人，只有其本人或其委托的代理人，才能够行使股东权利。记名股转让时，须由股东背书或以法律规定的其他方式转让。而无记名股凭股票即可行使股东权利，转让时，交付即可发生转让的效力。

2. 面额股与无面额股。面额股是规定每股股份的金额或在票面上标注金额的股份。无面额股则是不规定每股股份的金额或在股票上不标明金额的股份。我国目前不允许股份有限公司发行无面额股。

《公司法》第126条："股份的发行，实行公平、公正的原则，同种类的每一股份应当具有同等权利。同次发行的同种类股票，每股的发行条件和价格应当相同；任何单位或者个人所认购的股份，每股应当支付相同价额。"《公司法》第127条："股票发行价格可以按票面金额，也可以超过票面金额，但不得低于票面金额。"

3. 普通股与特别股。普通股是股份有限公司发行的标准股份或股票。持有普通股的股东，根据法律或章程的规定享有权利或承担义务，不享有或不承担特别的权利或义务。

特别股是其所代表的权利与义务大于或小于普通股的股份或股票，包括后配股与优先股。后配股股东只能后于普通股股东参与公司利润或剩余财产的分配。优先股是股东在分配股利或公司剩余财产时享有优先权的股份或股票。

4. 新股与旧股。新股指的是新发行的股份，与原有的股份没有任何关系；旧股是在发行前就存在的股份。

公司发行新股，股东大会应当对下列事项作出决议：新股种类及数额；新股发行价格；新股发行的起止日期；向原有股东发行新股的种类及数额。公司经国务院证券监督管理机构核准公开发行新股时，必须公告新股招股说明书和财务会计报告，并制作认股书。

公司发行新股，可以根据公司经营情况和财务状况，确定其作价方案。公司发行新股募足股款后，必须向公司登记机关办理变更登记，并公告。

（三）股份有限公司的股份转让及其限制

1. 股份转让的含义和意义。股份转让是指股份在不同的所有者之间发生的流转。股份转让或买卖、交易一般不受限制，这是股份有限公司作为典型的资合公司区别于有限责任公司的重要特点。《公司法》第137条规定，股东持有的股份可以依法转让。

股份转让对于出让人的意义：①转移风险。股东对公司的出资是永久性出资，不能抽回，但可以转让，通过转让可以规避风险。②实现股份增值的利益。比如，股东可以高于票面金额的价格出卖股票，或者以高于买入价的价格出卖股票。

股份转让对于受让人的意义：①获得股东的资格，以便通过分红获得收益。还有不少股东买入股票是为了抛出，赚取差价。②增加股权，加强对公司的控制或者兼并公司。买入股份，达到一定比例，就可以成为控股股东。

股份转让对于公司的意义：①股份转让不属于退资，不会影响公司股份的数额，只是改变公司的股东。②股份有限公司是资合公司，因此，股份的转让一般不会影响公司的信用。

2. 股份转让的限制。《公司法》第138条规定，股东转让其股份，应当在依法设立的证券交易场所进行或者按照国务院规定的其他方式进行。股份转让以自由为原则。但不是绝对的，同样要受到诸多方面的限制。

（1）股份转让必须在依法设立的证券交易场所进行或者按照国务院规定的其他方式进行。

（2）记名股的转让必须采取背书的方式或法律规定的其他方式，否则不发生转让的效力，在此基础上还要变更股东名册；并且在股东大会召开前20日内或者决定分配利润的基准日前5日内，不得进行股东名册的变更登记。

（3）发起人所持有的本公司的股份自公司成立之日起1年内不得转让。

（4）公司公开发行股份前已经发行的股份，自公司股票上市之日起的1年内不得转让。

（5）董事、监事、高级管理人员所持有的本公司的股份，必须做到以下四点：①有义务向公司报告所持有的本公司股份及其变动情况；②并且所持有的本公司的股票在任职期内每年转让的股份不得超过其所持有的本公司股份总数的 25%；③所持有的本公司股份自股票上市之日起的 1 年内不得转让；④董事、监事、高级管理人员离职后半年内不得转让所持有的本公司的股份。除此之外，公司章程还可以作出其他限制性规定。

（6）对股份收购的限制。公司依法不得收购本公司的股票；但有下列四种情形之一的除外：①经股东大会决议通过收购股票的方式减少公司注册资本，但收购的股份在 10 日内必须注销；②与持有本公司股份的其他公司合并，以这种方式收购的必须在 6 个月内转让或者注销；③经股东大会决议将股份转让给本公司职工的可以收购，以此种方式收购的股份的数额不得超过公司依发行股份总数的 5%，用于收购的资金来源应当从公司的税后利润中指出，并且所收购的股份必须在 1 年内转让给职工；④股东因对股东大会作出的公司合并、分立决议有异议而要求公司收购股份，以这种方式收购的，自收购之日起的 6 个月内转让或者注销。

法条链接

（7）无记名股股东参加股东大会的，其所持有的股份在股东大会召开前 5 日至大会闭会期间内禁止转让。

（8）公司不得接受以本公司股票作为质押权的标的。

（9）上市公司的股份交易。上市公司是指所发行的股票经国务院或国务院授权证券管理部门批准在证券交易所上市交易的股份有限公司。公司上市的条件、暂停和终止的情形，见《证券法》第 50 条至第 56 条的规定。

扩展案例

上市公司的股票依照法律法规和证券交易所的交易规则规定进行交易。上市公司必须尽信息披露义务，即依法公开起财务状况、经营状况和重大诉讼，并且在每个会计年度内半年公布一次财务会计报告。

课后习题
与测试

结 论

股份公司尤其是上市股份公司往往具有较强的资本实力，许多大企业往往以股份有限公司组织形式呈现。股份有限公司相较于有限责任公司，《公司法》给予了更多的规范和限制，但是这些内容却在一定程度上使得股份公司内部治理更加符合现代公司治理的主旨，尤其是上市的股份有限公司，俨然已经成为我国推动建立现代公司治理机制的排头兵。

附　录　公司制度核心法律规范总结

一、股东会、董事会议事方式和表决程序

1. 有限公司：股东会的决议方式和表决程序。除本法有规定的外，由公司章程规定。

股份公司：股东大会作出决议，必须经出席会议的股东所持表决权过半数通过。

*《公司法》：发起人应当在创立大会召开 15 日前将会议日期通知各认股人或者予以公告。创立大会应有代表股份总数过半数的发起人、认股人出席，方可举行。

2. 有限公司：董事会的决议方式和表决程序，除本法有规定的外，由公司章程规定。

股份公司：董事会会议应有过半数（基数为全体董事）的董事出席方可举行。董事会作出决议，必须经全体董事过半数通过。（双过半原则，人数决）

3. 有限公司：监事会的议事方式和表决程序，除本法有规定的外，由公司章程规定。监事会决议应当经半数以上监事通过。

股份公司：监事会的议事方式和表决程序，除本法有规定的外，由公司章程规定。监事会决议应当经半数以上监事通过。

4. 有限公司：股东会会议由股东按照出资比例行使表决权；但是公司章程另有规定的除外。

股份公司：股东出席股东大会会议，所持每一股份有一表决权。但是公司持有的本公司股份没有表决权。

*《信托公司集合资金信托计划管理办法》

受益人大会应当有代表 50% 以上信托单位的受益人参加，方可召开；大会就审议事项作出决定，应当经参加大会的受益人所持表决权的 2/3 以上通过；但更换受托人、改变信托财产运用方式、提前终止信托合同，应当经参加大会的受益人全体通过。

受益人大会决定的事项，应当及时通知相关当事人，并向中国银行业监督管

理委员会报告。

二、股份公司的股东临时提案权

临时提案权：单独或者合计持有公司 3% 以上股份的股东，可以在股东大会召开 10 日前提出临时提案并书面提交董事会；董事会应该在收到提案后 2 日内通知其他股东，并将该临时提案提交股东大会审议。

*应注意：①《公司法》此处规定的适格股东仅指股份公司的股东；②《公司法》此处规定的是适格股东（持股 3% 以上）的临时提案权，且临时提案权只有适格股东享有，其他一般提案权主体不享有临时提案权。

《公司法》第 38 条：有限公司第一次股东大会由出资最多的股东召集和主持，依照本法规定行使职权。

三、关联关系

1.《公司法》：关联关系，是指公司控股股东、实际控制人、董事、监事、高级管理人员与其直接或者间接控制的企业之间的关系，以及可能导致公司利益转移的其他关系。但是，国家控股的企业之间不因为同受国家控股而具有关联关系。

2. 证监会《上市公司信息披露管理办法》：

具有以下情形之一的法人，为上市公司的关联法人：

（1）直接或者间接地控制上市公司的法人；

（2）由前项所述法人直接或者间接控制的除上市公司及其控股子公司以外的法人；

（3）关联自然人直接或者间接控制的、或者担任董事、高级管理人员的，除上市公司及其控股子公司以外的法人；

（4）持有上市公司 5% 以上股份的法人或者一致行动人；

（5）在过去 12 个月内或者根据相关协议安排在未来 12 月内，存在上述情形之一的；

（6）中国证监会、证券交易所或者上市公司根据实质重于形式的原则认定的其他与上市公司有特殊关系，可能或者已经造成上市公司对其利益倾斜的法人。

具有以下情形之一的自然人，为上市公司的关联自然人：

（1）直接或者间接持有上市公司 5% 以上股份的自然人；

（2）上市公司董事、监事及高级管理人员；

（3）直接或者间接地控制上市公司的法人的董事、监事及高级管理人员；

（4）上述第 1、2 项所述人士的关系密切的家庭成员，包括配偶、父母、年满 18 周岁的子女及其配偶、兄弟姐妹及其配偶，配偶的父母、兄弟姐妹，子女配偶的父母；

（5）在过去 12 个月内或者根据相关协议安排在未来 12 个月内，存在上述情形之一的；

（6）中国证监会、证券交易所或者上市公司根据实质重于形式的原则认定的其他与上市公司有特殊关系，可能或者已经造成上市公司对其利益倾斜的自然人。

3. 会计处理：一方控制、共同控制另一方或对另一方施加重大影响，以及两方或两方以上同受一方控制、共同控制或重大影响的，构成关联方。关联方关系则指有关联的各方之间的关系。其中，控制是指有权决定一个企业的财务和经营政策，并能据以从该企业的经营活动中获取利益。

4. 关联关系的公司法责任。《公司法》第 21 条：公司的控股股东、实际控制人、董事、监事、高级管理人员不得利用其关联关系损害公司利益。

违反前款规定，给公司造成损失的，应当承担赔偿责任。

四、临时会议

1. 有限公司临时股东会：代表 1/10 以上表决权的股东、1/3 以上的董事、监事会或者不设监事会的公司的监事。

2. 股份公司临时董事会：代表 1/10 以上表决权的股东、1/3 以上的董事、监事会。

3. 股份公司临时股东大会：有下列情况，应该在两个月内召开临时股东大会。

（1）董事人数不足本法规定人数或者公司章程所定人数的 2/3 时；

（2）公司未弥补亏损达实收股本总额的 1/3 时；

（3）单独或者合计持有公司百分之十以上股份的股东请求时；

（4）董事会认为必要时；

（5）监事会提议召开时；

（6）公司章程规定的其他情形。

五、有限公司/股份公司股东大会出席会议股东"2/3"以上表决事项

1. 有限公司：股东会的议事方式和表决程序，除本法有规定的外，由公司章程规定。

股东会会议作出修改公司章程、增加或者减少注册资本的决议，以及公司合

并、分立、解散或者变更公司形式的决议，必须经代表 2/3 以上表决权的股东通过。（这里的基数是股东会全体股东所持的全部表决权）

2. 股份公司：股东出席股东大会会议，所持每一股份有一表决权。但是，公司持有的本公司股份没有表决权。

股东大会作出决议，必须经出席会议的股东所持表决权过半数通过。但是，股东大会作出修改公司章程、增加或者减少注册资本的决议，以及公司合并、分立、解散或者变更公司形式的决议，必须经出席会议的股东所持表决权的 2/3 以上通过。（这里的基数是出席股东大会的股东所持的部分表决权）

＊股份公司具体内容总结如下：

（1）修改公司章程。

（2）增加或者减少注册资本。

（3）公司分立、合并、解散或者变更公司形式。

（4）上市公司一年内购买、出售重大资产或者担保金额超过公司资产总额的 30% 的，应当由股东大会作出决议，并经出席会议的股东所持表决权的 2/3 以上通过。

六、禁止董事、监事、高级管理人员借款

公司不得直接或通过子公司向董事、监事和高级管理人员提供借款。

七、未开业、连续停业——吊销营业执照

1. 《公司法》：公司成立后无正当理由超过 6 个月未开业的，或者开业后自行停业连续 6 个月以上的，可以由公司登记机关吊销营业执照。

2. 《证券法》：证券公司成立后，无正当理由超过 3 个月未开始营业的，或者开业后自行停业连续 3 个月以上的，由公司登记机关吊销其公司营业执照。

＊公司法对吊销营业执照使用"可以"，证券法未用；成立后未开业期限使用"超过"，意味着不包括本数（6 个月、3 个月），自行停业使用"以上"，意味着包括本数。

3. 《商业银行法》：商业银行及其分支机构自取得营业执照之日起无正当理由超过 6 个月未开业的，或者开业后自行停业连续 6 个月以上的，由国务院银行业监督管理机构吊销其经营许可证，并予以公告。

＊商业银行法与公司法不同的是对于上述行为采取的"吊销经营许可证"而非"吊销公司营业执照"。商业银行属于特殊经营行业，任何人未经银行业监督管理机关批准，不得开办商业银行。

八、强制解散公司

1.《公司法》：公司经营管理发生严重困难，继续存在会使得股东利益受到重大损失，通过其他途径不能解决的，持有公司全部股东表决权10%以上的股东，可以请求人民法院解散公司。

2.《司法解释（二）》：单独或者合计持有公司全部股东表决权10%以上的股东，以下列事由之一提起解散公司诉讼，并符合公司法第183条规定的，人民法院应予受理：

（1）公司持续两年以上无法召开股东会或者股东大会，公司经营管理发生严重困难的；

（2）股东表决时无法达到法定或者公司章程规定的比例，持续两年以上不能做出有效的股东会或者股东大会决议，公司经营管理发生严重困难的；

（3）公司董事长期冲突，且无法通过股东会或者股东大会解决，公司经营管理发生严重困难的；

（4）经营管理发生其他严重困难，公司继续存在会使得股东利益受到重大损失的情形。

股东提起解散公司诉讼，不能够同时申请人民法院对公司进行清算，解散诉讼以公司为被告。

九、股份回购

1. 有限公司：有下列情形之一的，对股东会该项决议投反对票的股东可以请求公司按照合理的价格收购其股权：

（1）公司连续5年不向股东分配利润，而公司该5年连续盈利，并且符合本法规定的分配利润条件的；

（2）公司分立、合并、转让主要财产的；

（3）公司章程规定的营业期限届满或者章程规定的其他解散事由出现，股东会会议通过决议修改公司章程使公司存续的。

救济途径：自股东会会议决议通过之日起60内，股东与公司不能达成股权收购协议的，股东可以自股东会会议决议通过之日起90日内向人民法院提起诉讼。

2. 股份公司：公司不得收购本公司股份，但是，有下列情形之一的除外：

（1）减少公司注册资本；（自收购之日起10日内注销）

（2）与持有本公司股份的其他公司合并；（应当在6个月内转让或者注销）

（3）将股份奖励给本公司职工；（不得超过本公司已发行股份总额的5%；

税后利润支出；应当在一年内转让给职工）

（4）股东因对股东大会作出的公司合并、分立决议持异议，要求公司收购其股份的。（应当在 6 个月内转让或者注销）

注意：（1）（2）（3）均需股东大会决议；公司不得接受本公司的股票作为质押权的标的。

3. 解散公司之诉的股份回购：人民法院审理解散公司诉讼案件，应当注重调解。当事人协商同意由公司或者股东收购股份，或者以减资方式使公司存续，且不违反法律、行政法规强制性规定的，人民法院应予以支持。当事人不能够协商一致使公司存续的，人民法院应当及时判决。

经人民法院调解公司收购原告股份的，公司应当自调解书生效之日起 6 个月内将股份转让或者注销。股份转让或者注销前，原告不得以公司收购其股份为由对抗公司债权人。

十、董事、高级管理人员信义义务（信义法体系救济方式为返还式救济，而不是传统民法上的损害赔偿等填补式救济）

1. 构成内容＝注意义务（勤勉义务，尽心做事）＋忠实义务（不得进行利益冲突行为，为公司利益最大化，个人利益不得先于公司利益）。

2.《公司法》第 147 条：董事、监事、高级管理人员应当遵守法律、行政法规和公司章程，对公司负有忠实义务和勤勉义务。

董事、监事、高级管理人员不得利用职权收受贿赂或者其他非法收入，不得侵占公司的财产。

3.《公司法》第 148 条（忠实义务）：董事、高级管理人员不得有下列行为：

（1）挪用公司资金；

（2）将公司资金以其个人名义或者以其他个人名义开立账户存储；

（3）违反公司章程的规定，未经股东会、股东大会或者董事会同意，将公司资金借贷给他人或者以公司财产为他人提供担保；

（4）违反公司章程的规定或者未经股东会、股东大会同意，与本公司订立合同或者进行交易；

（5）未经股东会或者股东大会同意，利用职务便利为自己或者他人谋取属于公司的商业机会，自营或者为他人经营与所任职公司同类的业务；

（6）接受他人与公司交易的佣金归为己有；

（7）擅自披露公司秘密；

（8）违反对公司忠实义务的其他行为。

董事、高级管理人员违反前款规定所得的收入应当归公司所有。

4. 《公司法》第 149 条：董事、监事、高级管理人员执行公司职务时违反法律、行政法规或者公司章程的规定，给公司造成损失的，应当承担赔偿责任。

5. 《公司法》第 21 条：公司的控股股东、实际控制人、董事、监事、高级管理人员不得利用其关联关系损害公司利益。

违反前款规定，给公司造成损失的，应当承担赔偿责任。

关联关系，是指公司控股股东、实际控制人、董事、监事、高级管理人员与其直接或者间接控制的企业之间的关系，以及可能导致公司利益转移的其他关系。但是，国家控股的企业之间不仅仅因为同受国家控股而具有关联关系。

6. 《证券法》第 47 条：上市公司董事、监事、高级管理人员、持有上市公司股份 5% 以上的股东，将其持有的该公司股票在买入后 6 个月内卖出，或者在卖出后 6 个月内又买入，由此所得收益该归该公司所有，公司董事会应当收回其所得收益。但是，证券公司因包销购入销售后剩余股票而持有 5% 以上股份的，卖出该股票不受 6 个月时间限制。

公司董事会不按照前款规定执行的，股东有权要求董事会在 30 日内执行，公司董事会未在上述期限内执行的，股东有权为了公司的利益以自己的名义直接向人民法院提起诉讼。

公司董事会不按照第 1 款的规定执行的，负有责任的董事依法承担连带责任。

7. 《信托法》第 26 条：受托人除依照本法规定取得报酬外，不得利用信托财产为自己谋取利益。受托人违反前款规定，利用信托财产为自己谋取利益的，所得利益归入信托财产。

十一、股东会或者股东大会的召集和主持

1. 有限公司：有限责任公司设立董事会的，股东会会议由董事会召集，董事长主持；董事长不能履行职务或者不履行职务的，由副董事长主持；副董事长不能履行职务或者不履行职务的，由半数以上董事共同推举 1 名董事主持。

有限责任公司不设董事会的，股东会会议由执行董事召集和主持。

董事会或者执行董事不能履行或者不履行召集股东会会议职责的，由监事会或者不设监事会的公司的监事召集和主持；监事会或者监事不召集和主持的，代表 1/10 以上表决权的股东可以自行召集和主持。

2. 股份公司：股东大会会议由董事会召集，董事长主持；董事长不能履行职务或者不履行职务的，由副董事长主持；副董事长不能履行职务或者不履行职务的，由半数以上董事共同推举 1 名董事主持。

董事会不能履行或者不履行召集股东大会会议职责的，监事会应当及时召集

和主持；监事会不召集和主持的，连续 90 日以上单独或者合计持有公司 10% 以上股份的股东可以自行召集和主持。

十二、董事会的召集和主持

1. 有限公司：董事会会议由董事长召集和主持；董事长不能履行职务或者不履行职务的，由副董事长召集和主持；副董事长不能履行职务或者不履行职务的，由半数以上董事共同推举一名董事召集和主持。

2. 股份公司：董事长召集和主持董事会会议，检查董事会决议的实施情况。副董事长协助董事长工作，董事长不能履行职务或者不履行职务的，由副董事长履行职务；副董事长不能履行职务或者不履行职务的，由半数以上董事共同推举一名董事履行职务。

十三、公司解散：《公司法》第 187 条与《司法解释（二）》的衔接

1. 《公司法》第 187 条：清算组在清理公司财产、编制资产负债表和财产清单后，发现公司财产不足清偿债务的，应当依法向人民法院申请宣告破产。

公司经人民法院宣告破产后，清算组应当将事务移交给人民法院。

*第 2 款与《破产法》第 7 条第 3 款的衔接：企业法人已解散但未清算或者未清算完毕，资产不足以清偿债务的，依法负有清算责任的人应当向人民法院申请破产清算。

2. 《司法解释（二）》第 17 条：人民法院指定的清算组在清理公司财产、编制资产负债表和财产清单时，发现公司财产不足清偿债务的，可以与债权人协商制作有关债务清偿方案。

债务清偿方案经全体债权人确认且不损害其他利害关系人利益的，人民法院可依清算组的申请裁定予以认可。清算组依据该清偿方案清偿债务后，应当向人民法院申请裁定终结清算程序。

债权人对债务清偿方案不予确认或者人民法院不予认可的，清算组应当依法向人民法院申请宣告破产。

3. 注意：《公司法》第 187 条规范清算组发现公司资不抵债时应当申请宣告破产，《司法解释（二）》第 17 条对此作出调整，例外规定法院指定的清算组在发现公司资不抵债时可以先与债权人协商债务清偿方案，而不是直接申请人民法院宣告破产。

十四、通知、公告义务

1. 公司清算：清算组应当自成立之日起 10 日内通知债权人，并于 60 日内在

报纸上公告。债权人应当自接到通知书之日起 30 日内，未接到通知书的自公告之日起 45 日内，向清算组申报期债权。

债权人申报债权，应当说明债权的有关事项，并提供证明材料。清算组应当对其债权进行登记。

在申报债权期间，清算组不得对债权人进行清偿。

*联想《司法解释（二）》第 13、14 条：

第 13 条：债权人在规定的期限内未申报债权，在公司清算程序终结前补充申报的，清算组应予以登记。公司清算程序终结，是指清算报告经股东会、股东大会或者人民法院确认完毕。

第 14 条：债权人补充申报的债权，可以在公司尚未分配财产中依法清偿。公司尚未分配财产不能全额清偿，债权人主张股东以其在剩余财产分配中已经取得的财产予以清偿的，人民法院应予以支持；但债权人因重大过错未在规定的期限内申报债权的除外。债权人或者清算组，以公司尚未分配财产和股东在剩余财产分配中已经取得的财产，不能全额清偿补充申报的债券为由，向人民法院申请破产清算的，人民法院不予受理。

2. 公司分立：公司分立，应当编制资产负债表及财产清单。公司应当自作出分立决议之日起 10 日内通知债权人，并于 30 日内在报纸上公告。公司分立后的各方承担连带责任，但是公司在分立前与债权人就债务清偿达成的书面协议另有约定的除外。

3. 公司合并：公司合并，应当有合并各方签订合并协议，并编制资产负债表和财产清单。公司应当自作出合并决议之日起 10 日内通知债权人，并于 30 日内在报纸上公告。债权人自接到通知书之日起 30 日内，未接到通知书的自公告之日起 45 日内，可以要求公司清偿债务或者提供相应的担保。

4. 减少注册资本：公司需要减少注册资本时，必须编制资产负债表及财产清单。公司应当自作出减少注册资本决议之日 10 日内通知债权人，并于 30 日内在报纸上公告。债权人自接到通知书之日起 30 日内，未接到通知书的自公告之日起 45 日内，有权要求公司清偿债务或者提供相应的担保。

十五、公司对外投资和担保

1. 向其他企业投资或者为他人提供担保：依照公司章程的规定，由董事会、股东会、股东大会决议；公司章程对投资或者担保的总额及单项投资或者担保的数额有限额规定的，不得超过其规定的限额。

2. 公司为股东或者实际控制人提供担保的：必须经股东会或者股东大会决议。

3. 前款规定的股东或者受前款规定的实际控制人支配的股东，不得参加前款规定事项的表决，＊该项表决由出席会议的其他股东所持表决权的过半数通过。

注意：第 3 款关于表决程序的规定，表决程序中规定"出席会议"条件一般为股份有限公司，这里统一适用股份公司、有限公司，是为注意。

十六、有限责任公司未出资或抽逃全部出资——除名（《司法解释（三）》第 17 条）

1. 有限责任公司：有限责任公司的股东未履行出资或抽逃全部出资，经公司催告缴纳或者返还，其在合理期限内仍未缴纳或者返还的出资，公司以股东会决议解除该股东的股东资格，该股东请求确认解除行为无效的，人民法院不予支持。

在前款规定的情形下，人民法院在判决中应当释明，公司应当及时办理法定减资程序或者由其他股东或者第三人缴纳相应的出资。在办理法定减资程序或者其他股东或者第三人缴纳相应的出资之前，公司债权人依照本规定第 13 条或者第 14 条请求相关当事人承担相应责任的，人民法院应予支持。

2. 股份有限公司：另行募集＋赔偿责任（《司法解释（三）》第 6 条）。

股份有限公司的认股人未按期缴纳所认股份的股款，经公司发起人催缴后在合理期间内仍未缴纳，公司发起人对该股份另行募集的，人民法院应当认定该募集行为有效。认股人延期缴纳股款给公司造成损失，公司请求该认股人承担赔偿责任的，人民法院应予支持。

＊条文分析《司法解释（三）》第 6 条

我国公司法上的成立分为两种：一种是发起设立，实行认缴制；另一种是募集设立，实行的是实缴制且需要履行法定验资程序。《司法解释（三）》第 6 条中存在三个主体，分别是"认股人"、"发起人"和"公司"：

（1）如果股份公司是发起设立，那么公司成立前只有"发起人"角色，某发起人不按期缴足，依法应对其他发起人承担违约责任以及向公司承担缴足的责任。但是如果《司法解释（三）》第 6 条适用于发起设立的股份公司，那么只能够将《司法解释（三）》第 6 条中的"认股人"解释成为发起人，这样一来矛盾之处就在于为何对同一群体在同一条文中使用不同概念？从《公司法》第 89 条来看，发起人与认股人的法律角色显然不同。

（2）《公司法》上只在募集设立股份公司部分才有相应规范，比如：

第 84 条：以募集设立方式设立股份有限公司的，发起人认购的股份不得少于公司股份总数的 35%；但是，法律、行政法规另有规定的，从其规定。

第 85 条：发起人向社会公开募集股份，必须公告招股说明书，并制作认股书。认股书应当载明本法第 86 条所列事项，由认股人填写认购股数、金额、住所，并签名、盖章。认股人按照所认购股数缴纳股款。

第 89 条：发行股份的股款缴足后，必须经依法设立的验资机构验资并出具证明。发起人应当自股款缴足之日起 30 日内主持召开公司创立大会。创立大会由发起人、认股人组成。

发行的股份超过招股说明书规定的截止期限尚未募足的，或者发行股份的股款缴足后，发起人在 30 日内未召开创立大会的，认股人可以按照所缴股款并加算银行同期存款利息，要求发起人返还。

《司法解释（三）》第 6 条适用于股份公司的逻辑不足之处在于，采用募集方式设立股份有限公司实行的是实缴制，根据 89 条规定必须履行法定验资手续。因此可以明确的是，如果原有认股人不按期缴足认股款，股份公司要么以已经实缴部分作为注册资本完成股份公司的设立登记，要么如《司法解释（三）》第 6 条所说：另行募集。如果是选择前者，直接以实缴部分为注册资本完成股份公司的设立登记，那么登记完成后另行发行股份就属于再融资行为，应按照再融资相关要求操作。一般来看，《司法解释（三）》第 6 条应该规范的是股份公司设立阶段的投融资行为，而非再融资行为；如果选择后者是《司法解释（三）》第 6 条适用的典型情形，不过应当注意的是：《司法解释（三）》第 6 条中的"公司"应当是成立后的公司，是另行募集、新进认股人缴足股款后完成设立登记的公司。从《司法解释（三）》第 18 条和《司法解释（三）》第 6 条对比情况来看，有限责任公司解除股东资格的权利主体为公司股东会，而股份有限公司临行募集决策权主体为发起人，前者是因为有限公司采取发起设立，实行认缴制，注册资本为全体股东在公司登记机关登记的认缴数额，因此即使未缴足股款，公司依然可以成立，取得商事主体资格的公司"反过来"追究股东出资责任符合逻辑要求；后者从上述分析来看，适用的是募集设立的股份有限公司，在股款缴足前无法召开创立大会，自然无法完成公司设立登记，因此此时能够行使权力的只有发起人。因此对出资瑕疵股东追责的权力主体的不同，也是《司法解释（三）》第 18 条和《司法解释（三）》第 6 条的不同之处，本质上也是实缴制和认缴制的不同。还有一点需要注意的是：《司法解释（三）》第 6 条的"认股人延期缴纳股款给公司造成损失，公司请求该认股人承担赔偿责任的，人民法院应予支持。"应只适用缴足股款后公司成立的情形，如果是另行募集的情形下，原有认股人应如何承担责任并未规定。作者认为：一方面，鉴于公司尚未成立，此间的法律关系应当以发起人、认股人之间的出资协议为基础追究违约责任。另一方面，因为另行募集导致原有认股人无法在公司成立后获得资格，允许公司作为诉讼主体追究未按期缴足的法律责任缺乏法理基础。

十七、资本三原则

所谓资本三原则，是指资本法定、资本维持、资本不变。这三个原则被视为大陆法系公司法的核心原则，保证公司独立、完整，保证法定资本制得以实现。虽然是三个原则，但目的本质上是一个，即维持法定注册资本和实缴资本之间的一致。

1. 资本确定原则，也称资本法定原则，要求公司的注册资本必须经过法律的确认或者取得公示的效力，并以此作为其他法律规则的基础依据。

2. 资本维持原则，也称资本充实原则，指公司存续期间，应当维持与其注册资本相当的资本，以达到保护债权人的利益和社会交易安全的目的。

3. 资本不变原则，意味着公司的注册资本确定以后，非经法定程序，不得任意减少或增加。

法定注册资本制度的构建目的之一在于保护债权人的合法权益，我国当前无论是有限责任公司设立、新增资本还是股份有限公司设立、股份增发皆要求"平价"（潜在的目的之一在于遵守法定资本制度）或"溢价"（融资中常见行为，潜在目的之一在于维护原有股东权益，防止实际权益被稀释），而不能是"折价"，这即为法定资本制度下"资本维持原则"的体现，"折价"行为违反法定注册资本制度（资本维持原则），侵害债权人权益。"资本维持原则"要求公司存续期间应当维持与其注册资本相当的资本。如果法律允许"折价"，企业在设立或增资开始即未能维持与注册资本相当的资本，可能导致的结果之一即为公司主要运营成本来自借贷资本而非资本或股本，公司实际风险承担者为债权人而非股东，此种情形下实质最后风险承担者同为债权人。根据公司法一般原理，经营决策权（如投票权）应归属最后风险承担者，而债权人一般无投票权，利益极易受到侵害。虽然在"平价"或"溢价"情形下，公司存续期间，可能存在实际资本少于注册资本，但属正常商业风险，是债权人承担的正常风险因素，并不违背资本维持原则。

此外还应注意的是，传统的、严格的注册资本制度下，资本维持原则强调实收资本与注册资本的相当。但是新公司法修改后，我国目前有限公司及发起设立的股份有限公司实行认缴制（募集设立的股份有限公司、特殊行业公司依然实行实缴制），这些公司在出资期限内，实收资本往往少于注册资本，这是我国现行法定资本制度与传统注册资本制度的不同之处。但是作者认为虽然认缴制下注册资本在出资期限内会少于注册资本，但是未缴纳的出资依然是公司法人主体可控资本，区别于"折价"或抽逃出资等情形下类似的问题，因此，认缴制还是符合"资本维持原则"的。但这里必须警示风险问题即出资期限问题，如果因出资期限过长或者未约定出资期限而导致公司股东出资长期不到位，也有可能在实质上形成与"折价"等情形类似的侵害债权人利益的问题。

十八、公司法中"出资比例"用语

2013 年《公司法》将普通公司出资制度修正为认缴制（募集设立的股份及特殊类公司如商业银行除外），但是其他条文中相应措辞并未得到系统修正，使得公司法用语存在矛盾，其中 34 条与 71 条即为典型。

《公司法》第 34 条："股东按照实缴的出资比例分取红利；公司新增资本时，股东有权优先按照实缴的出资比例认缴出资。但是，全体股东约定不按照出资比例分取红利或者不按照出资比例优先认缴出资的除外。"认缴制与 2005 版的实缴制度除了出资实缴以及验资等方面存在不同外，其实还有另一重要的不同：在 2005 版实缴制度下（除分期缴纳），出资比例等于实缴出资比例符合实际情形，但是认缴制度下，实缴与认缴实际上势必存在差额，即在出资比例上存在出资比例不必然等于实缴出资比例的问题。第 34 条第 1 款措辞"实缴的出资比例"，而第 2 款措辞"出资比例"，同一条文即出现了语义歧义。《公司法》第 71 条第 3 款："经股东同意转让的股权，在同等条件下，其他股东有优先购买权。两个以上股东主张行使优先购买权的，协商确定各自的购买比例；协商不成的，按照转让时各自的出资比例行使优先购买权。"第 71 条的语义冲突更加明显，2005 版与 2013 版在这一规范上均使用的是"转让时各自的出资比例"，2005 版"转让时各自的出资比例"因为实缴制度实质不存在数差，矛盾不明显，但是2013 版认缴制度项下数差的问题就使得第 71 条歧义更加明显，转让时的出资比例指的是认缴部分还是实际缴纳部分？尚未完全出资出让股权的情形在实践过程中很常见。因此《公司法》上的用语仍然存在很多值得我们注意的地方，尤其是在涉及相关股权转让合同审核的情形。

十九、股份限售

1.《公司法》第 141 条：发起人持有的本公司股份，自公司成立之日起 1 年内不得转让。公司公开发行股份前已发行的股份，自公司股票在证券交易所上市交易之日起 1 年内不得转让。公司董事、监事、高级管理人员应当向公司申报所持有的本公司的股份及其变动情况，在任职期间每年转让的股份不得超过其所持有本公司股份总数的 25%；所持本公司股份自公司股票上市交易之日起 1 年内不得转让。上述人员离职后半年内，不得转让其所持有的本公司股份。公司章程可以对公司董事、监事、高级管理人员转让其所持有的本公司股份作出其他限制性规定。

2.《证券法》第 47 条：上市公司董事、监事、高级管理人员、持有上市公司股份 5% 以上的股东，将其持有的该公司的股票在买入后 6 个月内卖出，或者在卖出后 6 个月内又买入，由此所得收益归该公司所有，公司董事会应当收回其所得收益。但是，证券公司因包销购入售后剩余股票而持有 5% 以上股份的，卖出该股票不受 6 个月时间限制。

公司董事会不按照前款规定执行的，股东有权要求董事会在 30 日内执行。公司董事会未在上述期限内执行的，股东有权为了公司的利益以自己的名义直接向人民法院提起诉讼。

公司董事会不按照第 1 款的规定执行的，负有责任的董事依法承担连带责任。

3.《上市公司非公开发行股票实施细则》（2017 修订）。

第 9 条：发行对象属于下列情形之一的，具体发行对象及其定价原则应当由上市公司董事会的非公开发行股票决议确定，并经股东大会批准；认购的股份自发行结束之日起 36 个月内不得转让：

（1）上市公司的控股股东、实际控制人或其控制的关联人；

（2）通过认购本次发行的股份取得上市公司实际控制权的投资者；

（3）董事会拟引入的境内外战略投资者。

第 10 条：发行对象属于本细则第 9 条规定以外的情形的，上市公司应当在取得发行核准批文后，按照本细则的规定以竞价方式确定发行价格和发行对象。发行对象认购的股份自发行结束之日起 12 个月内不得转让。

4.《上市公司重大资产重组管理办法》（2016 修订）。

第 46 条：特定对象以资产认购而取得的上市公司股份，自股份发行结束之日起 12 个月内不得转让；属于下列情形之一的，36 个月内不得转让：

（1）特定对象为上市公司控股股东、实际控制人或者其控制的关联人；

（2）特定对象通过认购本次发行的股份取得上市公司的实际控制权；

（3）特定对象取得本次发行的股份时，对其用于认购股份的资产持续拥有权益的时间不足 12 个月。

属于本办法第 13 条第 1 款规定的交易情形的，上市公司原控股股东、原实际控制人及其控制的关联人，以及在交易过程中从该等主体直接或间接受让该上市公司股份的特定对象应当公开承诺，在本次交易完成后 36 个月内不转让其在该上市公司中拥有权益的股份；除收购人及其关联人以外的特定对象应当公开承诺，其以资产认购而取得的上市公司股份自股份发行结束之日起 24 个月内不得转让。（本条限制原控股股东、新进小股东通过重组上市套现退出，督促其关

注重组资产质量，形成新老股东相互约束的市场化机制）

5.《非上市公众公司重大资产重组管理办法》。

第26条：本次重大资产重组涉及发行股份的，特定对象以资产认购而取得的公众公司股份，自股份发行结束之日起6个月内不得转让；属于下列情形之一的，12个月内不得转让：

（1）特定对象为公众公司控股股东、实际控制人或者其控制的关联人；

（2）特定对象通过认购本次发行的股份取得公众公司的实际控制权；

（3）特定对象取得本次发行的股份时，对其用于认购股份的资产持续拥有权益的时间不足12个月。

6.《全国中小企业股份转让系统业务规则（试行）》。

第2.8条：挂牌公司控股股东及实际控制人在挂牌前直接或间接持有的股票分3批解除转让限制，每批解除转让限制的数量均为其挂牌前所持股票的1/3，解除转让限制的时间分别为挂牌之日、挂牌期满1年和2年。

挂牌前12个月以内控股股东及实际控制人直接或间接持有的股票进行过转让的，该股票的管理按照前款规定执行，主办券商为开展做市业务取得的做市初始库存股票除外。

因司法裁决、继承等原因导致有限售期的股票持有人发生变更的，后续持有人应继续执行股票限售规定。

7.《上海证券交易所股票上市规则（2014年修订）》。

第5.1.4条：发行人首次公开发行股票前已发行的股份，自发行人股票上市之日起1年内不得转让。

第5.1.5条：发行人向本所申请其首次公开发行股票上市时，控股股东和实际控制人应当承诺：自发行人股票上市之日起36个月内，不转让或者委托他人管理其直接和间接持有的发行人首次公开发行股票前已发行股份，也不由发行人回购该部分股份。

但转让双方存在控制关系，或者均受同一实际控制人控制的，自发行人股票上市之日起1年后，经控股股东和实际控制人申请并经本所同意，可豁免遵守前款承诺。

发行人应当在上市公告书中披露上述承诺。

8.《深圳证券交易所股票上市规则（2014年修订）》。

第5.1.5条：发行人公开发行股票前已发行的股份，自发行人股票上市之日起1年内不得转让。

第5.1.6条：发行人向本所提出其首次公开发行的股票上市申请时，控股股东和实际控制人应当承诺：自发行人股票上市之日起36个月内，不转让或者委托他人管理其直接或者间接持有的发行人公开发行股票前已发行的股份，也不由发行人回购其直接或者间接持有的发行人公开发行股票前已发行的股份。

发行人应当在上市公告书中公告上述承诺。

自发行人股票上市之日起1年后，出现下列情形之一的，经控股股东或者实际控制人申请并经本所同意，可以豁免遵守上述承诺：

（1）转让双方存在实际控制关系，或者均受同一控制人所控制；

（2）因上市公司陷入危机或者面临严重财务困难，受让人提出的挽救公司的重组方案获得该公司股东大会审议通过和有关部门批准，且受让人承诺继续遵守上述承诺；

（3）本所认定的其他情形。

9.《深圳证券交易所创业板股票上市规则（2014年修订）》。

第5.1.5条：发行人公开发行股票前已发行的股份，自发行人股票上市之日起1年内不得转让。

第5.1.6条：发行人向本所提出其首次公开发行的股票上市申请时，控股股东和实际控制人应当承诺：自发行人股票上市之日起36个月内，不转让或者委托他人管理其直接或者间接持有的发行人公开发行股票前已发行的股份，也不由发行人回购其直接或者间接持有的发行人公开发行股票前已发行的股份。

发行人应当在上市公告书中公告上述承诺。

自发行人股票上市之日起1年后，出现下列情形之一的，经控股股东和实际控制人申请并经本所同意，可以豁免遵守上述承诺：

（1）转让双方存在实际控制关系，或者均受同一控制人控制的；

（2）本所认定的其他情形。

【作者分析】

关于公司股票上市或公开转让后的股份限售问题，总结如下：

上市公司：

1. 发起人：自公司成立之日起1年内不得转让。公司公开发行股份前已发行的股份，自公司股票在证券交易所上市交易之日起1年内不得转让。

2. 公司成立后新进股东：发行人公开发行股票前已发行的股份，自发行人股票上市之日起1年内不得转让。

3. 控股股东/实际控制人：控股股东和实际控制人应当承诺：自发行人股票上市之日起36个月内，不转让或者委托他人管理其直接或者间接持有的发行人公开发行股票前已发行的股份。

新三板公司：

1. 发起人：发起人持有的本公司股份，自公司成立之日起1年内不得转让

（新三板公司挂牌不适用"公司公开发行股份前已发行的股份，自公司股票在证券交易所上市交易之日起 1 年内不得转让"的规定，因为新三板公司是在股转系统挂牌转让而非上市）。

2. 公司成立后新进股东：未有限售规定。

3. 控股股东/实际控制人：挂牌公司控股股东及实际控制人在挂牌前直接或间接持有的股票分 3 批解除转让限制，每批解除转让限制的数量均为其挂牌前所持股票的 1/3，解除转让限制的时间分别为挂牌之日、挂牌期满 1 年和 2 年。

***但是应当注意的是，新三板公司限售的特殊限售，即"挂牌前 12 个月以内控股股东及实际控制人直接或间接持有的股票进行过转让的，该股票的管理按照前款规定执行，主办券商为开展做市业务取得的做市初始库存股票除外"。

*关于有限合伙形式员工持股平台股份限制问题：新三板项目中，员工持股平台多以有限合伙企业的形式搭建，对于此类有限合伙形式的员工持股平台的股份限售要求，根据《全国中小企业股份转让系统业务规则（试行）》第 2.8 条的规定及股转系统的实际操作标准，需要区别对待：

1. 有控股股东、实际控制人参与的（根据出资比例及是否担任 GP、合伙协议具体约定等实质判断其是否能控制持股平台）。

（1）控股股东、实际控制人控制持股平台。对于持股平台持有的新三板挂牌公司股份，则应认定为控股股东或实际控制人间接持有的股票，从而导致应整体遵循"两年三批次"的转让限制规定（该类有限合伙整体限售，而非仅针对控股股东或实际控制人持有的部分，而且该持股平台所持有的股份应单独遵循两年三批次的规定，而不是计入控股股东、实际控制人所持有的所有股份，比如持股平台持有挂牌公司 5% 的股份，那么挂牌时持股平台的解限售数量应当为 5% × 1/3 × 股份总数）。

（2）控股股东、实际控制人不控制持股平台。如不符合其他情况，该持股平台无需遵循控股股东、实际控制人的限售要求，没有法定限售限制。

2. 没有控股股东、实际控制人参与的。

（1）如果该持股平台持有的公司股份系在挂牌前 12 个月以内受让自控股股东或实际控制人的，（主办券商为开展做市业务取得的做市初始库存股票除外）则其股份转让的限制同样等同于控股股东和实际控制人，参考有"有控股股东、实际控制人参与的"的情形。

（2）如果该持股平台持有的公司股份并非挂牌前 12 个月内受让自控股股东或实际控制人的，则持股平台持有的新三板挂牌公司股份并无法定的转让限制（持股平台或其中的合伙人为获取新三板挂牌公司股份而做出的股份转让限制性约定的除外）。

二十、出资责任不受诉讼时效限制

1. 《司法解释（三）》第 19 条：公司股东未履行或者未全面履行出资义务或者抽逃出资，公司或者其他股东请求其向公司全面履行出资义务或者返还出资，被告股东以诉讼时效为由进行抗辩的，人民法院不予支持。

公司债权人的债权未过诉讼时效期间，其依照本规定第 13 条第 2 款、第 14 条第 2 款的规定请求未履行或者未全面履行出资义务或者抽逃出资的股东承担赔偿责任，被告股东以出资义务或者返还出资义务超过诉讼时效期间为由进行抗辩的，人民法院不予支持。

2. 《最高人民法院关于审理民事案件适用诉讼时效制度若干问题的规定》第 1 条：当事人可以对债权请求权提出诉讼时效抗辩，但对下列债权请求权提出诉讼时效抗辩的，人民法院不予支持：

（1）支付存款本金及利息请求权；

（2）兑付国债、金融债券以及向不特定对象发行的企业债券本息请求权；

（3）基于投资关系产生的缴付出资请求权；

（4）其他依法不适用诉讼时效规定的债权请求权。

二十一、优先股相关规定

1. 《优先股试点管理办法》第 2 条：本办法所称优先股是指依照《公司法》，在一般规定的普通种类股份之外，另行规定的其他种类股份，其股份持有人优先于普通股股东分配公司利润和剩余财产，但参与公司决策管理等权利受到限制。

*《国务院关于开展优先股试点的指导意见》：

（1）优先股的含义。优先股是指依照公司法，在一般规定的普通种类股份之外，另行规定的其他种类股份，其股份持有人优先于普通股股东分配公司利润和剩余财产，但参与公司决策管理等权利受到限制。

除本指导意见另有规定以外，优先股股东的权利、义务以及优先股股份的管理应当符合公司法的规定。试点期间不允许发行在股息分配和剩余财产分配上具有不同优先顺序的优先股，但允许发行在其他条款上具有不同设置的优先股。

（2）优先分配利润。优先股股东按照约定的票面股息率，优先于普通股股东分配公司利润。公司应当以现金的形式向优先股股东支付股息，在完全支付约定的股息之前，不得向普通股股东分配利润。

公司应当在公司章程中明确以下事项：①优先股股息率是采用固定股息率还是浮动股息率，并相应明确固定股息率水平或浮动股息率计算方法。②公司在有可分配税后利润的情况下是否必须分配利润。③如果公司因本会计年度可分配利润不足而未向优先股股东足额派发股息，差额部分是否累积到下一会计年度。④优先股股东按照约定的股息率分配股息后，是否有权同普通股股东一起参加剩余利润分配。⑤优先股利润分配涉及的其他事项。

**公开发行。公司公开发行优先股的，应当在公司章程中规定以下事项：①采取固定股息率；②在有可分配税后利润的情况下必须向优先股股东分配股息；③未向优先股股东足额派发股息的差额部分应当累积到下一会计年度；④优先股股东按照约定的股息率分配股息后，不再同普通股股东一起参加剩余利润分配。商业银行发行优先股补充资本的，可就第②项和第③项事项另行规定。

（3）优先分配剩余财产。公司因解散、破产等原因进行清算时，公司财产在按照公司法和破产法有关规定进行清偿后的剩余财产，应当优先向优先股股东支付未派发的股息和公司章程约定的清算金额，不足以支付的按照优先股股东持股比例分配。

（4）优先股转换和回购。公司可以在公司章程中规定优先股转换为普通股、发行人回购优先股的条件、价格和比例。转换选择权或回购选择权可规定由发行人或优先股股东行使。发行人要求回购优先股的，必须完全支付所欠股息，但商业银行发行优先股补充资本的除外。优先股回购后相应减记发行在外的优先股股份总数。

（5）表决权限制。除以下情况外，优先股股东不出席股东大会会议，所持股份没有表决权：①修改公司章程中与优先股相关的内容；②一次或累计减少公司注册资本超过10%；③公司合并、分立、解散或变更公司形式；④发行优先股；⑤公司章程规定的其他情形。上述事项的决议，除须经出席会议的普通股股东（含表决权恢复的优先股股东）所持表决权的2/3以上通过之外，还须经出席会议的优先股股东（不含表决权恢复的优先股股东）所持表决权的2/3以上通过。

（6）表决权恢复。公司累计3个会计年度或连续2个会计年度未按约定支付优先股股息的，优先股股东有权出席股东大会，每股优先股股份享有公司章程规定的表决权。对于股息可累积到下一会计年度的优先股，表决权恢复直至公司全额支付所欠股息。对于股息不可累积的优先股，表决权恢复直至公司全额支付当年股息。公司章程可规定优先股表决权恢复的其他情形。

（7）与股份种类相关的计算。以下事项计算持股比例时，仅计算普通股和表决权恢复的优先股：①根据公司法第101条，请求召开临时股东大会；②根据公司法第102条，召集和主持股东大会；③根据公司法第103条，提交股东大会临时提案；④根据公司法第217条，认定控股股东。

2.《优先股试点管理办法》第 3 条：上市公司可以发行优先股，非上市公众公司可以非公开发行优先股。

＊《国务院关于开展优先股试点的指导意见》

发行人范围。公开发行优先股的发行人限于证监会规定的上市公司，非公开发行优先股的发行人限于上市公司（含注册地在境内的境外上市公司）和非上市公众公司。

二十二、委托投票

1. 股份有限公司——《公司法》：

（1）《公司法》第 106 条：股东可以委托代理人出席股东大会会议，代理人应当向公司提交股东授权委托书，并在授权范围内行使表决权。

（2）《公司法》第 112 条第 1 款：董事会会议，应由董事本人出席；董事因故不能出席，可以书面委托其他董事代为出席，委托书中应载明授权范围。

2. 股份有限公司——其他规则：

（1）《上海证券交易所上市公司董事选任与行为指引》（2013 年修订）。

第 26 条：一名董事不得在一次董事会会议上接受超过两名董事的委托代为出席会议。

在审议关联交易事项时，非关联董事不得委托关联董事代为出席会议，独立董事不得委托非独立董事代为出席会议。

（2）《深圳证券交易所中小企业板上市公司规范运作指引》（2015 年修订）。

第 3.3.3 条：董事应当亲自出席董事会会议，因故不能亲自出席董事会的，应当审慎选择并以书面形式委托其他董事代为出席，独立董事不得委托非独立董事代为出席会议。涉及表决事项的，委托人应当在委托书中明确对每一事项发表同意、反对或弃权的意见。董事不得作出或者接受无表决意向的委托、全权委托或者授权范围不明确的委托。董事对表决事项的责任不因委托其他董事出席而免除。

一名董事不得在一次董事会会议上接受超过两名董事的委托代为出席会议。在审议关联交易事项时，非关联董事不得委托关联董事代为出席会议。

法学 e 系列教材

书 名	作 者
法理学	赵雪纲
宪法学	姚国建
行政法学	王敬波
行政诉讼法学	张 锋
中国法制史	马志冰
民法总论	姚新华
物权法	刘智慧
债法总论	费安玲
合同法	朱晓娟
侵权行为法	寇广萍
知识产权法	周长玲
公司法学	吴景明等
证券法	王光进
经济法学	薛克鹏 张钦昱
金融法学	魏敬淼
竞争法学	刘继峰 刘 丹
刑法学总论	曲新久
刑法学分论	阮齐林
民事诉讼法学	杨秀清
刑事诉讼法学	卫跃宁
国际法	马呈元
国际私法	刘 力
国际经济法	张丽英